馮滬祥著

中國古代美學思想

臺灣學生書局印行

THE AESTHETICAL THOUGHTS IN ANCIENT CHINA

by
Fung Hu-hsiang, ph.D.

Professor of Philosophy,
National Central University
&
National Taiwan University

STUDENT BOOK CO., LTD.

Taipei, Taiwan, R.O.C.

1990

謹以本書獻給

中國大陸無數苦難的心靈

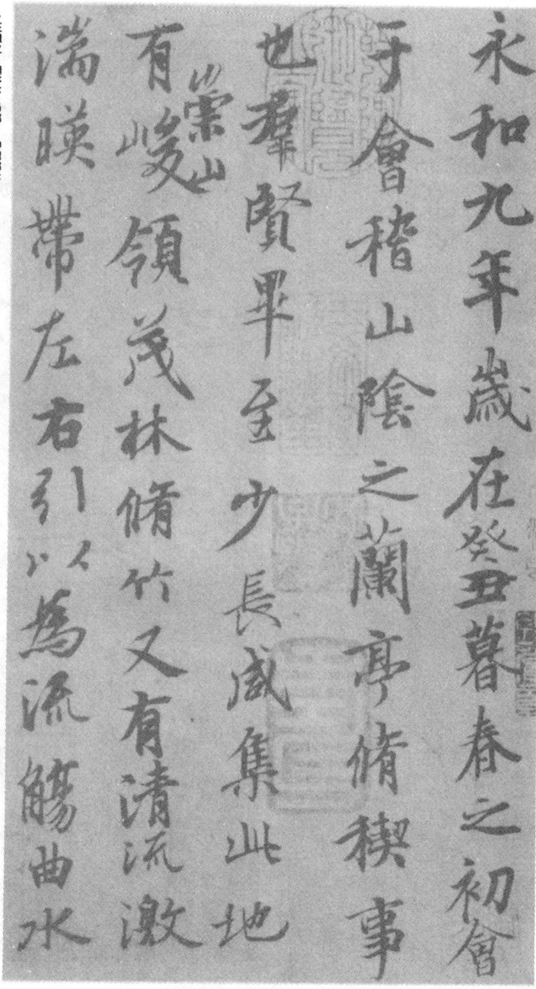
永和九年歲在癸丑暮春之初會
于會稽山陰之蘭亭脩稧事
也羣賢畢至少長咸集此地
有崇山峻領茂林脩竹又有清流激
湍暎帶左右引以爲流觴曲水

▶王羲之 蘭亭序(局部) 神龍摹本

孔子被稱爲道統中的聖人，王羲之則被稱爲書法中的聖人，兩者相通之處，即在「中和氣象」。此所以項穆在《書法雅言》中曾說：「道統書源，匪不相通」，「堯、舜、禹、周皆聖人也，獨孔子爲聖之大成，史、李、蔡、杜皆書祖也，唯右軍爲書之正鵠」（古今章）。從右圖王羲之著名的〈蘭亭序〉中，充份可見其書法，剛柔並濟，形神並備，深具中和之雍容氣象，不愧「書聖」之尊稱。

孟子美學精神特重浩然之氣與陽剛之美，也特重凜然正氣與人格之美，影響所及，柳公權的書法特重雄勁有力，稜角方正，(如右圖《玄秘塔》)，可稱典型代表。此所以柳公權曾謂：「心正則筆正」，項穆在《書法雅言》中也稱：「人正則書正」，並強調：「人由心正，書由筆正，即《詩》云思無邪，《禮》曰毋不敬。書法大旨，一語括之矣」(心相章)。儒家美學深具人文教化功能，由此書法藝術中亦可得明證。

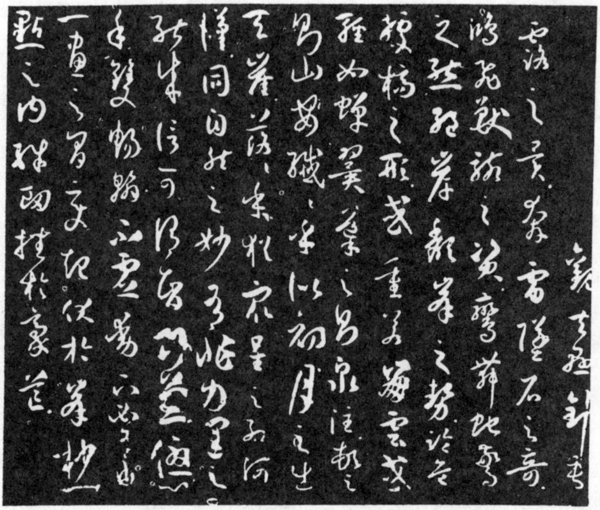

觀夫懸針垂露之異，奔雷墜石之奇，
鴻飛獸駭之資，鸞舞蛇驚之態，
絕岸頹峯之勢，臨危據槁之形，
或重若崩雲，或輕如蟬翼，
導之則泉注，頓之則山安。
纖纖乎似初月之出天崖，
落落乎猶衆星之列河漢，
同自然之妙有，非力運之能成。
信可謂智巧兼優，心手雙暢，
翰不虛動，下必有由，
一畫之間，受起伏于峯杪，
一點之內，殊衄挫於豪芒。……

上圖爲唐代孫過庭的「書譜序」，不但形容中國書法意境極爲傳神貼切，而且本身書法亦頗爲高妙，李霖燦先生因而稱此爲故宮博物院「書法中的雙料瓌寶。」其內容既包含了儒家勁氣充周、上下與天地同流的美學思想，同時也深符道家提神太虛、冥同大道的藝術精神，充份能代表中國書法美學的珍品。

董源，五代人，作畫特別強調「外師造化，內得心源」，上則師法天工，以宣洩神力，下則馳騁靈性，以挈神入幻，很能象徵道家「空靈之美」，此幅「龍宿郊民圖」堪稱經典之作。李白曾謂：「攬彼造化力，持爲我神道」，其創作動力於此很能相通。

趙孟頫，元代人，作畫極爲重視「貴有古意，若無古意，雖工無意。」古意就是古趣生意，代表雋永渾樸的機趣，最能象徵道家「自然之美」，此圖「鵲華秋色圖卷」即爲明顯例證。

董其昌，明代人，作畫最爲重視返樸歸眞，大巧若拙。米芾即推崇「天眞平淡」，極能象徵道家「樸拙」之美。此幅「葑涇訪古圖」爲重要代表。

石濤，明末清初人，又號苦瓜和尚，注重「一畫」之法，很受儒家「吾道一以貫之」影響。又強調：「立一畫之法者，蓋以無法生有法貫衆法也。」因而畫風醇厚而又空靈，氣勢崢嶸而又磅礴，筆觸通情而又醒透　完全融合心靈與山川爲一體而俱化，此　所謂「我有是一畫能貫山川之形神」，「山川使予代山川而言也，山川脫胎於予也，予脫胎於山川也。……山川與予神遇而跡化也。」（山川章）右幅二圖即爲明顯例證。

王原祁，清代人，作畫特重「筆墨一道，同乎性情」，並強調「非高曠中見眞摯，則性情終不出也。」此幅仿黃公望秋山圖爲著名例證，充份表現了道家高曠、精妙與神逸的精神，不論佈局、用筆與神韻，理氣趣均能兼到，很能代表國畫欣賞的基本典範：「平中求奇，綿裡有鍼，虛實相生。」

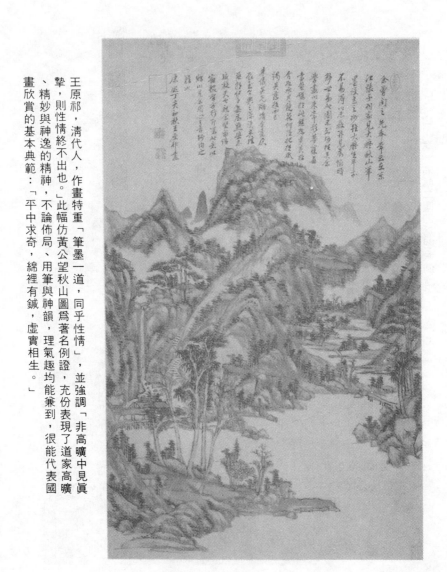

自序

西方哲學有句名言：

「美學，是哲學的皇冠。」

這話的確很有道理。因爲人人都愛美，人人也都有審美經驗，正確的審美觀，更足以振奮人心，弘揚國魂。我們甚至可以說，一個不愛美的人，是沒有希望的，同樣，一個不愛美的民族，也是沒有希望的。

所以，哲學的功能若像西塞祿（T. Cicero, 106-43 B.C.）所說：

「哲學，你是人生的導師，美德的益友，罪惡的勁敵，如果沒有你，人生還值得什麼?!」

那麼同樣情形，我們對美學的功能則可以說：

「美學，你是人生的動力，靈性的益友，醜陋的勁敵，如果沒有你，人生還有何光明?!」

不過，西方美學又和中國美學不同。西方美學多半從認識論出發，論辯力有餘，而親和力不足；中國美學則主要從價値論出發，特重生命氣韻，更能感人肺腑，因而很能補助西方美學之不足。

所以，我們如果說，美學是哲學的皇冠，那麼，中國美學更是「皇冠上的金鋼鑽」，因其最能耀眼奪目，動人心弦！因此，弘揚中國雄偉的美學，不但最能振奮民族精神，提昇民族靈魂，尤其最能從根本上轉化社會風氣，開創中興氣象！放眼今後拓展國運努力之道，這實在是一項極其根本而重要的當務之急！

然而令人焦急的是，中國美學至今一直是很受忽略的一門學問，放眼海內外，自由地區的中國學者研究很少，反而是大陸不少學者在專心研究，但他們因爲一方面受到唯物史觀的束縛，無法充份發揮，二方面對於「人格之美」、「精神之美」限於環境更無法暢所欲言，三方面受到共黨專政的影響，不能自由吸收世界的美學思潮，充份比較而互補互濟，以致放眼未來，弘揚中國美學的使命，便仍然有賴自由地區的中國學者，責無旁貸，首先慨然引爲己任！

筆者因爲懍於此中莊嚴的意義，所以近年來不揣愚鈍，發心對中國美學的思想根源作一系列研究，並且從孔子開始，以儒道兩家美學與後世影響爲經，而以中西美學的比較爲緯，期能對民族文化略盡心意。若能因此而激發更熱烈的研究風氣，進而充實國家的精神生活，提昇民族的審美品味，並且發爲雄偉國風，開創磅礡的中興氣象，相信將何只是一國一族之幸而已！

西方美學研究，經十八世紀鮑嘉敦（Alexander Baumgarten，1714-1762）成爲專門學問，但早由柏拉圖時期，歷代大哲均曾討論美學問題，縱觀彼等方法論，可以歸納出以下五大問題，深值參考借鏡：

第一，美是什麼？

第二，美感經驗如何形成？

第三，藝術創作的原動力是什麼？

第四，審美的標準是什麼？

第五，藝術的社會功能是什麼？

因此，本書架構，即以這五項問題爲主，另外再輔以第六項「比較研究」，做爲本書的基本方法論。

另外，因爲中國美學思想中，主要仍以儒家與道家爲根源，尤其道家精神本質上即爲藝術精神，因而本書重點，即在專論孔子、孟子、荀子，以及老子、莊子的美學思想。有關其他諸子因並非主流，影響甚少，所以僅在文中兼論，不再另列專章。

個人先師方東美先生生前極爲重視藝術教育，並曾一再叮嚀筆者：應多以著述報國。因此筆者在本書撰述期間，念念未敢或忘先師之遺訓，今謹以本書的一點點研究心得，敬獻方老師的在天之靈；並同時向大陸美學界以及各方面的無數苦難心靈，敬表由衷的問候與眞摯的同情！

本書陸續發表期間，承蒙潘振球先生以及諸多先進勉勵，謹此要特表由衷謝忱，又承游惠瑜與林永崇兩位賢棣諸多幫忙，也應特表謝意。學生書局慨允承印，謹此也應一併致謝。

筆者不敏，加上才疏學淺，因此本書僅能稱爲拋甎引玉之作，深祈有關各界高明尚能多所指正。相信，只要有更多的研究熱忱，共同弘揚中國美學精神，則民族藝術情操必能更加發揚光大，那振興國魂、復興民族之日，就一定爲時不遠了！

是爲自序。

民國七十八年十一月廿四日

目次

第一章　孔子的美學思想

前言

孔子是中國影響最大的思想家，也是千古推崇的敎育家。他在美學上最大的貢獻，就在「美育」一環，不論從詩敎、樂敎、或藝術敎育來看，孔子都是中國最早具有原創性的美學家。尤其，孔子的美學與其「仁」學息息相關，也可說與其倫理學、政治學均密不可分，其美學重點不在培養專業藝術家，而在透過美育，培養健全精神人格，這些都與希臘哲學極爲相近，很可看出東西方大哲殊途同歸之處。

要探討孔子美學，《論語》當然是最重要的著作，但因易經的十翼—尤其繫辭大傳，明顯是孔子及其門生的作品❶，其中也有極豐富的美學思想，所以本章將一併申論。

以下即從五項美學基本問題一一分析孔子美學思想，並在第六項作一比較研究。

一、美是什麼?

首先我們看第一項：美是什麼？根據孔子看法，可從三項重點來分述。

第一，是要符合「仁」才算美。所謂「里仁爲美」（里仁），就是很清楚的名句。「里仁」，代表在村里中的生活，表現非常文雅，非常溫馨，孔子認爲這就是「美」。可見孔子基本上，就是把「仁」當作美的主要內容。

所以，大陸學者如李澤厚認爲孔子的美學是以「仁學」爲基礎，這一點是正確的。只不過他在《美的歷程》以及《中國美學史》一書中，對於「仁學」的發揮仍然很有限。甚至因爲歷史唯物論的影響，有時他仍把一些馬列教條的名詞如「奴隸主階級」、「統治階級工具」、「奴隸制社會」等，強加在中國殷周與孔子的時代背景，這就走了偏差的方向，不能不加澄清❷。

另外，孔子又很清楚的講：「人而不仁，如禮何？人而不仁，如樂何？」（八佾）也就是說，如果人的內心裏面沒有「仁」的精神作中心主宰，只去講究外在的禮節，此時再去追求什麼音樂，便統統沒有什麼意義。所以孔子強調：「禮云禮云，玉帛云乎哉？樂云樂云，鐘鼓云乎哉？」（陽貨）換句話說，「美」並不是只看外表的玉帛或形式的華麗，也不是只從表面聽些鐘鼓聲，覺得很熱鬧，就以爲很美，這些都不是眞正的「美」，而是內心裏先要有一種感動——受「仁」所感動。所以說，美的首要定義，是須符合「仁」，孔子特重「溫柔敦厚」的詩教，正是要「美」合乎「仁」的最好證明。

値得重視的是，「仁」在孔子來說，不僅有倫理學的意思，更還有宇宙論的意思，也就是不僅指人與人之間的關係，也代表人與自然的關係。

根據孔子與門生對易經的看法，整個大自然都是充滿生機的大生命體。所以周易以「乾」「坤」爲首，並強調：「乾坤，其易之門邪！」（繫辭下）其中特別注重純粹剛健的雄偉壯美。此周易乾文言所謂：「大哉乾乎，剛健中正，純粹精也！」君子若能充份體認宇宙中這種剛健之美，「彌綸天地」，就能勁氣充周、發揮陽剛進取的生命力，「開物成務」、創造各種偉大事業，這才是美之極致！

此所以周易對乾坤二元，分別以「龍」「馬」精神象徵，就是代表活躍創造、堅忍奮鬥的生命精神。孔子在乾文言又說：「乾始，能以美利利天下。」這種以乾爲始的雄健精神，充塞自然萬物，不論「雲行雨施，品物流形」，都看成大化生命的普遍流行，因而「範圍天地之化而不過，曲成萬物而不遺」。如此盎然含生的宇宙觀，不但充滿趣機，也充滿美感，既代表「仁」，也代表「美」，同時代表「善」。中國後代的書論、畫論、詩論、樂論，都特別注重盎然生意，可說直接間接均來自此影響。

所以周易文言曰：「元者，善之長也。」然後立刻強調：「君子體仁足以長人。」清朝戴東原《原善》中也說：「生生之謂仁，元也。」都是以生生精神爲仁，爲善，也爲美！

第二，孔子論美，要符合「善」。當然，此處又可問：「善是什麼？」，「怎麼曉得是要符合善？」以下會一一分析。值得注意的是，孔子思想中，美學和倫理學的問題常常是結合在一起的。

比如說，孔子的弟子子張問：「何如斯可以從政？」，也就是問，如何才有資格從政？孔子回答說：「尊五美，屏四惡」（堯曰），也就是強調應遵從五項美德，摒棄四項壞習慣。

那何謂五「美」呢？孔子此處表面雖用「美」字，但實際內容却是指「善」。所以，孔子說的「美」常和「善」是一體的，他所說的「美」，常常是用「善」來解釋。由此可見，根據孔子，「美」須符合「善」的先決要件才行。

進一步說，孔子講的五美是指：「君子惠而不費、勞而不怨、欲而不貪、泰而不驕、威而不猛。」（堯曰）這幾句話基本上都代表一種「中庸」的美德。「威而不猛」表示很有威嚴，但不是兇猛；「泰而不驕」表示很泰然，坦蕩蕩，但不是冷冰冰的驕傲樣子；「欲而不貪」表示應該有企圖心，但不能貪心。凡此種種，均可以看出，當孔子講「應如何，不應如何」時，「不」往往是指不走極端。也就是說，孔子在此隱含了一種心意，認爲中庸、中和爲一種善。這種中庸、中和表現在行爲上是一種「善」，而表現在音樂藝術上，則變成一種「美」。

所以孔子才說「樂其可知也，始作，翕如也。從之，純如也，皦如也，繹如也，以成」（八佾）。這裏所講，音樂開始演奏之後的「純如也，皦如也，繹如也」，代表了樂聲悠揚，非常和諧、清亮，並且順暢不絕，一氣呵成，這就是符合「中和」之道。

另外，孔子也說「禮之用，和爲貴，先王之道斯爲『美』。」這裏所說先王之道的美，與上述的「五美」，其實都是「善」；康德（Kant）曾謂「美就是道德善的象徵」❸，於此很能相通。若從亞里士多德（Aristotle）來看，就是合乎「中庸」之道。在近代歐洲，理性主義大師笛卡爾（Descartes）也曾講，「美是一種恰到好處的調和與適中」❹。凡此種種，均與孔子美學「中和」之說不謀而合。

再說，孔子又曾強調：「如有周公之才與美，使驕且吝，其餘不足觀也。」（泰伯）換言之，一個人不論再能幹，再俊美，但如果很驕傲，很苛薄，那其它都不用談了。所以，孔子所說眞正的美，很清楚，主要是要符合「美德」，也就是符合「善」的精神。他另外也曾說過：「惡紫之奪朱也，惡鄭聲之亂雅樂也，惡利口之覆邦家。」這些都說明了，孔子一方面談到美的問題，指出鄭聲是不美的，是靡靡之音，另一方面則是因爲其不善，足以混淆雅樂，所以加以批評。

除此之外，孔子在日常生活中「席不正，不坐」（鄉黨），何以不坐呢？席不正，一方面代表不正派，不善，二方面則代表看起來歪歪的，不美。另外，孔子也說「君子成人之美，不成人之惡」（顏淵）。此處之「美」明顯與「善」通，否則便難以與下句的「惡」對比。我們從所有這些旁證，都充份可以看出孔子談美和善，基本上是結合在一起的。換句話說，孔子論美，是要符合善，符合中庸，符合和諧之道。

另外，清儒戴東原在《原善》中，特別以「生生而條理」爲重心而贊易，明顯也在弘揚孔子對周易的見解。「生生」代表盎然生意，「條理」代表秩然和諧，同時可以代表孔子對「美」的看法。

因爲，根據孔子看法，「生生之謂易」（繫辭），乾元大生之德與坤元廣生之德，共同生生不息的交互運行，向前開創，才代表和諧創進的大道之行。此繫辭中所謂「一陰一陽之謂道，繼之者善也，成之者性也。」能夠繼起弘揚才是「善」，能夠完成實現才是「生命」的意義與價值（「性」在此指「生命」）。這段同時證明，在孔子看法中，「善」代表和諧，也代表生意盎然之美。

另外，乾彖中稱：「乾道變化，各正性命，保合太和，乃利貞」。「太和」代表廣大和諧，更可看出孔子所肯定的「乾」元，除了代表剛健進取之美外，也代表廣大和諧之美。

第三，孔子論美，是要符合「眞」。事實上，孔子對「眞」、「善」、「美」往往看成一體。我們從上述例證可以看得出來「美」與「善」相通，在本段又可看出，「美」與「眞」相通。事實上，在孔子的心目當中，這三個問題彼此都能旁通，而且具有一貫性，其間具有相互連接的環結。

在孔子言論中，有許多例證可以看得出美是要符合「眞」。著名的例子是，孔子在〈先進〉篇中問弟子們的志向，問完子路等人後，最後問到曾點。曾點的志向乍看起來好像很平凡，但正因其很平易自然，所以很「眞」，很能表現出「眞性情」，因而是最美！

曾點說：「暮春者，春服既成，冠者五六人，童子六七人，浴乎沂，風乎舞雩，詠而歸。」也就是說，當春末時節，天氣很好時，帶着幾個學生，相約一些好朋友，一起出去郊遊、游泳，然後一起高高興興唱歌的回來。這就是他的志向！表面上這似乎是生平無大志，但此中和諧的精神、親切的氣氛、以及祥和的心情，統統表現了出來！

所以當孔子在聽其他弟子志向時，聽到的不是要做官，就是要飛黃騰達，不禁「哂之」，但聽到曾點後，便「喟然歎曰：吾與點也」（先進）！這眞是很傳神的一段對話。

換句話說，正因爲曾點所說：「浴乎沂，風乎舞沂，詠而歸。」整個氣氛代表一種既沒有造作、也沒有矯情，更沒有緊張的心情，完全是一種「眞」——輕鬆自然、平易近人、親切眞誠，所以這才是最「美」的情景！由此可以看出，孔子本來雖然奔走各國，很希望把他的政治理想能夠付諸實踐，但內心中眞正嚮往的還是這種平淡、眞切、自然、而溫馨的情景。他認爲這是最美的，因爲，它符合了最「眞」的心境與性情。

另外，周易文言在中國古代美學中，首先強調，「修辭立其誠」，就是明白指出，作品與人品均應重眞誠。繫辭中也曾強調，「將叛者其辭慚，心中疑者其辭枝」「誣善之人其辭游，失其守者其辭屈」，代表同樣道理。這種「文如其人」的傳統特色，影響中國既深且遠，很值得重視。

此外，在周易文言中，孔子明白指出，「夫大人者，與天地合其德，與日月合其明，與四時合其序，與鬼神合其吉凶。先天而天弗違，後天而奉天時。天且弗違，而況於人乎，況於鬼神乎？」

從這段宗旨，可以看出孔子所肯定的「大人」，其精神人格之「美」均與「眞」息息相關。首先，大人要能「與天地合其德」，而天地之大德曰「生」，就代表能眞力瀰漫，誠於中而形於外，因而能夠「美之至也」。另外，大人的精神光明正大，能「與日月合其明」，代表眞誠之至，能與日月同光，也是精神人格至美的象徵。還有，「與四時合其序，與鬼神合其吉凶」，都代表自然眞誠不造作，同樣代表眞正自然之美。凡此種種，也都可看出，孔子肯定，「美」卽「眞」的看法。

所以，若問孔子認爲「美」到底是什麼？簡單地說，就是要符合「仁」，符合「善」，以及符合「眞」，這三項都是判斷「美」的標準。孔子雖然並不像西方哲學家直接的明白給

「美」下定義，但由此三項判準，却很能深刻瞭解孔子對「美」的看法。

二、美感經驗如何形成？

其次，我們進入第二項問題：美感經驗是如何形成的？這在西方，是從認識論出發，經過層層論辯，反覆詰問，而產生答案。所以在西方哲學的答案很明顯——如蘇格拉底、柏拉圖都是直接答覆這項問題；但在中國哲學因風格不同，所以並不明顯。

因此，我們研究中國美學，往往便需要花更多的功夫旁敲側擊，用各種的旁證歸納，才可以顯示出中國美學的相關思想。在此，雖然我們可以說中國沒有西方式的美學，但並不代表中國沒有美學。中國哲人只是用不同方式表達，如果深入研究其中思想精神，便知仍然深具豐富的相關見解。

本此體認，對於孔子美學中，他認爲美感經驗如何形成，我們也可分成三個重點分析：

第一是：主體和客體的統一。這很清楚地表現在孔子多處讚嘆「美」的文字之中。譬如：「仁者樂山，智者樂水」（雍也）。爲什麼呢？因爲「智者動，仁者靜」。根據孔子看法，如果一個人本身比較傾向仁厚型，他會比較喜歡山，覺得山很美。如果一個人比較屬於智慧型，則會比較喜歡水，覺得水很美。由孔子此一例證中，我們便可以問：喜歡山或喜歡水，這種美感經驗如何形成？

此中「智者動」，代表「智者」很有智慧，希望在變遷複雜的現象中清理出明智的思路，因而喜歡變化不居的水。這是一種主體的心智活動，隱含著對主體性的肯定。另外主體若傾向於喜歡念書、喜歡下棋，這是喜歡動腦筋的，與傾向於喜歡運動、打球，兩者就不一樣。

所以，這表示主體本身有差異性，因而對於外在客體的觀照與感受也不同，所以在這裏很清楚同時肯定了主體性與客體性各自獨立的存在。當審美主體展現其喜好的特色，並與客體所展開的特性相結合時，就形成了美感經驗。

換言之，「仁者」這主體性特色是穩重、沉雄，所以表現在外，就是喜好看起來非常敦厚的山。由此可見，審美主體本身先要有一種意向去喜歡山，而山又能表現出厚重的現象，兩者相互結合，才能形成「仁者樂山」的美感經驗。這中間代表的就是「主體與客體的統一」。因此王船山在《薑齋詩話》中曾說：「情景名爲二，而實不可離。」他強調：「夫景以情合，情以景生……截分兩橛，則情不足興，而景非其景」。正是此中深意。

歌德（Goethe）曾謂：「欣賞美的作品，一定需要運用理解力。」❺這句話明顯肯定應有審美主體的理解力，加上被欣賞客體的特性，才能產生美感經驗，便是同樣道理。

另外我們也可分析李澤厚等著《中國美學史》中，所引用的一句話：「自然美的事物，只有作爲人的一種暗示，才有美的意義。」❻

所謂自然美，就是美感經驗中的客體。如梅花，它的特性是冬天開花，愈冷而愈開花。要有了這種象徵的意義和精神，這種「暗示」才使人覺得美。再如竹子之美，因爲大家覺得竹子有節，顯示出一個人有氣節，這才對人有意義，若對其他動物如猫、狗，就沒有意義。正因爲竹子對人有這種「暗示」，所以才有美的意義。另如松樹的蒼勁，象徵玉樹臨風，雍容雄偉，所以對人具有美的意義。

換句話說，要能欣賞梅花之美，一方面除了梅花本身要有「愈冷愈開花」的客觀特性外，二方面必須賞梅者有一種「愈挫愈勇」的主觀感受。兩者「主客合一」，才能產生「賞梅」的美感經驗。

因而對美國人，如果沒有「多難興邦」的體認，沒有瀕臨亡國的經驗，那他們看到梅花，就不會有特別親切的感受。就算美國有很多梅花，也不會挑上它作爲國花。但在中國，因爲向來肯定多難興邦、殷憂啓聖，矢志要能在艱苦中重新站起來，所以，以梅花做爲國花這件事來看，就成爲一種寓意深遠的美感經驗。

這也就是說，梅花本身要先展現出愈冷愈開花的特性——這是客體性，再加上中華民族一般人心對愈挫而愈勇的主觀感受——這是主體性，兩者形成「主體與客體的統一」，才能眞正欣賞梅花的精神。這就是孔子美學在認識論中的特性。

孔子在周易繫辭下傳強調：「天下之動，貞夫一者也。」此中強調和諧的統一，可說奠定了中國長久的獨特傳統，影響藝術欣賞尤其極爲深遠。

除此之外，「賞梅」不只因其「美」，也是因其「善」——所以中國畫家對於松、竹、梅通稱「三『君子』」，便是同樣道理，由此可以再次看出孔子美學與倫理學相通的特性，並可看出對中華民族的深遠影響。

第二：審美主體先需經過人文教化，然後才能產生審美的能力，以悠遊於藝術的境界。孔子曾經強調：「志於道，據於德，依於仁，游於藝。」（述而）這也就是說，審美主體先需經過前面三層教化：「志於道，據於德，依於仁。」然後才能修養出高尚的美感與品味，以浸潤於藝術欣賞的樂趣——也就是才能「游於藝」。

由此可見，孔子所認定的美感經驗，並非西方近代美學之父鮑嘉敦（A. Baumgarten）所稱「感性知識」的層次所能及❼。孔子所指審美主體的本身心靈，先需經過高尚其志的提昇，等充分變化氣質後，才能產生高雅的品味。

黑格爾（Hegel）曾謂：「對美的欣賞，需要完整的理性能力，以及堅實活潑的心靈。」❽在此倒很能與孔子美學思想相通。也就是說，在孔子這種審美經驗中，很明顯的先須經過心靈的洗滌，以及精神的提昇，而不是本能的反映感性知識，這也正是孔子美學何以與其倫理學息息相關的原因。

尤其值得強調的是，孔子所說「游於藝」的這一「游」字很重要。代表一個人立志於道後，若再經過德性的修養，凡事根據仁心立身，便能自然而然的「游」于藝。這代表充份完成了通體雍容的審美人格，在倫理學上可說是「無入而不自得」，在美學上則可說是「無入而不自樂」，所以才能悠「游」於藝，從而有一種「君子坦蕩蕩」的心胸。由此更可看出孔子美學在倫理教化上的重要意義。

尤其，中國藝術特重意境之美，可說深受孔子「游於藝」的影響。宗白華在此說得很中肯：

「藝術家以心靈映射萬象，代山川而立言，他所表現的是主觀的生命情調與客觀的自然景象交融互滲，成就一個鳶飛魚躍，活潑玲瓏，淵然而深的靈境；這靈境就是構成藝術之所以爲藝術的『意境』。」⑨

重要的是，主觀的生命情調此時先需有充份的人文素養，然後才能深自體悟意境之美。孔子美學與倫理學密切互通，由此更可得證。

第三，根據孔子看法，美感經驗的形成，除了先需審美主體經過仁學的薰陶外，還要因爲主體性向的不同，才會有不同的抉擇，從而產生不同的美感經驗。

荀子在〈宥坐〉中，曾記載一段孔子的對話：

子貢曾問孔子：「君子見大水必觀焉，何也？」爲什麼君子見了大瀑布，一定要去看？孔子回答說：「夫水者，君子比德焉。遍予而無私，似德；所及者生，似仁；其流卑下裾拘皆循其理，似義；淺者流行，深者不測，似智；其赴百仞之谷不疑，似勇；淖約而達微，似察；受惡不讓，似包；蒙不清以入，鮮潔以出，似善化；主量必平，似法；盈不求概，似正；其萬折也必東，似志；是以君子見大水必觀焉。」這一段話，用一連串的「似」字，將大水的百態，都比喻成君子的各種德行。如果一個人「觀水」要能有這麼多種感受，顯然本身先要對「觀人」的各種德行有各種心得，然後才能從水的流行變化中有上述的旁通感應。所以從孔子看來，「觀水」等於「觀德」，觀者本身顯然需有獨特的主觀抉擇在內。

當然，或許有人認爲，這是一種「泛道德主義」，變成無論對什麼景觀，先要看是否「善」，是否類似道德，才去判定是否「美」。但孔子並非刻意如此，他是以平常心輕鬆的徜徉於美好景觀中，因爲心中有所「本」，所以看到外界之美自然而然的才有所感，並不是把外界景觀用泛道德觀點勉強硬套。

所以，對於孔子原來所說的：「仁者樂山，智者樂水」，朱子註爲：「智者達於事理，而周流無滯；仁者安於意理，而厚重不遷。」這就是說，智者對於事理很通達、很周全，沒有任何滯礙，就好像水的特性，所以「樂水」。仁者心安理得、很有定力，非常厚重，有如於山，所以「樂山」。換言之，這都是因爲在自然事物中找到了與內在自我相互一致之處，所以才有美感產生。這正類似於康德所說：頭上星辰井然，其「自然律」與心中「道德律」相互呼應一樣，並非刻意去比附，而是自然相呼應。

由以上的分析，可知根據孔子美學，此中美感經驗的形成，經過了三個層次。第一，主體和客體一定是統一的，才會產生「仁者樂山」的結果。「仁者」是主體，「山」是客體，要兩者統一，才會形成仁者「樂」山的美感經驗。那麼，爲什麼「仁者」會「樂山」？就因爲第二：審美主體先須經過「仁學」的薰陶，成爲「仁者」，才能產生靈性，足以欣賞山之靈境。其次第三：審美主體還須經過主觀，以抉擇客體合乎其內在嚮往的特性，才會產生樂「山」這獨特的美感經驗。

這就猶如欣賞名畫，如果一個人是內心孤獨型的，他可能特別欣賞梵谷的畫，也就是在畫面中找到了淒涼與孤寂感，有如找到了他自己的內心世界。如果一個人是身世坎坷的，便很可能更喜歡看賺人熱淚的悲劇電影，因爲在電影作品中，彷彿看到了自己的身世。這些都代表，以主體的獨特性，再選擇特性相一致的客體，就會產生獨特的美感經驗。

孔子美學此中的道理，在周易表現得也很清楚，那就是「觀物以取象」以及「立象以盡意」。

首先，整部周易的象傳都可說是「觀物以取象」的結晶。如乾象傳：「天行健，君子以自強不息」，坤象傳：「地勢坤，君子以厚德載物。」從天地自然的現象可以得到哲理啓發，代表認知主體本身已經深具靈性，本身先有了靈性，境界自然就能提昇，才能悠游于天地之中，能夠無入而不自樂。

此周易繫辭傳中所說：「聖人有以見天下之賾而擬諸其形容，象其物宜，是故謂之象。」另外，「古者包犧氏之王天下也，仰則觀象於天，俯則觀法於地，觀鳥獸之文與地之宜，近取諸身遠取諸物，於是始作八卦，以通神明之德，以類萬物之情。」

這種「觀物以取象」的美感經驗，對中國美學影響很大。如五代大畫家荆浩在《筆法記》中就說，「畫者畫也，度物象而取其眞。」便是這道理。另外，石濤在《苦瓜和尚畫語錄》中，特引周易「天行健，君子以自強不息」說明「先受而後識」之理，並謂：「山川使予代山川而言也。」也是同樣意義。甚至近代梁任公也強調，「藝術」與「科學」，「他們哥兒倆有一位共同的娘」，叫做「自然夫人」[10]。此一比喻，更生動反映了「觀物以取象」的美感經驗過程。

然而，更重要的是，「科學」求精確，藝術却求意境，意境代表一種神韻，往往只可意會，不可言傳，這是超乎語言能力的。此所以周易中又強調「立象以盡意」的道理。周易中曾經說：「子曰：書不盡言，言不盡意。然則，聖人之意，其不可見乎？子曰：聖人立象以盡意，設卦以盡情僞，繫辭焉以盡其言，變而通之以盡利，鼓之舞之以盡神。」換句話說，「立象以盡意」的「象」正是代表「藝術手法」，透過這種藝術手法才能曲盡各種意境。這種創見影響中國的藝術極爲深遠，既開創了中國藝術重「寫意」而不重「寫實」的傳統，也同時肯定了美學教育與人文教育的互通，心中一定先要有高度的人文修養，然後才能對藝術珍品欣賞與「會意」。

三、藝術創作的原動力

本文第三個要分析的問題是：藝術創作的原動力是什麼？根據孔子看法，其回答簡單地說，有四個重點，即是：「興」、「觀」、「羣」、「怨」。

孔子講：「小子何不學夫詩？詩可以興，可以觀，可以羣，可以怨。」（陽貨）這四種功能，同時也正可以代表創作者的四種動機和動力。

首先，何謂「興」？王船山曾解釋說：「能興即謂之豪傑。興者，性之生乎氣者也。」也就是說，能夠讓生命振奮、提昇氣勢者，是謂「興」。所以，根據孔子看法，藝術創作的第一個原動力就是「振興人心」，使得人心可以生氣勃勃，奮然有興。像孔子聽了很好的音樂後，能「三月不知肉味」，就是很鮮明的比喻。由此可知音樂（與藝術）的功能，絕對是超乎生理現象與物質欲望以上的。「三月不知肉味」，正代表孔子內心的振奮與充實，足以超過任何物質享受。

《詩大序》中把「興」的這種功能，講得極爲透徹：「詩者志之所之也，在心爲志，發言爲詩。情動于中而形于言，言之不足，故嗟歎之，嗟歎之不足，故詠歌之；詠歌之不足，不知手之舞之，足之蹈之也。情發于聲，聲成文，謂之音。」

這段經過，把詩足以振興人心、通體充實的特性，表達得很透徹，把詩歌與音樂、舞蹈的連帶關係分析得也極爲中肯，充份可以證明孔子對詩所說的重要功能。

第二個藝術創作的原動力是「觀」，也就是觀察民間的風俗人心。這相當於「社會寫實主義」的藝術作品，把社會中喜怒哀樂的人物寫實出來，把社會問題也反映出來。例如美國近幾年得到奧斯卡金像獎的電影，往往就是反映當前美國的社會、家庭等問題，如「克拉馬對克拉馬」（Kramer Vs. Kramer）、「雨人」（The Rain man）都是典型例證。具有同樣社會背景的人，對於這類的藝術作品就更會引起共鳴。由此再次可以顯示孔子講的美學是「主體與客體合一」的特性。

甚至英國詩人雪萊也有同樣看法。他在《詩的辯護》裡曾說：「一個人如果眞正做善人，必須能深廣地想像，必須能設身處地替旁人想，人類的憂喜苦樂變成他的憂喜苦樂。要達到道德上的善，最大的途徑是想像；詩從這根本上做功夫，所以能發生道德的影響。」[11]

換句話說，眞正偉大的詩人，必有偉大的同情，也有偉大的仁心，所以能以民胞物與的精神爲民請命，反映民疾，由此來看，正是孔子所說，美卽「善」、美卽「仁」的重要例證。

第三個是「羣」，也就是說，可以透過藝術而溝通感情、交流觀念，尤其可以透過藝術品把一羣人團結起來。例如「中華民國頌」這一歌曲，很可以將中國人的民族情感團結起來。因爲，一定要以同一民族作爲審美主體，才能具有獨特的共同愛情，其歌詞中像青海的草原一眼看不完、喜馬拉雅山峯峯相連到天邊，這些錦繡河山，對於中華民族的同胞才具有特殊的意義；對於日本人、韓國人、英國人或美國人，便沒有這特殊情感與意義。所以如果創作者希望透過此一藝術品（歌曲）的力量，將這一羣人結合起來，這就是創作藝術另一個原動力，也就是孔子講的「羣」。

這種「羣」的功能，在藝術創作上，就很能發揮導引民心的作用，也正是孔子所說的教化作用。此所以《詩大序》中曾經明白強調，詩的教化作用：

「故正得失，動天地，成鬼神，莫近于詩。先王以是經夫婦，成孝敬，厚人倫，美教化，移風俗。」

其中「美教化」明顯代表團結群衆，導正方向，可說孔子美學另一項重要的創作動力。

第四個是「怨」，也就是可以宣洩不滿。不論要宣洩內心的苦悶，情緒的悲慨，對環境的不滿，或者對時代的深沉感觸，都可以透過歌曲、詩辭、文學作品或電影作品，淋漓盡致的表現出來。例如「齊瓦哥醫生」，不但是一部很好的藝術電影，也是一部很好的反共電影。它不必在口頭高叫反共，而是在電影徐徐進行的情節之中，讓人感受到共產專政下的無形壓力，這就是某種「怨」。再如白樺的「苦戀」，同樣是在娓娓道來的劇情中，展現出深沉的家國之痛，這也是種「怨」。

事實上，中國早在詩三百首中，就已提出以詩為「刺」的看法。在《詩大序》中，更明白提出「美刺」的作用，以此宣洩心中的褒貶。此所以詩大序釋「風」為「上以風化下，下以風刺上」，而鄭玄《詩譜序》更清楚指出：「刺過譏失，所以匡救其惡。」司馬遷在〈報任少卿書〉中也強調「舒其憤」，甚至直到大陸「天安門詩抄」，均表現了一貫相脈的抗議精神，也表達了中華民族淵源流長的詩諫傳統，令人不能不敬佩孔子在此的遠見與慧心。

甚至，中國書法的創作動力，也很可從孔子在此所說的道理找出淵源。如唐代張懷瓘在《書斷序》中便曾指出，書法的產生，「或寄以騁縱橫之志，或托以散鬱結之情。」明顯係同時包含了「興」與「怨」的動力。

換言之，某些成功的藝術品，可以同時包含多種原動力。有些既可以振興人心，也可以團結衆志，這是「興」與「羣」的結合。還有些既可以反映現實，也可以宣洩民怨，這是「觀」與「怨」的結合。所以王船山在《薑齋詩話》曾經明白提出：「於所興而可觀，其興也深；於所觀而可興，其觀也審；以其羣者而怨，怨愈不忘；以所怨者而羣，羣乃愈摯。」的確發人深省。

這就是說，如果一部作品既可以振興人心，又可以藉此觀察民氣，則其振興的程度必定很深遠。如果既可以反映民情，又可以振奮精神，則其反映的民情必很眞切深刻。如果既可以反映民怨，又可以團結人心，則此民怨必因高張而更不會淡忘。如果既可以結合羣體，又可以宣洩不滿，則此羣體的團結程度必定更加眞摯。

凡此種種，都足以說明「興」、「觀」、「羣」、「怨」，不但可以相互結合，而且相互激盪的結果，功效可以更加深刻與廣濶。這些藝術創作的動力，以及相互的關係，西方美學理論固然在亞里士多德《詩論》也曾談到，但相形之下並不完整。亞氏認爲「悲劇的作用在喚起悲憫與畏懼之情，使情感能加以陶冶」，頂多只談到了「興」與「怨」，而未討論「觀」與「羣」。反觀孔子很早便已經明顯提到四個方面，雖然言簡，却很意賅，立意非常週全而嚴謹，確實令人欽佩。

尤其，孔子是中國第一位強調憂患意識的思想家，他在周易中說：「作易者，其有憂患乎？」首度指出周易是在充滿憂患意識之下所完成。這種憂患意識成爲影響中國知識份子極爲深遠而珍貴的傳統，如孟子、司馬遷、范仲淹……等都是典型例證他們發憤圖強的精神，正是憂患意識下激勵而生的創作動力。這代表一種使命感與上進心，在全世界文化中均爲重要特性，由孔子首先提出，而形成中華民族堅韌不拔的精神特色，深值今後重視與弘揚。

四、審美的標準

對於第四項：審美的標準是什麼？根據孔子看法，可以分成三個重點來分析。

第一項標準就是：「中和之道」，也就是說不走極端。孔子曾強調「禮之用，和爲貴」。所謂禮節，需有「節」制，太過與不及，都不行：太過則變成諂媚，不及則變成傲慢，兩者均有缺失。所以不論禮，或樂，在孔子看來，均應符合「中和」之道——「中」庸而「和」諧。所以他說：「樂而不淫，哀而不傷」就是這意思，心中雖哀愁但不致於傷身，感覺雖歡樂但不致於淫蕩，這就是孔子對藝術欣賞最重要的審美標準。如果有某一電影讓人看了傷心欲絕，在孔子看來反倒不美，因爲太過。反之，如果令人心中根本沒有感動，便成爲不及，兩者都不是眞正的美。

另外，孔子在周易中所強調的審美標準，尤其注重陰陽並濟，剛柔和諧，也明顯肯定以中和之道爲審美標準。

例如泰卦彖稱「內陽而外陰，內健而外順」，所以爲「泰」，國泰民安。同人彖稱：「柔得位而應乎乾」，所以稱「同人」，很有人緣。同樣，「大有」彖稱：「柔得尊位大中，而上下應之」，所以稱「大有」，充滿光明。咸卦彖稱：「柔上而剛下，二氣感應以相與」，所以能天地感而萬物生。恆卦彖則稱：「剛柔皆應」，所以能「恆」，可大可久。「兌」卦彖稱：「剛中而柔外，說以利貞，是以順乎天而應乎人。」凡此種種，均可看出，凡是美而吉的易卦，均爲剛柔並濟，深符中和之道。孔子在贊易中的彖傳，的確深入發揮了以「中和」爲審美標準的至理。

另外欣賞中國書法，也明顯可以看出此理。項穆在《書法雅言》中，不但專門有「中和章」，而且明白認爲：「評鑒書蹟，要訣何存？溫而厲，威而不猛，恭而安，宣尼德性，氣質渾然，中和氣象也。」（知識章）他更舉王羲之爲「書中之聖」，主要標準就因王字剛柔並濟，有溫有威，深具中和氣象，充份證明「道統書源，匪不相通也。」（神化章）

第二項標準是：「美」和「善」的和諧統一。換言之，也就是藝術技巧和思想意境要能和諧統一，才是眞正的「美」。例如三十年代左傾作品的文字技巧不可謂不高明，但是很多主題意識却專以挑撥鬥爭爲能事，使人讀後不但不能激勵昂揚的民族精神，反而成爲憤恨中國文化，這不是「興」，而是「恨」，就不能算好的作品。當然，如果文藝作品或電影變成另一種極端，只注重主題意識，而忽略藝術技巧，也會變成八股教條，這也不行。所以一定要藝術的「美」與倫理的「善」相統一，才是眞正的善！

孔子最著名的例子，是在〈八佾〉篇中所說的：「子謂韶，盡美矣，又盡善矣也。謂武，盡美矣，未盡善也。」他評論武曲「盡美矣，未盡善也」，就是說，武王的音樂雄壯威武，允稱很美，可惜還未能充分表達完善的文化理想，所以還不算「盡善」。因此他才進一步稱讚「韶」曲，「盡美矣，又盡善矣也」。韶曲是周公作的，是孔子心目中的聖人，最能展現文化理想，孔子認爲，這既有很好的藝術技巧，也有很好的主題意境，因而才算「盡美」又「盡善」。由此充份可見，藝術技巧與主題意境對孔子來講，是同等重要的審美標準。

另外，美國當代大哲懷海德（A.N.Whitehead）有句名言，與孔子的詩教精神也很接近，他說：「哲學相近於詩，皆在尋求表現至善的『意義感』。」⑫

這句話，很能闡揚孔子審美的標準—也就是評一首詩，先要看其能否有「表現至善的意義感」。因爲，孔子宇宙論，基本上是以生命爲中心，而其倫理學與美學，基本上均以「價值」爲中心，也就是均在「尋求表現至善的意義感」。此所以孔子在周易各卦易傳中，恆以「君子」或「先王」爲發語辭，在論語中，更常以「君子」爲理想精神人格的象徵，此中意義，既代表善，也代表美。因此根據孔子，一定要能將高尚的價值理想融入詩學技巧中，才能稱爲好的作品，這種善與美的和諧統一，深值我們重視。

第三項標準是：「文」和「質」的和諧統一，用現代的話來說，就是「形式」和「內容」要能和諧統一，缺一而不可。孔子曾強調，如果「文勝於質，則史」（雍也），如果文章過於雕琢，表面上用了許多華麗的文辭，但內容却空空洞洞，這就太形式化，是「文勝於質」。另外，如果「質勝於文，則野」，內容雖然滿腔熱情，却是赤裸裸的直接表現，沒有經過藝術性的剪裁與修飾，結果就會變得粗糙，或過份突兀。例如大陸上從一九七八年開始，有許多「傷痕文學」紛紛出現，每一篇寫的均是有血有淚的眞人眞事，非常地深刻，讀後都讓人有一種時代血肉感，其「質」很好，甚爲眞切感人，但讀多之後却會令人漸覺沉重繁複。這就因爲當時的作品，對於文字技巧與整體佈局、氣氛經營等等，都尙未注重與講究。慢慢到現在，時隔多年，「傷痕文學」開始注意到藝術化地處理，才讓大家讀後心中更能有一種雋永迴盪的感動，看似平淡，却能細水長流，久久不休。像阿城近年出版的《棋王》便能效果深遠，就因爲能同時融合了藝術形式與深刻內容，因而堪稱上乘佳品。

尼采在《悲劇的誕生》中，認爲希臘太陽神阿波羅（Apollo）象徵造形藝術，如雕刻圖畫，酒神廸奧尼塞斯（Dionisus）象徵表演藝術，如音樂舞蹈⑬，很有道理。其實太陽神代表和平中正的理性精神，卽接近於孔子所說的「文」，而酒神代表元氣淋漓的創造衝動，卽接近於孔子所說的「質」。同樣情形，兩者要能平衡並濟，才代表最和諧之美。任何一方偏廢，都將損害眞美，這與孔子「文質彬彬」可說幾乎並無二致。另外，孔子在周易中所強調的陽剛之美與陰柔之美，同樣講究和諧平衡才爲上乘，此所以清代姚鼐在《惜抱軒文集》曾謂：

「陰陽剛柔並行而不容偏廢，有其一端而絕亡其一，剛者至於僨強而拂戾，柔者至於頹廢而暗幽，則必無與於文者矣。然古君子稱爲文章之至，雖兼具二者之用，亦不能無所偏優於其間，其故何哉？天地之道，協合以爲體，而時發奇出以爲用者，理固然也。」

這種陰陽協合，而又奇正相生之道，在孔子的「文質彬彬」中表現極爲深刻，很値重視。

因爲，根據孔子的觀點，要欣賞一藝術品，需要整體的欣賞，同時看其「藝術形式」和「思想內容」（「文」與「質」）能否和諧統一，才能判定是否眞正美的藝術品。

由此再度可見，根據孔子看法，在審美的過程之中，審美者本身必需先要能具備一定的水準——同時對藝術技巧與思想意境都要能有一定素養，這不但再一次代表了孔子美學與倫理學的相通，也進一步可以看出孔子「美學」的主要重點，卽在強調社會教化的功能。

五、藝術的社會功能

關於第五項：藝術的社會功能是什麼？可分爲三項重點，來分析孔子的看法。

第一項社會功能，是將美學作爲社會教育。孔子可以說是中國歷史上第一位提倡「美育」者。根據孔子精神，教育應五育並重，亦卽德育、智育、體育、羣育、美育，要能平衡發展，才有健全的人格與社會，這是很重要的教育理想，其中尤其美育對今後轉化社會風氣太重要了。所以民初曾任北大校長以及教育部長的蔡元培先生，也曾明白主張「以美育代宗教」——因爲以藝術的情操來取代宗教情操，同樣能薰陶人心，變化氣質，轉移風俗，這種立論的根本來源，最早便可溯自孔子。孔子在二千多年前就已經提出這種深刻創見，確實令人欽佩。

孔子當時強調：「興於詩，立於禮，成於樂。」（泰伯）換句話說，一個人的精神人格若要堂堂正正，卓然有興，先要從學「詩」開始，然後才能把原來的感性生活透過詩教而轉化，滌清其中汚濁的部分，而產生一淨化靈魂的提昇用。「立於禮」，則是要能根據禮節而立足於社會，知所進退，把握分寸，然後才能站穩脚跟，屹立不動。「成於樂」則更是指人格的完成，必需要透過音樂的薰陶與教化而達成。這三項，正可稱爲現代社會人人應有的精神文明，對今後我們的生活教育與社會教育，都深具重大的啓發意義。

另外項穆在《書法雅言》中，也曾以書法爲例，說明其社會功能：「書之爲功，同流天地，翼衞教經者也。」（書統章），可說正是弘揚孔子的美學思想。另如張彥遠在《歷代名畫記》中強調：「夫畫者，成教化，助人倫，窮神變，測幽微，與六籍同功，四時並運。」同樣也是以孔子精神闡揚美術的重大教化功能。

另外王船山在《薑齋詩話》也說：「聖人以詩教，以盪滌其可興，震其暮氣，納之於豪傑，而後齊之於聖賢。」以今天的意義擴大了來講，就是一位偉大的教育家，一定要能透過藝術教育，而洗滌時弊中汚濁的心靈，掃除低俗的暮氣，使一般民心奮然有興，具有豪傑的心志，然後才能完成聖賢的事業！王船山因爲身處動盪亡國的時代，所以更有深刻的體認，這在今天尤具重要的警世作用！

根據孔子美學，藝術的第二個社會功能是：人文化成天下。也就是以藝術來輔助人文教育，化成雍容和睦的天下，簡單的說，就是幫助「人文主義」的推動。

中國最著名的文藝理論鉅著《文心雕龍》，首重「原道」，可說直承孔子美學精神，在〈風骨篇〉中，就曾明白指出：「詩總六義，風冠其首，斯乃化成之本源，志氣之符契也。」這段充份弘揚孔門詩教，以此做爲人文化成的本源，更做爲振興志氣的符契，可說深得孔子美學精神眞諦。

換句話說，孔子所肯定的藝術，既然是要以「中和」之道爲審美標準，那麼在藝術欣賞的過程之中，就可以把許多野蠻粗魯的性格從根本變化，透過高雅的藝術教育，邁向高尚的人文社會。

另外，孔子既強調美和「善」應結合，因此透過藝術教育，當然可以幫助人心善根的推廣，促進人心能積極向善，邁向高尚的志節。再加上孔子強調美要符合「眞」，自然就可以消除虛矯的心態，恢復至情至性的眞誠，表現感人動人的人性光輝。綜合而言，就很足以大力推動人文主義，幫助現代社會拓展人文精神！

項穆在《書法雅言》的知識章中，便曾再以書法爲例，強調書法足以薰陶人心，變化氣質。此其所謂：「論書如論相，觀書如觀人。」尤其高雅的書法，更如同高貴的人格，如果「遙而望之」，則「標格威儀，清秀端偉」，如果「近而察之」，則又「氣體充和，容止雍穆」，若「迨其在席」，則更「器宇恢乎有容……道氣德輝，藹然服衆，令人鄙吝自消矣。」這段充份道盡書法的大用，正是孔子美學足以人文化成、恢宏器宇的寫照。

所以，孔子的美學，絕不是一種單薄的唯美主義，也不是一種玩世的浪漫主義，更不是一種膚淺的自然主義，而是一種莊嚴恢宏、肯定天人合一的人文主義，並將「天文之美」轉化成爲「人文之美」，其意境極爲深邃，影響中國文化更爲深遠，尤其開啓了中國「人格之美」頂天立地的雄偉傳統，這與西方美學大不相同，實在深值我們細心體認與弘揚。

孔子認爲，藝術第三項社會功能是：以美育匡正人心，輔理治國。因爲孔子所提倡的美育，不只是提昇個人的精神人格，而且要不斷提昇社會高尚風氣，從而匡正人心，端正治國之道；也就是要透過藝術的功能，來不斷激濁揚清，以美育輔助爲邦之道。

例如，顏淵曾明白的問爲邦之道。孔子回答說：「……行夏之時，乘殷之輅，服周之冕，樂則〈韶〉〈舞〉。放鄭聲，遠佞人。鄭聲淫，佞人殆。」（衞靈公）也就是說，要把夏、商、周三代的成功之道，都能充份領悟發揮。例如對衣冠制度要效法周朝，對音樂藝術則要取法乎上，採用像〈韶〉〈舞〉一般的高尚音樂。唯有如此，驅除靡靡之音，遠離諂媚小人，才能去邪導正，端正邦國！

孔子這種看法與柏拉圖《理想國》很接近。因爲根據孔子看法，「鄭聲淫」，使人聽了之後不只心神恍惚，而且意志消沉，那是足以危害邦國的。所以孔子講的「爲邦之道」與「藝術之道」原理非常相通。這也是《樂記》中明白強調的道理：「樂之道，與政相通」！

因此，根據孔子看法，唯有透過高尚昂揚的音樂教育，才能端正人心，提振精神，從而匡正社會，治理邦國！否則如果任由靡靡之音猖獗流竄，則人心低迷，國風消沉，終必導致社會敗壞！這對今天充斥靡靡之音的社會風氣來說，實在是極大的警惕與啓示！

另外，我們若以書法爲例，也可看出重要例證。梁任公曾指出，中國書法成爲一門藝術，乃是舉世獨特的發展。更重要的，中國是以書法匡正人心，此卽唐太宗李世民所說：「心正則字正」，項穆在《書法雅言》中更明白強調：「人由心正，書由筆正，卽《詩》云思無邪，《禮》曰毋不敬。書法大旨，一語括之矣。」（心相章）充份說明了書法與心法的密切關係。

總之，孔子相信，從外在的藝術教育足以提昇內在的心靈之美，而透過心靈之美，又可以在日常生活中表現出行動之美、舉止之美。培根曾謂：「美的精華，在於文雅的動作。」

意義在此極爲接近。孔子認爲，唯有透過藝術，去除低級趣味，掃除暮氣淫聲，才能眞正淨化社會風氣，振興國家氣象。這些睿智對於我們今後如何加強藝術教育，充實文化建設，以及化除暴戾之氣，加強中興氣象，實在都有極大的深遠啓發，深值我們儘早化爲行動，切實力行與普遍推廣！

尤其値得重視的是，孔子在晚年贊易時，特別推崇周易首乾的陽剛之美。他曾經明白指出：「大哉乾元，萬物資始乃統天。」強調唯有以乾元「首出庶物」的剛健精神立身處事，才能展現雄渾的氣勢，創造生動的氣韻，開拓磅礴的氣象，進而以此爲中心主宰，發爲事業，那才算「美之至也！」此卽所謂「君子黃中通理，正位居體，美在其中，而暢於四支，發於事業，美之至也。」（乾文言）確有極深刻的寓意在內！

事實上，這種積健爲雄的審美觀，直接影響到孟子的「大丈夫」精神與「浩然之氣」，並且形成中國歷史上一直注重雄健之美的偉大傳統。不論在文學、或藝術上，都講究氣韻生動、氣勢磅礴、以及氣魄宏偉，卽使在畫論與書法上也講究「多力丰筋」，甚至在建築美學上也講究飛簷要能「升中於天」的生動氣勢，務期「靜中有動」，並且環山抱水，以氣象萬千、雄健宏偉爲美，另外，園林美學中，同樣強調在曲線中見生動，在對稱中見和諧，尤重在佈局中見意境，從而能充份展現盎然燦溢的無窮生機[14]。

凡此種種一脈相承的特色，形成了中國民族美學崇尚雄偉的最大特點，也形成了中國民族精神昂揚進取的最大特色。其根本淵源卽爲孔子美學精神，今後確實深值我們重視與弘揚，然後才能喚醒民族靈魂、蔚爲中興大業的精神動力，進而展現雄偉的氣勢，開創光明的最後勝利！

六、孔子與希臘美學的比較

本文第六項內容是：比較孔子與柏拉圖、亞里士多德等希臘美學思想的重要異同，主要可從以下六個重點來分析。

第一，孔子與柏、亞二氏均很重視理性。孔子乃至於整個儒家，可以稱爲「健康的理性主義」。此處稱「健康的」，表示理性主義也可能因過分呆滯，而變成執而不化，但孔子却是非常通情達理的理性主義，不但講道理，而且近人情。所以林語堂先生曾用一句話英譯孔子的哲學，非常中肯，那就是「合情合理的哲學」（Philosophy of Reasonableness），也就是指凡事「合情合理」（Reasonable），這種通情達理的哲學就是儒家。像柏拉圖強調以理性爲正義的標準，亞里士多德也強調中庸的可貴，這種理性精神延伸到近代歐洲理性主義之父笛卡爾，也強調美卽「中和」。凡此種種，均因共同尊崇「理性」，而能彼此在精神上相通。

不過，柏拉圖將人類身體分成三層：理性、知性、情欲，或金、銀、銅，他把人也分成三種：哲學家、武士以及商人，並認爲只有哲學家可以治國，稱爲「哲王」，因此他所強調的教育對象，是分層次的。然而孔子在這方面却是「有教無類」，非常平民化。

孔子可說是中國第一位平民化的教育家，他不但非常注重理性教育，而且從來不挑學生。

這和柏拉圖不同。柏氏的學院門口有一牌示：「不懂數學者不准入內」，因而在精神智力上傾向於貴族式精英教育，是有教「有」類，所以他對藝術教育也分層次。但孔子卻「有教無類」，只要來者有誠心，一定本著人文主義一視同仁，這種胸襟是柏拉圖所不及的。

第二，孔子的美學思想並不是把「美」寄托在柏拉圖所說的理型上界。孔子也並不認爲「此世」只是「上界」的「摹仿」（Copy），更不認爲藝術只是「摹仿中的摹仿」。他尤其不會像柏拉圖一樣，認爲藝術創作只是「回憶」理型界中「美」的理念。

換句話說，柏拉圖是「理型論」，而孔子則可稱「人文論」，兩者在此截然不同。再說，柏拉圖是出世的，並且是二元論者。孔子則是入世的，而且不會二元對立。孔子講的美或藝術，就是寄託在這個世界，不必到另外一個世界去追尋。

因此，孔子肯定在此世的人，就是一切創作的主體，而且此一主體可以充份達到「興」、「觀」、「羣」、「怨」的藝術效果，尤其足以提昇人性到與天一般大，他可以說是「天人合一論」者，這一點與柏拉圖大不相同。

第三，孔子在美學上，也追求一種「完美」的理想，但此理想是要符合「仁」的標準，其標準仍然在此世界中。而柏拉圖所謂的「美」則是要符合理型上界的最高標準。這個理型界與此世是隔離的，因而是「超絕」的（transcendent）。

換句話說，柏氏所肯定的，是超絕性的「美」，不在此世中。但孔子所說的「美」，卻是不斷超越自我所可以達到的理想。（因爲「克己復禮」卽爲仁，而根據孔子，美主要係符合「仁」。）中間歷程雖然歷經自我提昇的作用，但仍可以在此世完成，因而是「超越」的

（transcendental），而非「超絕」的，這與柏拉圖很不相同。不過，孔子的「美」，除了要符合「善」，也要符合「眞」，也就是「眞、善、美」同爲一體，在柏拉圖也同樣指「agathon」，肯定「眞」卽「善」，卽「美」，兩者於此却是相通的。

第四，孔子在創作動機中，比較接近亞里士多德的「典範說」，而不同於柏拉圖的「靈感說」。因爲亞氏在《詩學》中，明白指出，「詩的眞理，是普遍共相與個別殊相的統一」，這也就是中國哲學所說的「卽事顯理」，從特殊性中展現出普遍性，尤其是從個別事例中顯露典範之美。像孔子所強調的「不學詩無以立」，也正是從這道理出發，從敍述個別感受的詩品中，觸動共同的情感，從而奠定「可以興」、「可以觀」、「可以羣」、「可以怨」的特色，這在兩者均爲相通的。

朱光潛先生曾舉兩句六言詩爲例：「駿馬，秋風，冀北；杏花，春雨，江南。」特別說明這兩句詩「每句都只舉出三個殊相，然而他們可以象徵一切美」⑮，就是從個別事例中顯露典範之美。他並認爲，其中「駿馬，秋風，冀北」，象徵「雄渾」、「勁健」；「杏花、春雨、江南」則象徵「秀麗」、「典雅」，前者是剛性美，後者是柔性美，非常發人深省。

另外，在此應該特別嚴正指出，孔子所說的創作動力，不論「興、觀、羣、怨」，都發自內心的自然感情，絲毫不勉強，而且都是爲了世界的仁愛與和諧，因此，這與共產黨人所強調的「文藝爲政治服務」，並且以「仇恨」爲文藝動力，據以挑動階級鬪爭，兩者完全不同。事實證明，如果藝術淪爲政治工具，並且刻意以渲染仇恨與鬪爭爲主，那不但毀了藝術本身，也毀了藝術工作者！中共四十年血淚斑斑的史實便是最好證明。

所以，今後爲了中華民族的藝術生命，也爲了華夏子孫廣大的藝術心靈，唯有多發揚溫柔敦厚的孔子美學思想，才可以拿溫馨的春風，撫慰充滿傷痕的神州大地，進而溫暖被馬列冰封的創作心靈，那才能重現花團錦簇的藝術成果！

第五，孔子和柏拉圖同樣厭惡靡靡之音，不同的是，柏拉圖要完全將之趕出理想國，但孔子基本上是先要儘量將其教化，透過無比的耐心與愛心，「敎不厭，誨不倦」，耳提面命，苦口婆心，甚至到了「知其不可而爲之」的地步，也希望能儘量感化，除非實在「朽木不可雕」才「放鄭聲」，加以放棄。兩者在此很不相同。

換句話說，孔子與柏拉圖均肯定「德育」是最高目的，但孔子認爲美育爲德育的基礎，而柏拉圖（與托爾斯泰）却誤認爲美育可能妨碍德育，因此朱光潛先生認爲孔子高於柏拉圖與托爾斯泰，確爲中肯之論[16]。

另外，孔子和亞里士多德倒很接近。亞氏在《詩論》中強調詩有淨化的提昇作用，這和孔子的詩教是一致的。不過亞氏認爲希臘悲劇尚有令人畏懼的警世作用，在孔子，則因「不語怪力亂神」，而將詩刪成三百首，所以多半以「思無邪」爲宗旨。因而這些詩三百首本身不再具有足以驚怖恐懼的情節，而是已經透過淨化的社會教材，兩者在此處理的方法不同，代表兩者美學的風格不同，也值得注意。

換言之，孔子美學思想的重點，不在強調生命的「幽暗意識」——他對人性的黑暗面並非故意忽略，而是希望更能以正面的高尚情操加以提昇，並且以更積極的「憂患意識」超越消極的「幽暗意識」。這猶如拍攝西方暴力片或恐怖片，根據亞氏觀點，或許會認爲亦具「反面教材」的功能，足以使觀衆心生警惕；但在孔子則認爲，與其如此，何不集中精神，去拍更美更正面的電影？兩者在此顯然方法不同，但兩者均注重社會教化則是一致的，這是値得重視的另一特點。

第六，最後，公平地說，孔子美學思想在認識論上自也有其限制，他在論語中的對話，並不像柏拉圖與亞里士多德深具辯證性與分析性，這主要也代表中西哲學在風格上的不同。西洋哲學長於分析與論辯，尤其以認識論的精緻細膩爲其特色。而中國哲學則長於人生哲學與倫理學，尤其以價値論的和諧恢宏爲其特色。不過，不能因爲兩者風格不同，便籠統的任意區分高下──猶如西洋油畫與中國山水畫並不能任意區分高下一樣；事實上，兩者在此風格的不同，反倒很可以相輔相成，並收有無相通之效。

因此，個人認爲，從事中國美學研究，一方面很應該多吸收西方美學的分析與論辯方法，使得本來隱而未顯的中國美學思想，得以充份整理出完整的體系。不過另一方面，西方美學因爲太重論辯的結果，也很可能遠離實際生活的審美活動，甚至斲喪一般人心審美的情趣與美感，成爲「美學中反而缺乏美」；因此又勢必需要借重中國美學注重情趣神韻的特性，並且多與實際生活相結合。唯有如此，才能情理並顯，透過生動活潑的藝術表現，普遍提昇靈性，共臻崇高美境。

由此可見，我們在今後學術日漸國際化與整合化的趨勢中，必須要能加強中西美學的比較研究，然後才能相互豐富滋潤，共創光明前程。這正如朱光潛先生晚年歸納他的經驗時所說：「一句話，要『放眼世界』，不斷地吸收精神營養。」⑰這「一句話」的確深具啓發意義！

尤其，如果我們知道朱光潛先生以美學老前輩身份却在中共專政下受盡折磨，「天天疲於掃厠所、聽訓、受批鬪、寫檢討和外訪材料，弄得腦筋麻木到白痴狀態」[18]，便知他後來仍能咬緊牙根，爲弘揚美學而不屈不撓的精神毅力，實在令人欽佩！

所以，展望未來，個人深信中華兒女的精神毅力一定是生生不息的，中華民族的前途也一定是愈挫愈勇的。因此，只要今後青年的有志之士，不論身在何處，都能共同以振興民族靈魂爲心志，有關學界也能透過弘揚雄健進取的中國美學而提昇民族精神，相信，就必能融合所有仁人志士的聰明才智，羣策羣力，復興國魂，再造中華，並且早日在國際上振興中國文化，大放華夏之光！

附註

❶ 有關論證詳見馮滬祥著：《易經的生命哲學》，台北天下圖書公司，民國六十三年初版，第一章。

❷ 參見李澤厚等著：《中國美學史》，臺北漢京文化公司，民國七十五年。在有關孔子部份中，他指出孔子美學係以仁學爲基礎。唯李澤厚該書其他部份與《美的歷程》（北京「社會科學院」出版，一九八四年初版，頁卅九、四一、五五），仍難免有共黨教條影響存在。有關詳情請參閱本書附錄「評李澤厚等著《中國美學史》」。

❸ 康德：《判斷力批判》，大陸商務印書館，一九六五年中譯版，頁七○。

❹ 笛卡兒：〈給友人論巴爾札克書簡的信〉，朱光潛譯稿，引自朱光潛編譯：《西方美學家論美與美感》，台北漢京出版社，一九八四年印行，頁九五。

❺ 歌德：《談話錄》，引自上述朱光潛編譯書，頁一三四——一三五。

❻ 參見前述李澤厚等編：《中國美學史》，頁六四。

❼ 「美學」（Aesthetics）一詞最早由德國哲學家鮑嘉敦（Alexander Baumgarten）使用，他建議以此稱呼「感性的知識」，以別於邏輯所代表的「理性的知識」。

❽ 黑格爾：《美學》第一卷，大陸商務印書館一九七九版，頁四二，引自上述朱光潛編譯書頁二六六。

❾ 宗白華：《中國藝術意境之誕生》，收于《中國古代美學藝術論文集》，上海古籍出版社，一九八三年二版，頁十。

❿ 梁啓超：《飲冰室文集》，卷卅八；或見《選輯》，卷二，頁四五五。

⓫ 《朱光潛美學文集》，上海文藝出版社，一九八六年初版，頁五○六。

⓬ A. N. Whitehead, "Modes of Thought," London, Cambridge University Press, 1956, P. 238.

⑬ F.Nietzsche "The Brith of Tragedy", N.Y. 1950, chap. 17.

⑭ 有關園林美學在此特性、詳見彭一剛編著：《中國古典園林分析》，北京，中國建築工業出版社，一九八六年，初版，頁十一。

⑮ 朱光潛：《文藝心理學》，台北漢京文化公司，民國七十四年翻版，頁二八四。

⑯ 《朱光潛美學文集》，前揭書，頁五〇五。

⑰ 朱光潛等著：《美學再出發》，臺灣丹青圖書公司，民國七十六年臺北印行，頁一一〇。

⑱ 朱光潛自述：《我攻美學的一點經驗教訓》，同上，頁一〇五。

第二章　孟子的美學思想

前言

孟子的美學思想，極具磅礴氣魄，尤其極具精神特色，卽使在世界美學史中，其所強調的精神人格之美與浩然正氣之美都極具重要地位。

因爲，西方美學通常注重客觀認知的過程，很少談論精神主體之美，尤少中論精神風骨之美，但這種美學却在中華民族生命中佔有極重要份量。像唐代所謂「先器識，後文藝」，卽爲此一重要傳統。所以中國知識份子特重凜然氣節，構成了中華民族長期以來的精神特色。這些追溯根源，均可說來自孟子，此所以宋代文天祥〈正氣歌〉中開宗明義引述卽爲孟子，並一直成爲中華民族的國魂象徵，充份可見孟子美學對中國民族的影響。

以下卽根據六項基本重要問題，來分析孟子美學思想。今特一一論述如下。

一、美是什麼？

第一項問題是：「美是什麼」？這問題又可分成三小節分析。這三小節綜合而言都在肯定「人格之美」。孟子可說是中國美學思想中，第一位而且是最重要一位強調「人格之美」的思想家。中國美學史上把這種風骨、人格、氣節也納入「美」的範圍討論，孟子可說是第一人——孟子之後當然也有人，但他是第一人。像後來的《文心雕龍》中也講風骨；魏晉相關的著作裏也提到人格美；但談得最爲透徹、最爲雄渾、而且最爲淋漓盡致的，應該首推孟子。所以，首先我們應從「人格之美」來分析孟子的美學思想。

簡單的說，如果孟子回答「美是什麼？」，他一定強調「美是人格之美」。他如何進一步來申論呢？我們可從三小節來看。第一：「充實之謂美」。第二：「浩然之氣」之謂美。第三：「大丈夫」之謂美。這三項可說都是異曲同工，都在申論人格之美。這是孟子和整個西方美學家極大不同的地方。孟子甚至比孔子對「美」的看法（要符合「仁」、符合「善」、符合「眞」等）更進一步發揮了人格之美。能把一個人外在的形貌之美和內心的人格之美結合起來，可說是孟子的很大特色。

首先第一項，我們先分析「充實之謂美」。對孟子而言，「美」的層次甚至還超過「善」，所以孟子說：「可欲之謂善，有諸己之謂信，充實之謂美。」（盡心篇下），他把「善」說在前面，強調對合情合理的慾望，可以追求的稱之爲「善」——由此可見孟子並不是泯滅人情之常的禁欲主義，他並不是要將所有的欲望都禁絕掉，而是透過理性加以節制寡欲而已，此所謂「養心，莫善於寡欲。」（盡心篇下），但他對於合乎情理的欲望並不生硬的排除，否則便會成爲矯情虛僞，並且也做不到。像孔子也講：「不義而富且貴，於我如浮雲。」（述而），孔子只是強調「不義」而富且貴，才應加以反對，但他並不排斥以正當方法所得的富與貴。所以孟子所說「可欲之謂善」，是很符合人性的講法。然後他再以此爲根據，一步一步腳踏實地去提昇精神。因而強調做人處事能夠合乎忠誠立身原則的，才稱爲「信」。然後再進一步，能將誠信原則充分自我實現的，就是「充實之謂美」！

「誠於中而形於外」，當這種內在充實的原則飽滿地呈現在外，就能形成容光煥發的光輝。所以孟子接著說：「美而有光輝之謂大」、「大而化之之謂聖」（盡心下）。一個人的精神人格，如果內在有聖潔的靈性與高尚的志節，那表現在外，就一定能有光明磊落的行爲，以及雍容大方的風度，尤其透過正直明亮的眼神，最能夠表現出一種人格的光輝與軒昂的器宇。

因此，孟子非常注重眼神，這對後來整個中國的畫論有很重大的啓發。現代人講「眼睛是靈魂之窗」，的確也很有道理。因爲透過眼神，可以看出一個人內在的靈魂是充實光明或是空洞晦暗。能夠「美而有光輝」，才能稱爲偉大的靈魂，然後再追求「大而化之」，則代表可以旁通統貫，根據高尚的理想與抱負，貫串各種立身處事原則，並且將此恢宏博大的價值觀上配天地，旁通萬物，因此可以頂天立地，站穩腳跟，而且在天地間無入而不自得，這就稱之爲「聖」！所以孟子同樣講過：「君子所過者化，所存者神，上下與天地同其流」（盡心上）。這「化」字很重要，代表對宇宙人生有一套完整的立身哲學，可以做到包天蓋地、浹化萬物，因而氣勢磅礴，足以上下與天地同流！這個「大」而能「化之」，並不是時下扭曲字義所指的粗枝大葉、大而不當的意思，而是眞正有聖者氣象的偉大胸襟，足以與宇宙生命的大化流行浩然同流，這正如同史賓諾莎（Spinoza）所說的恢宏氣象：「奉獻於宇宙精神之中」！至於「聖而不可知之之謂神」，則代表聖人的高瞻遠矚與宏偉胸懷，足以廓然大公、冥同大化，等到達一般人所不可知的地步，就只能稱爲「神」了。

從孟子上述修養的過程，我們可以看出他強調一個人的人格，從基本欲望開始，需要一步一步先以理性來節制，成爲「可」欲，然後再透過內在的反省，不斷地充實，進而才能有外在的發光。由此很清楚可知，孟子是在講「人格之美」。這人格之美其實也就是仁義之美。所以孟子也曾說：「齊人無以仁義與王言者，豈以仁義爲不美也？」（公孫丑下），這是用反問的形式來談「美」。若從正面的形式來說，就是明顯「以仁義爲美」，將「仁義」視爲「充實之謂美」的充實內容。所以孟子可說是先秦中，第一位直接以「仁義」的人格之美，來定義「美」的哲學家。

另外第二項，我們若問：「美是什麼？」孟子第二個回答當是「浩然之氣」。別人曾問他：「外人皆稱夫子好辯，敢問何也？」孟子回答說：「予豈好辯哉，予不得已也！」（滕文公下）爲什麼不得已呢？因爲「邪說暴行」太過猖獗橫行，以致「世衰道微」，所以他基於一種文化使命感，必須挺身而出，嚴加駁斥，並以「舍我其誰」的擔當與氣魄，毅然決然的奮鬥到底！

那麼，孟子究竟憑藉什麼動力，可以有這種大無畏的精神，「雖千萬人吾往矣」？他說得很明白：「我善養吾浩然之氣。」（公孫丑上），這「浩然之氣」正是他能充份展現道德勇氣與陽剛之美的根本動力。因爲，所謂「浩然之氣」絕不是血氣之勇，更不是一時的情緒衝動，而是眞正能頂天立地，上天下地，「配義與道」的大勇。正因爲能結合人間最爲可貴的正義感與使命感，所以足以產生大無畏的精神氣魄，這種精神氣魄浩浩蕩蕩，至大至剛，足以「塞於天地之間」（公孫丑上），就是一種最爲雄健宏偉的人格之美！

所以，孟子強調要以這種至大至剛的浩然之氣作爲根本，藉以「正人心，息邪說，距詖行，放淫辭！」（滕文公下），也就是用這種大義凜然的氣勢震懾住邪說謬論，並且力克各種暴行，進而產生足以撥亂反正、激濁揚清的重要動力！牟宗三先生也曾經強調，反共最重要的就是要有「氣勢」，也就是要能以我們的正氣克服其邪氣，而千萬不能被其虛張聲勢所嚇倒退縮，這兩者中間正是同樣的道理。否則，如果一旦正氣不能伸張，邪說就會更加囂張，形成「道消而魔長」的衰微時代。因此根據孟子的看法，我們今天尤需更多的正義之士能夠發揮浩然之氣，人人勇於挺身而出，針對時下一些「邪說」與「暴行」嚴加駁斥！這對今後國運的「正人心、息邪說」，尤有重大的啓發意義！

換句話說，正氣，一定是浩浩蕩蕩，神聖莊嚴的，一定是大義凜然，不可侵犯的，因而有了這種雄偉的氣勢之後，就一定有種令人屏息的莊嚴美感。這即使在西方亦然。例如米開蘭基羅所雕塑的大理石摩西像，摩西手上拿着「十誡」，全身肌肉充滿了勁道與眞力，甚至頭上還冒出兩個角——有人便解釋爲一種熱血沸騰、怒髮衝冠的精神象徵。因爲那雕像是敍述摩西剛從寶山下來，手上抱着神所賜的「十誡」，然而却看到他所帶領的以色列民衆居然產生了一些邪僻的言行，開始崇拜偶像、動搖氣節，甚至喪失信仰等等；因此他痛心之餘，心中頓然興起一種使命感，深覺必須儘快振奮大家精神，喚醒衆人靈魂，於是用神所貫注給他的信仰力量——猶如運用天地間的浩然正氣，正準備以充滿澎湃熱血的力量，向族人作慷慨激昂、「配義與道」的精神講話；所以看起來就神思勃發，氣概飛揚，不但滿臉展現莊嚴寶相，全身也充滿雄壯之美，足以震懾人心，驚醒民衆！這種至大至剛、「沛然塞蒼冥」的精神人格表現在藝術上，就是一種眞力瀰漫的陽剛之美，也是一種勁氣充周的崇高「壯美」！

所以，歸根結柢，這種陽剛之美的根本來源，就是浩然之氣，這也是孟子稱頌人格之美的第二種方式。尤其他加入了「配義與道」來說明浩然之氣的雄渾後盾，就更使「人格之美」與「倫理之善」緊密的結合爲一。因爲，「義與道」代表由正義感與使命感所產生的道德勇氣，這兩者都是需要深厚培養與充份認知的，不是憑空可以得來的；必須平日兢兢業業的善加培養，不懈不怠的深刻體認，才能練成至大至剛、沛然不可禦的道德勇氣，既不會流於血氣之勇，更能義正辭嚴，成爲充滿凛然正氣的時代獅子吼！我們從孟子這一點，同樣可以看出其美學與倫理學的緊密關係。

第三項，孟子所強調的人格之美，可用「大丈夫」的精神來做說明。這同時也是孟子認爲人之所以爲人和禽獸不同的一種人格美。例如：駿馬雖然也能表現出均勻俊美的體態，從外形上看，是一匹美駒，但這種美和人有何不同呢？孟子強調，人一定要有「大丈夫」的精神，一定要能「威武不能屈」，因爲內心有一種浩然正氣作心中主宰，所以就不怕任何外在的脅迫，更不怕任何邪惡的恐嚇及暴力。正因切實能做到自身反省，合乎正義，所以能有「雖千萬人吾往矣」的氣概！然而駿馬再漂亮、再美，也只是在賽跑方面的能力，如果遇到外在的驚嚇與恐嚇，仍會畏縮退却，因爲牠畢竟只是動物的層次。

所以，孟子在此處所強調的，就是要促使人的精神力量能夠武裝起來，能夠切實強化精神意志，然後透過人的思想武裝與精神動員，才能展現出一種不屈不撓的堅定毅力，從而在必要時能夠殺身成仁、從容就義！這是任何動物都無法做到的美之極致！所以文天祥說得很中肯：「讀聖賢書，所學何事？孔曰成仁，孟曰取義，惟其義盡，所以仁至，而今而後，庶幾無愧！」一個人若能看破生死，對犧牲生命，尚且無懼，甘之若飴，更何懼於一般的恐嚇威脅？這種「威武不能屈」的大丈夫凜然氣節，正是壯美的最高表現！

孟子所說的這種「大丈夫」精神，中國歷來都有這種人物，文天祥《正氣歌》中列舉得很詳盡，甚至連魯迅都稱之爲「中國的脊樑」❶，一個人要能昂然挺立於天地之間，一定要能挺直脊樑骨；一個國家要能凜然挺立於國際之間，同樣一定要有脊樑骨。中國的脊樑骨就是孟子講的「大丈夫」精神——所以由此來看，魯迅若後來看到中共竟企圖使中華民族屈服於外來的馬列淫威之下，他如果眞正力行「大丈夫」精神，就必定會以全部心力投注反共，即使犧牲生命也絕不屈服！

所以，引申來說，孟子所講的浩然之氣，正是堂堂正正的中國魂，也正是可歌可泣的民族魂！它是所有中國人的靈魂，更是整個中華民族的國魂！而孟子所講的「充實之謂美」，正是中國人的靈魂之窗。所以身爲中國人，一定內在要有高尙的靈魂，表現於外則有明亮的靈魂之窗，然後整個立身處世有脊樑、有肩膀、有正氣、有擔當，這才眞正不愧爲頂天立地的中華兒女！唯有如此，才能豪氣萬千，光芒萬丈，充滿民族雄健之美！中國後來的宗教畫不論畫菩薩或神人，背後通常有道光圈，或遍體發出光亮，就是用藝術的手法來表現人格的昂然光輝。這種人格的光輝從孟子強調「充實之謂美」、「美而有光輝之謂大」，一直到他強調「浩然之氣」、及「大丈夫」精神，可說發輝得極爲淋漓盡致！

另外，大丈夫的另一種精神特色，便是「富貴不能淫」。此處的「淫」，用通俗的語言說，就是「泡湯」的意思。這正如同「虎骨酒」，如果將原本虎虎生威的骨頭拆下後，泡在酒裏，就成了「浸淫」與「軟化」。這表示，大丈夫的精神旣不能被脅迫所動搖，也不能被富貴所軟化，把骨頭都泡軟了！

換句話說，一個人的脊樑骨，絕不能因爲富貴，而喪失了挺立的精神以及崇高的抱負，不能在富貴之後就忘却了青少年時莊嚴的理想，也不能到中老年有錢之後就忘了少時的愛心與眞誠。此亦孟子所說「大人者，不失赤子之心。」（離婁下），在西洋也有句諺語，很多人往往中年後「腰圍與胸襟成反比」，也就是指中年以後肚子愈大，但胸襟反而愈小，反而愈功利，這就變成內外皆不美。所以根據孟子看法，大丈夫的精神乃是永遠要保持「義」與「道」，唯有如此，才能內外皆美。卽使容貌不美，但以「義與道」變化氣質，到中年之後也必定有一種更爲醇厚之美。林肯曾謂：「一個人到四十之後，必需對自己的容貌與氣質負責。」正是同樣意義。

除此而外，大丈夫的精神也是「貧賤不能移」。因爲人生總有艱困的時候，也有不幸落難的可能，縱使跌倒，也絕不能動搖志節，影響風骨。若能如此，在艱困時仍能深具高風亮節，才稱得上是「大丈夫」！所以，一個人在順境時固然可以判斷他的人格，但在逆境中更可以看出他的人格。惟有能進能退才是眞正的人格之美；也就是進時不驕傲，退時也不氣餒，知所進退，才能成爲「大丈夫」！易經說：「知進退存亡而不失其正者，其唯聖人乎。」俗語說「大丈夫能伸能縮」，正是同樣道理。

因此，孟子非常強調：「得志，與民由之，不得志，獨行其道」（滕文公下），一個人要能夠如此做到不嫉不求、既不患得也不患失，那才能坦然自得，怡然自在，這就是孟子所謂「人人有貴於己者」，也才是眞正人格之美！像　國父中山先生在革命建國期間，經歷十次失敗，不但從未屈服於清廷威嚇，而且愈挫愈勇，百折不撓，這就是「威武不能屈」；一旦建國成功後，又並不眷戀權位，而能淡泊名利，毅然讓位，這相當於「富貴不能淫」；可是一旦發現袁世凱企圖稱帝後，又能再次發揮大勇，號召民心，絕不動搖志節，這相當於「貧賤不能移」。凡此種種精神風範，正可說是中華民族典型的「大丈夫」精神！

所以，透過以上三層的分析，我們可以充份瞭解，孟子是中國歷史上，第一位深入闡述精神人格之美的思想家。他的美學思想，不但建立了中華民族長期以來昂然不屈的國魂之美，而且中國後來的文藝理論、文藝批評、書論畫論、建築美學、雕刻藝術等等，很多都重視「氣韻生動」、「氣象萬千」、「筆力健勁」、以及「氣勢磅礴」的陽剛之美與雄偉之氣，這些都受到孟子極大的影響，深值我們今後更加重視與發揚！

二、美感經驗如何形成？

第二段要提的問題是：美感經驗如何形成？此項要討論比較具體的文藝作品，我們同樣可從三小節來分析：

第一就是：「以意逆志」，也就是以欣賞者的心意來追溯創作者的心志。孟子曾強調：「說詩者，不以文害辭，不以辭害志，以意逆志，是爲得之。」（萬章篇）也就是說，凡是解說詩的人，不能只從表面文辭呆板的去理解，否則對深刻的內在意義便無從瞭解。西方現代「解釋學」（Hermunetics）中，特別注重「意義感」（sense of meaning），運用在文藝欣賞上，於此很能相通。因爲，「詩以言志」是孟子認爲創作的主要動機，所以他強調一定要能「以意逆志」，設身處地的去感受，將心比心，追溯原來創作者的心志，才能算「是爲得之」，也才能眞正掌握原來創作者的心志。

這是孟子很重要的一項主張——對於美感經驗的產生，必須直溯作者心志才算眞切。也就是要用欣賞者內心的意念，去印證創作者的心志，才能眞正做到「心心相印」，而不是只拘泥於表面文辭，那反而會對把握眞義有害。唯有如此，不受文字障的影響，而能直指作者心靈，才能產生共鳴。由此也可看出，孟子所強調的美感，第一要義便是屬於心靈的美感。

第二則是：「知人論世」。孟子強調，要欣賞一個人的作品，需要先瞭解其環境與時代背景，換句話說：「不論其世，欲知其人，不得也。不知其人，欲逆其志，亦不得也。」（《孟子正義》引《廣東學詩語》）孟子在〈萬章篇〉中，曾經提到：「尙論古之人，頌其詩，讀其書，不知其人，可乎？是以論其世也，是尙友也。」也就是說，要論述一個人的作品，既要「知其人」，以瞭解其身世、生平、與際遇，更要「論其世」，以瞭解其環境、時代、與背景，然後才能眞正欣賞與評鑑其作品的各種眞精神。

這點和第一項不同，但兩者相輔相成，並不衝突。第一項是講讀者內心要有同樣的感受與心志，而後才能與作者心心相印，這是講內在的體會。第二項則是說，要能從外在環境了解作者當時的背景，然後才會明白作者爲什麼有如此的創作。這兩項缺一而不可。所以孟子可說是中國歷史上探討美感經驗能從內外兼備的第一人，由此也奠定了中國後來內外雙修的審美理論。

我們如果以這理論來分析司馬遷的《史記》，便有很重要的啓示。根據孟子上述觀點，我們一方面要透過司馬遷的內心世界來解讀史記，另一方面則應瞭解司馬遷的外在際遇遭受過何種痛苦，而後如何忍受萬般痛苦，堅其百忍，發憤寫完史記。唯有如此，才能眞正體會出司馬遷精神毅力的偉大，也唯有在知其人品之後，才能眞正知其作品。所以如果我們忽略了上述這兩項，就很難激盪起內心的感動，也就很難談得上眞正深邃的美感經驗。

比如，當我們在讀到〈遊俠列傳〉時，便應先瞭解太史公內心的激動與盪漾。因爲司馬遷本人是很有遊俠精神的，他爲了替李陵說情，不惜犯顏力諫，結果漢武帝一怒之下，將他下獄並用宮刑，使他經歷奇恥大辱，心中深感委曲。因爲他可能認爲李陵是否眞的降敵尙不明朗，即使眞的投降或因策略運用，所以才以李陵的至交身份挺身而出，姑且不論他研判是否正確，至少他本身這種俠義的精神與風骨甚爲難得。漢武帝若眞英明，本當由此觀人，但却在情緒化震怒之餘遷怒於他，並大加屈辱。我們一定要能深知司馬遷千廻百折的內心衝突，以及萬般掙扎的內心痛苦，才能體悟他以「舒憤懣」的筆法，「述往事，思來者」的心聲。

所以，如果我們先瞭解了司馬遷這種千古獨特的際遇，再去看史記中的〈遊俠列傳〉，就很可以明白他筆下的遊俠們何以會如此出神入化，栩栩如生。理由很清楚，正因爲他是把自己的身世、感懷、與同情都投注進去了。此羅家倫先生在《新人生觀》中所謂：「俠出於偉大的同情。」擴而充之來看，司馬遷寫史記，不是用冷冰冰的筆調去寫，而是帶着深情去寫，和着血淚去寫！所以才能寫得刻骨銘心，有血有肉，把每個人物都寫活了！尼采曾謂，在所有作品中，他獨愛「用血所寫成的作品」，代表獨愛那種嘔心瀝血的眞性情作品，由此來看，太史公眞是當之無愧！歌德也曾感嘆，當代很多作品中，墨汁中都滲了太多水，這種「滲水」的作品於今更烈，常常鬆懈草率，缺少眞性情，尤需我們警惕才行！

換句話說，太史公先用自己最痛苦的經驗去將心比心，以忍辱負重的心情，揣摩歷史人物的心志，這本身也正是一種「以意逆志」，他要把每位人物寫得如此生動，俾能爲千古歷史人物請命，本身也先需對每個人物的歷史背景下很大功夫，這又正是「論世知人」。上述兩項因素俱全，所以才形成史記的不朽價值。同樣地，我們如果要能眞切瞭解史記的內心世界，深入欣賞史記在美學上的價值，便同樣也要瞭解司馬遷的內在心靈世界與外在際遇，然後才能稱得上與司馬遷心心相印，成爲「尙友」太史公的眞正知心朋友。由此例證，我們充份可見孟子這兩種方法的重要。

因此，孟子所強調的「頌其詩，讀其書」我們可以擴大瞭解爲欣賞文藝作品，如果「不知其人，可乎？」所謂「論其世也，是尙友也。」就是說要和古聖賢爲友的話，一定要先瞭解他們的時代背景與生平際遇。同樣情形，我們若要眞正瞭解孔子與孟子本人，也需要有此功夫。因爲孔子的時代背景和孟子不同，所以我們看到孟子常常要以「舍我其誰」的精神挺身而出，駁斥邪說暴行，就是因爲孟子所處的時代比孔子紊亂多了。如果孔子處身孟子的時代，以他對「鄉愿」深惡痛絕，並且明白肯定「仁人志士」的弘道精神，相信也會與孟子一樣，變成雄辯滔滔的「大丈夫」！試看孔子作春秋，而亂臣賊子懼，他更明講「知我者春秋，罪我者春秋」，便知孔子挺身而出的道德勇氣，絕不會讓孟子專「美」於前的。

所以，要能先瞭解作者的時代背景，再來欣賞作品，才有眞切的美感經驗，這是一個很重要的方法。另外，我們如果再以當代美學界前輩朱光潛先生爲例亦然。我們一定要先瞭解他在中共專政下身心俱受煎熬的背景，再看他所寫的各種美學作品，一方面仍然從不向馬列的教條低頭，二方面仍然充滿眞力與實學，才能眞正體會其中的可敬可佩與可歌可泣！

因此，我們或許可以歸納出一句話：「有怎麼樣的人品，才有怎麼樣的作品」！從上述司馬遷的例證可以看出，正因爲作者有一種頂天立地、抵死不屈的人品，所以才能寫下「通天人之際」而眞力瀰漫、永恆不朽的作品。這些正是「知人論世」極爲重要的典型例證。

第三則是孟子特別注重的「養氣」。也就是說，若要形成高尙的美感經驗，自己先要「養氣」。譬如說，欣賞一幅山水畫，要想欣賞其氣勢磅礴的意境，首先自己要先澄淸內心世界，培養恢宏的胸襟，如果是以一種浮躁、雜亂的心情，便無法欣賞中國的山水畫。所以根據孟子看法，透過書畫的欣賞，也可以把自己的心情沉靜下來，唯有如此，在欣賞這幅畫時，本身才能與畫合而爲一，好比孟子所說的「萬物皆備於我」，這就是「養氣」的功夫。

孟子所講的：「吾善養浩然之氣」，若從精神人格來講，可以說是善養凜然正氣，若從藝術美學來講，則是善養雍容淸朗的元氣，這代表一種沉着穩健的氣質與定力，不浮躁、不冒進，能夠寓理帥氣，所以心平氣和，神閒氣定，因而可以形成「臨危不亂，臨辱不驚」的大勇。當欣賞者本身有了這種修養後，在精神修養的過程中，同時也可以達到倫理學的目的。這也是孟子上承孔子的共同通性。

這也就是說，就孟子來講，美感經驗若要達到高尚的境界，先要「充實之謂美」，亦即先要「養氣」與「持志」。然而就「養氣」來說，先要本身心內有善根，才有可養者，唯有將本身的善根不斷培養茁壯，才能完成養氣與持志。由此可見，孟子在美學上的「養氣說」，及其在倫理學上的「性善說」是彼此相通的。正因爲孟子肯定人有善根，有不忍人之心，有「四端」——「惻隱之心、羞惡之心、辭讓之心與是非之心」（公孫丑篇），所以要能充份激發與弘揚，不斷加以「充實」，這就是「美」！

根據孟子看法，這種美不假外求，是「內鑠」的，所以這種美感經驗的形成，先需要反求諸己，「求其放心」，把向外煥散的心志集中精神，向內凝聚。也就是要把外弛浮躁的心念向內沉穩，並且要能持之有恆，不能「一曝十寒」，否則便如同「童山濯濯」一樣不能持久，仍然功虧一簣。由此可見，從孟子看來，高尚的美感經驗，顯然是一種持續性的精神修練過程，而且是一種終身性的善根發揚工作。孟子能夠如此透徹的將美學、倫理學、與性善論結合起來，其說理之精細，氣勢之雄渾，上承孔子而更發揚光大，可稱中國歷史第一人，比起西方美學多半只重認識論，尤有不同的重要特色與啓發。

項穆在《書法雅言》中，便曾以書法爲例，引述孟子內容，說明養氣的重要：「未書之前定志以帥其氣，將書之際養氣以充其志，勿忘勿助，由勉入安，斯於書也，無間然矣。」

（神化章），由這一段，充份可見孟子養氣的功夫，對形成雄偉健勁的筆法極其重要，由此再次可以證明孟子人格之美與筆法之美的密切關聯，柳公權稱：「用筆在心，心正則筆正」，項穆則稱「人正則書正。」（心相章）都是同樣深刻道理。

三、藝術創作的原動力

第三個問題，藝術創作的原動力是什麼？根據孟子的看法，我們可以歸納成三個小節分析。

第一個應該是：「憂患意識」，也就是基於悲憫之情所產生的使命感。「憂患」二字最早是孔子在易經中所提出的，「作易者，其有憂患乎?!」這代表他對武王伐紂的背景和其內心的使命感，有非常深刻的認識。由此可見孔子也是典型的「以意逆志」，以自己的心印證周武王的心，所以他自己在文化上的使命感也很清楚，所謂「斯文在茲」，慨然以天下文化爲己任，就是這種精神。

孔子的憂患意識到了孟子講得更明白：「生於憂患，死於安樂」（告子下），孟子在此舉了許多例證說明：如「舜發於畎畝之中，傅說舉於版築之間，膠鬲舉於魚鹽之中，管夷吾舉於士，孫叔敖舉於海，百里奚舉於市」（告子下）等等，說明愈在各種艱難困苦之中，才能愈挫愈勇，完成更加偉大的永恆作品。所以他認爲「天將降大任於是人也，必先苦其心志，勞其筋骨，餓其體膚，空乏其身，行拂亂其所爲」（告子下），主要就是爲了「動心忍性，增益其所不能」（告子下）！此中確有深刻的人生哲理與美學道理在內。

司馬遷也曾列舉各種例證，最後強調：「詩三百篇，大柢聖賢發憤之所作！」的確，整個中國古代留下來的詩經，大體上都充滿了昂揚的人格之美與奮發的憂患意識。正因爲有了昂揚的人格之美，才能有孟子所說的「大丈夫」精神：不怕挫折、不怕困難，面對打擊能夠更加發憤圖強，堅百忍以圖成！

若問這種不屈不撓、愈挫愈勇的原動力是什麼？追根究柢，就是一種文化的使命感，用孟子的話說，就是一種「憂患意識」。正因爲能用此爲創作動力，所以才能放眼千秋，而不計較一時挫折，也正因爲能用此爲中心主宰，所以才能胸懷萬古，更將一切挫折甘之若飴。因爲一切壓力在使命感下已轉化成更大動力，一切挫折感更已轉化成使命感，所以更能咬緊牙根，奮發不懈，愈挫愈勇！展現在作品中，更是充滿酣暢飽滿的生命精神，不但器宇軒昂，勁氣充周，而且充滿熱力，瀰漫生意，通篇洋溢的莫不是馳驟奔放的眞情與生機，因此而更能夠美感丰瞻，機趣璨溢，足以永恆傳世而不朽！

要之，根據孟子的美學思想，藝術創作的根本動力，第一應爲憂患意識。有了這種遠大的使命感，才不會受一時的挫折所影響，而更能激發高尚的抱負和志節，不但不因個人一時的失意而陷溺，更能以滿腔的熱血奮發圖強，據以展現天地宇宙的生命勁氣，及其生命精神的雄奇多姿，唯有如此，才能以包天蓋地的浩氣表現出曠世壯觀的偉大作品！

第二個創作動力，則是：「踐形」之說。根據孟子：「唯聖人可以踐形」。踐形就是實踐其原來內在的飽滿潛力。只有聖人在充份認識他自己的性向、才情與潛力之後，才足以提昇他自己、充實他自己，最後完成他自己！這也就是心理學上所說的「自我實現」（Self-realization），在中庸稱之爲「盡性」，（「性」在此指「生」，也就是「生命潛能」），在孟子就指「踐形」。

所以，根據孟子看法，藝術創作也是同樣情形，當藝術家或創作者充份醞釀一項藝術的構思後，先在胸中或腦中完成藍圖，然後再充份加以實現，卽成爲傑出的藝術作品。例如，中國畫家畫竹，蘇東坡便是典型例子，他常提到，胸中先要有竹子，然後才可以畫竹，等胸中或腦中先有飽滿型態的竹子，然後一旦提筆，便可揮灑自如，這就是「胸有成竹」。

另外中文版讀者文摘也曾刋登類似的例證。那就是著名奧運世界跳水冠軍魯甘尼斯（Lougaais）的一段心聲。他說：每次參加重要跳水比賽之前，他都先要在腦中想好每一個跳水的動作，先在腦海中完整的演練一次❷，這也就是「胸有成竹」的同樣道理——此處或可稱爲「腦有跳水」。這正是孟子的「踐形」之說，也就是先在心中完成充實飽滿的藝術形態，然後再充份加以完成實踐。

孟子這種「踐形」之說，可說是很早的創見。卽使在西方美學，在這方面也所談不多。希臘時頂多曾由柏拉圖談到「靈感說」，認爲是把從前理型上界的回憶，在靈感湧現時重新摹仿下來。但孟子所說的顯然不同，因爲他基本上仍以人文主義的精神，透過自我反省而認識自我，在充份的自我提昇與充實之中，先形成胸中藍圖，然後再充份揮灑，一氣呵成！這是孟子「萬物皆備於我」的精神，也是中國後來藝術家強調「胸中自有丘壑」以及「胸中自有萬甲兵」的根源，很值得我們重視與體認。尤其因爲這對培養藝術家的創作能力特具啓發性，所以特別值我們深入發揚光大。

根據孟子美學第三項創作動力，是以「形」寫「神」。也就是說，以形式來寫其神韻，這代表形式（或形貌）與神韻的結合統一，後來也形成中國畫論最根本的原則。因爲畫一個人物像，最重要的並不是講究畫得眞不眞或像不像——否則運用照相機效果便最眞了，但那並沒有意思，對於廣大觀衆並不重要，更重要的是要能畫出人物的神韻，形成意境深遠的機趣，此亦大陸名畫家李可染所說：「不與照相機爭功。」因爲「意境才是藝術的靈魂」❸。

明朝唐志契在《繪事微言》也說：「畫人物是傳神，畫花鳥是寫生，畫山水是留影。」特別注重宣暢生意，便是「以形寫神」的重要傳統。像西方的著名油畫也是如此，因爲眞正大藝術家所要展現的，是要把握畫中人物特殊的神韻、氣質及神采。但被畫的人，並不是每一分鐘都在神采飛揚，所以大畫家之可貴，就要能抓住最爲神采飛揚的那一刹那，使其成爲永恆，然後才能供人駐足良久，欣賞那「刹那卽永恆」的神采。像名畫「蒙娜麗莎的微笑」就是如此，正因達芬奇能深深把握蒙娜麗莎那片刻的神采，促使其笑容深具韻味，而且餘韻無窮，令人百看不厭，因而能夠讓「片刻」等於「永恆」，這就是「以形寫神」的效果，孟子能特別指出此一重要關鍵，可以說是中國美學上的第一人。

另外，像先總統 蔣公在宣佈全面抗戰時，在廬山特別有一張照片，眼睛充滿精光，烱烱有神，表情非常堅定，神色凜然的正在緊握拳頭，呼籲全國民衆共同團結抗日。那張照片令很多人至今印象深刻，可說是非常傳神，足以永恆不朽的一張照片。這也是因爲當時的照相師能夠「以形寫神」，把 蔣公內在的浩然正氣充份顯現出來，形成威風凜凜，昂然不可侵犯的民族正氣象徵。事實上 蔣公本身的確也最注重「善養浩然之氣」，據他親自所說，他每日都要背誦孟子〈養氣章〉，因而這種「配義與道」所產生的浩然正氣，便能透過正式抗日的決心而淋漓盡致的宣暢無遺。那張照片正因爲能以「形」把握這種內在的「神」，所以極爲生動，令人動容。從孟子來講，就是以「形」寫神。

另外，我們看山水畫也是同樣道理。要能畫出最有神韻的時候才算上品。如阿里山的日出、溪頭的森林、甚至西湖風光，並不是每一刻每一角度都是美的，所以，如何抓住特別美的那一刻，如何把握特別美的角度，而足以把它的神韻特別突顯出來，這中間就需要藝術家的才情處理。這如同黃河、長江，也並不是每一段都很雄奇，黃山、泰山也不是每個角度都很瑰偉，所以，如何抓住它們特別精彩的那一段、以「形」寫「神」，把它們的神韻充份表現出來，這可說是對藝術家的重要考驗，因而也是藝術創作另外一項很重要的動力來源。

再比如說，孟子特別強調眼神，便是此中很重要的證明。因爲人物畫往往要透過眼神，才能表達全幅畫的神韻與氣勢。所以孟子曾強調：「存乎人者，莫良於眸子。眸子不能掩其惡，胸中正，則眸子瞭焉；胸中不正，則眸子眊焉。聽其言也，觀其眸子，人焉廋哉?!」（離婁上）以此來看，孟子眞可說是開啓中國畫特重眼神傳統的第一人。像後來國畫大家顧愷之便曾強調：「於妙處傳神，正在阿堵中」。「阿堵」就是眼睛，便是以形寫神的重要例證。

顧愷之畫人物，常久久不點睛，一定先把其它部位畫好了，等最後充份凝思後再畫眼睛，也就是他要先掌握整體畫的佈局、氣勢、神韻、與心中預期的效果後，最後才點上眼睛！因爲唯有如此，才能使整個畫頓然生動活躍起來，展現栩栩如生的神韻。所以中國人說「畫龍點睛」就是這個道理。如果要把一條龍畫得生氣勃勃，能夠充份展現活躍創造的氣勢，就一定要到最後才點睛，這才能眞正貫徹「以形寫神」。

由此充份可見，根據孔子美學，藝術創作的動力，貴在能夠浹化生命才情，展現宇宙的浩然生機與燦然神韻，因而「以形寫神」，乃成為極重要的創作關鍵。因為唯有如此，才能眞正勾深致遠，展現孟子心目中至大至剛的雄健之美，也才能放曠慧眼，眞正宣暢天地之間萬物含生的盎然至美，這是瞭解孟子美學的重要核心，也是把握整個中國藝術傳統的重要關鍵，非常值得我們特別重視與發揚！

四、審美的標準

第四個問題：審美的標準是什麼？這個問題與前述「美是什麼」有相通之處，可分四小節來談。

第一，孟子肯定人性有共同的美感，美有共相性，因而要符合這共同的美感才能算符合審美標準，這就超越了個別與短暫的層次。而且因為孟子一再強調「上下與天地同其流」的浩然生意，所以要能符合這種充滿生命勁氣的作品，才能符合眞正的「美」，這又超越了物質與表象的層次。

孟子曾經說：「口之于味也，有同嗜焉，耳之於聲也，有同聽焉；目之於色也，有同美焉。至於心，獨無所同乎？心之所同然者何也？謂理也，義也。聖人先得我心之所同然耳。故理義之悅我心，猶芻豢之悅我口。」（告子篇）換句話說，即使以美食作比喻，那大家的口味總有相同之處（亦即「共相」），雖然大家對酸甜苦辣的喜好各不相同（此即「殊相」），但是，對眞正好吃的東西，總還一定會有同樣的感覺。擴而充之，如聲音、樂曲亦然。雖然有人喜歡流行音樂或熱門歌曲，也有人喜歡古典音樂或抒情歌曲，但好聽的曲子，至少也總有其共通性——例如音調很有感情，音色非常圓潤，配音非常和諧等等，總會有多數人喜歡的理由，因而也自有其好聽的客觀性存在。所以，客觀獨立的共同美感，正是孟子在此所特別肯定與強調的重點。

因此，孟子特別先以五官的感受來比喻「理義之悅我心」，然後把五官的美感提昇到精神的美感。因爲，「理」之悅我心，可以令人由於心安理得而心中感到舒暢，「義」之悅我心，則可以令人由於行義，而心中感到充實，如此以「理義」爲精神糧食，最能體會頂天立地、充實飽滿的生命勁氣之美，所以根據孟子，一定要能把握住這種勁氣充周的生命精神，才算符合了普遍生命的共同美感，也才算符合其陽剛進取、積健爲雄的審美標準。

另外，孟子把「悅」——猶如西方哲學所說的「快樂」（Happiness），與美感聯結在一起，也是中國美學中很重要的特色。換句話說，孟子認爲美感的標準是什麼呢？簡單的說就是感覺很「悅樂」，能使精神感覺很充實悅樂的，這就是美。由此而產生了他下述的第二項審美標準。

第二，根據孟子的看法，要能夠引起「精神悅樂」的，才算符合審美標準。這就完全超越了物質享樂的表面層次。孟子曾強調，君子有三樂：「父母俱存，兄弟無故，一樂也。仰不愧於天，俯不怍於人，二樂也。得天下英才而教育之，三樂也。」（盡心上），換句話說，孟子覺得這三件事是很令人感覺充實悅樂的，因而很美。人生的美，不是因爲有官做、或有錢賺，而是覺得內心很悅樂。否則「趙孟之所貴，趙孟能賤之。」既患得之，又患失之，那有什麼悅樂呢？尤其有人如果一方面奉承阿諛以求名利，一方面却又以此向人炫耀，那正如孟子所說的齊人乞食，却驕其妻妾一樣，根本醜陋之至，那有半點美呢？所以，我們看以上這三樂，均屬於精神層面的喜樂，而「王天下不與焉」，與求名求利等物質享受完全無關。所以我們可說，孟子是以「精神上的悅樂」，作爲審美的第二項重要標準。

那麼，精神上的悅樂又從那裏來？簡單的說，是從對「仁」、「義」的悅樂而來。所以孟子又說：「仁之實，事親是也；義之實，從兄是也；智之實，知斯二者弗去是也；禮之實，節文斯二者是也；樂之實，樂斯二者，樂則生矣；生則惡可已也，惡可已，則不知足之蹈之手之舞之。」（離婁上）換句話說，甚至音樂的本質，其足以令人手舞足蹈的根本動力，也源於對「仁」、「義」二者的悅樂而來，以致心中充滿感動與激昂，在滿腔熱情不能抑制之下產生了音樂，進而不自知的開始手舞足蹈！

由此可見，對孟子而言，要能先在心中產生精神的感動與悅樂，才能符合他所講的審美標準。以此來看，很多低級趣味與感官刺激，以及表面的物質享樂，在孟子而言，因爲均無法提昇心中精神上的悅樂與感動，因而也都不能稱爲眞正的「美」。這對根本改進時下一些奢靡風氣與酒色財氣的追逐，實在是一項極爲重要的關鍵！

第三，根據孟子美學，一定要能符合人格之美，能夠展現精神人格的氣象，才算符合審美的標準。這就完全超越了外在容貌的表面層次。

所以，如前所述，孟子非常的重視眼神與心靈的關係：「眸子不能掩其惡，胸中正，則眸子瞭焉。胸中不正，則眸子眊焉。」（離婁上），換句話說，一個人若是心中光明正大，他的眼神一定是清澄明亮的；反之，如果心中晦暗不正，那他的眼神也一定是昏暗不明，甚至閃爍不定的。先總統　蔣公從前擢升將領時，一定要親自召見，並且凝視對方的眼神看。如果那位被召見的人不敢正視，或感覺心虛而緊張失態，那就不會被重用。如果對方心中坦蕩蕩，正大光明，眼神自會充滿清明之氣，這就表示此人胸中光明磊落，是位正直的人才，如此　蔣公便會重用，其中確有深刻道理在內！

所以，依孟子所說的審美標準，要評定一個人是否眞正有人格之美，應先看他的眼神。眼睛在現代被稱爲「靈魂之窗」，確是實至名歸，因爲由此「靈魂之窗」可以觀察一個人的靈魂是否聖潔，是否美。尤其可以看出一個人的精神志向與人格抱負是否眞美。這就完全超越了表面短暫的容貌之美。

所以孟子也曾說：「西子蒙不潔，則人皆掩鼻而過之；雖有惡人，齋戒沐浴，則可以祀上帝。」（離婁下），代表卽使容貌如西施之美，但若其全身不潔發臭，那路人也會掩鼻而過；反之，卽使有一個醜人，却能誠心誠意，齋戒沐浴，那代表精神很整潔，就照樣可以上通祭天。孟子以此比喻來說明審美標準不是看外在美，而是看其內在心靈是否眞正清明聖潔，對今天也有極大的啓發作用。

第四，孟子對「美」肯定有一種完美的典範，並且以此完美的典範作爲審美的標準。

所以孟子曾強調：「觀於海者難爲水，遊於聖人之門者難爲言。觀水有術，必觀其瀾。

日月有明，容光必照焉。流水之爲物也，不盈科不行；君子之志於道也，不成章不達。」（盡心上），換句話說，如果以觀水爲例，則觀水是有方法的——必觀它的波瀾。因爲流水的特性，是在一處窪地尙未完全充滿前，一定不會流往他處。這象徵人的內在充實之美，若未做到完滿的典範前，就不能算是眞正的美。所以君子的人格之美，除非日新又新、不斷上進，以充份展現淋漓盡致的生命完滿境界，否則便不能算是眞正的美。從這裏可以看出，孟子對教育一定要求「卓越」，不能流於平庸，對審美，也一定要求完美，不能落入俗套。因此，孟子很明顯地是位完美主義者。

另外，我們從孟子對何謂「知言」的回答，也可以看出他有一種完美典範作爲審美標準。這與他所說的「遊於聖人之門者難爲言」，是同樣的精神，都是在追求卓越與完美，所以他才認爲不是簡單的事，非盡全力不能成功。

孟子對此曾進一步說道：「詖辭知其所蔽，淫辭知其所陷，邪辭知其所離，遁辭知其所窮。」（公孫丑上）也就是說對一些強辭奪理的詖辭，要知道它矇蔽了什麼；對一些積非成是的淫辭，要曉得它危害了什麼；對一些似是而非的邪說，要明白其荒謬所在；對一些廻避閃爍的遁辭，更要瞭解它理窮之處。孟子是從各種角度、各個不同的層面，一起來分析那些是錯誤的言論，然後才能以此烘托出眞正完滿的「知言」是什麼。此中所點出的重要典範，就是無所蔽、無所陷、無所離、與無所窮！要能如此，從四面八方都做得無懈可擊，臻於完美，才是眞正的「知言」！由此例證，我們更可看出孟子的審美標準，是一種極爲嚴謹而且周全的完美標準。

五、藝術的社會功能

第五個問題我們要分析的是：藝術的社會功能是什麼？孟子的看法，又可分成三個小節來說明。

第一是「與民同樂」。因爲「獨樂樂，不如衆樂樂」（梁惠王下），孟子認爲藝術第一個功能，就在與民衆感情交流，打成一片。

所以孟子並不因爲是完美主義者，就輕視大衆品味。這點是和柏拉圖不一樣的。大衆都喜歡的音樂當然不可能是曲高和寡的音樂，但孟子很肯定「民爲貴，社稷次之，君爲輕。」（盡心下），所以碰到這種情形，他寧可強調：「與民同樂」，而採取民之所好好之的立場。

這一點倒是與希臘酒神廸奧尼塞斯（Dionysus）很接近，廸氏每次看到村民豐收之後，便會下山與村民飲酒同樂，而且渾然打成一片的載歌載舞。因此廸氏被引申成爲西方美學中，音樂與舞蹈等動態藝術的象徵，以別於太陽神阿波羅（Apollo）因爲形象沉穩端莊，而象徵西方雕刻美術等靜態的造形藝術。像尼采在《悲劇的誕生》（The Birth of Tragedy）便曾以這兩種精神分別象徵希臘悲劇的生命情調❹。而廸氏因爲奔放雄偉，所以通常象徵陽剛之美（阿波羅則代表陰柔之美）。因此，廸氏的精神不但在此與孟子注重雄健之美十分相近，而且兩者都肯定藝術的功能，應該結合大衆民心，以眞正做到感情交流，與民同樂。此卽孟子所說：「樂民之樂者，民亦樂其樂；憂民之憂者，民亦憂其憂。」

這種完全與民衆同甘共苦，打成一片的精神，也註定了孟子美學必然充滿民間生動廣濶的活力，做爲蓬勃創造的動力。

因此，如前所說，孟子與柏拉圖的風格就不一樣。孟子非常強調人格之美，柏拉圖固然也強調「心靈之美」，並曾指出：「心靈美與身體美的和諧一致，是最美的境界。」不過，柏氏只是在對話錄中驚鴻一瞥的帶過，並未深論❺，而且基本上柏氏對藝術仍採「摹仿說」，認爲「此世」只是「上界」的摹仿，而藝術又只是「摹仿的摹仿」，所以眞正的美只存在於理型界的上界。他不像孟子肯定此世大化流行的生命精神璨然充滿勁氣，而完美充實的精神人格便足以在此世浹化宇宙生命，上下與天地同其流！相形之下，孟子所論述的人格之美便遠爲雄渾週全，尤其更具人文精神與淑世風範。

第二，孟子肯定應藉藝術功能推動民主思想。他透過音樂功能，是要發揮親和力，以結合民衆，廣納民心，不但音樂如此，對詩詞文章也是如此。

所以，孟子不會寫些只有少數人才看得懂的文章。孟子的文章本身就很懂得羣衆心理，不但很有說服力，而且很能扣緊人心，具有雄厚的氣勢。用現代名詞來形容，就是很有「羣衆魅力」。因此，他很會駕御生動活潑的羣衆語言，更擅長運用生動精闢的各種比喻，讓羣衆一聽就懂，而且一聽就信，並且能從內心中就引起共鳴！孟子本身的文學風格就很有雄偉之美，因而極能打動大多數人的心靈。他的作品本身便是最好例證，充份證明文藝的功能足以深得民心，進而弘揚民主！

所以孟子如果生於今日，一定是位很受民衆喜愛的雄辯家與演說家，同時也是位深深相信民主，並且深深關心民疾民隱、非常瞭解民衆心理的思想家。

試看，他以鮮活生動的羣衆語言，處處爲民衆設想，時時爲民意請命，所有論點與比喩，都環繞在「民本」與「仁政」上面，恨不得一古腦地，讓所有君主都能走向民主，力行仁政，充份可見其作品直接間接都在推動民主仁政的發展。

「民主」最重要的，就是肯定以民爲主，所以一定要能瞭解民衆的需要，並且常常走入羣衆之中，肯定羣衆路線。孟子在此，眞可稱爲民主的代言人而無愧。

由此也可看出，孟子的美學、倫理學和政治哲學都彼此相通，他在中國美學史上，也可說是最能爲民喉舌的第一人。雖然在兩千多年前的孟子時代，還不可能發展出現代民主的憲政體制，但他深具爲民請命、大聲呼號的膽識，並且強調民衆必要時可以推翻暴政獨裁者，其精神氣魄虎虎生威、凜然與天地同流，不但奠定了中國長期以來肯定「得民者昌，失民者亡」的重要傳統，更肯定了中國歷史上悠久深厚的民間文藝力量，深値我們敬佩與重視！

第三，孟子極爲強調陽剛之美，因而很能以此振奮民心士氣，推動精神動員，並從根本上改革社會的低靡風氣。

像孟子本身的文氣與風格，便是眞力瀰漫，雄渾飽滿，充滿了澎湃熱血，更充滿了感人熱力，這正是一種典型的陽剛之美，眞正足以令「儒者廉，頑者有立志」，也眞正具備了振奮人心的精神感召。試看他勇於挺身而出，慨然以「正人心、息邪說、距詖行、放淫辭」爲己任的精神，如此不畏強權，不畏脅迫，眞正是充滿了剛勁的正氣與奔放的豪情！再看他毅然決然以「舍我其誰」的道德勇氣承擔文化使命，更以「雖千萬人吾往矣」的精神毅力勇往直前，力挽狂瀾，如此不爲勢劫、不受利誘，義之所在，誓無反顧，眞是充滿人間至情，既有熱血、更有擔當的血性漢子！正是這種血性良知，正是這種忠義氣節，形成了感人至深的民族國魂！深值我們後人多加弘揚與力行效法！

同樣情形，我們若以「中國一定強」這首抗戰歌曲爲例，便很淸楚。今後我們身處大時代之中，一定要能多多大力提倡這種慷慨激昂的雄健精神，唱出大時代的奮發心聲，因而必須共同摒除「舞女」這種靡靡之音的低迷悲調，然後才能振奮日趨萎靡軟化的社會風氣，挺身擔當任重道遠的時代使命！因爲，今天我們所面臨的時代使命與莊嚴責任，其重要性與影響性，絕不亞於抗戰時期，因而需要更多的孟子精神可以加強精神動員與人心振作。就此重大意義而言，孟子美學的陽剛之美與浩然之氣，很能促使人心奮發圖強，共同激濁揚清，實在具有莫大的社會功能甚至時代功能，深深值得我們重視與推動！

六、比較研究

最後在第六項，我們值得將孟子美學與中外有關的思想家做一些扼要的比較研究，然後從中可以發現某些深具意義的啓發。

第一：孟子很可以和歌德作一比較。這是一項很有意思的新發現。像孔子，便比較適合和蘇格拉底——柏拉圖作比較，因爲兩者的時代背景與歷史地位差不多。而孟子和歌德的時代雖不同，但兩者的時代問題却很接近；兩者的歷史形象雖不同，但同樣都深具歷史使命感，所以很可以拿來比較研究。

像歌德的代表作《浮士德》，不但是一部偉大的文學作品，同時也是一部不朽的哲學作品，以及美學作品。只要研究西方美學，便絕不能對其忽略，像朱光潛先生專門著有〈歌德美學〉，宗白華先生也著有《歌德的人生觀》，哲學家方東美先生更經常引用《浮士德》中的名句，都是重要例證。

浮士德的形象代表什麼呢？浮士德是位博士，代表本身很有知識、學問與能力，但內心却很矛盾，精神也很空洞，甚至煩悶得想自殺，所以他一生都在向外追求，希望能夠獲得眞正滿足。然而，剛開始他却是一味地只追求各種情慾與物慾的滿足，爲了能夠享盡七情六欲，甚至將靈魂都出賣給魔鬼，訂下契約，企圖以此換取各種光怪陸離的享樂。然而到最後，仍然發現內心依舊無法得到安寧。這是歌德的一種象徵筆法，象徵近代西方文化的病根——盲目外求，而疏於內省。所以史學家史賓格勒（O. Spengler）在其代表作《西方之沒落》中，便曾明白以「浮士德文化」象徵「近代西方文化」的毛病❻。

因而，就此意義而言，孟子精神在此可以有很重要的補救功能。孟子一再強調，要能「求其放心」，要能「內鑠」，就是要從內在本有的善根與神性來自我充實，而不假外求。他並強調「充實之謂美」，然後一步步向上提昇，「美而有光輝之謂大」、「大而化之謂聖」、「聖而不可知之謂神」，並以眞力瀰漫、充滿生香活意的生命浩氣，作爲「美」的重要標準，這一重點，可說與歌德內心的理想不謀而合。

換句話說，孟子和歌德都強調，人生應該節制外在物欲，而重視內心精神的提昇與養氣。兩者不同的是，歌德仍需來自上界的聖母與天使，在最後接引浮士德靈魂上天，因而人和神仍然是隔離而超絕的——所以歌德曾明白認爲「道德美源自上帝」。他說：「像一切美好的事物一樣，道德也是從上帝那裏來的。」❼而孟子則強調「人人有貴於已者」（告子上），並明白指出「人爵」與「天爵」之分。所謂天爵即「仁義忠信，樂善不倦」（告子上），那是人人本身靠自力修持就可以達到的境界，並不是來自超絕的上帝。另外孟子也強調，君子「所過者化，所存者神，上下與天地同流。」只要人人能善存本然的神性，寓理帥氣，便很可以頂天立地，浹化萬物，充份做到聖賢氣象，而不需要外求，甚至於不需要超絕的上天外力。孟子這是很典型的人文主義精神，與西方歌德式教堂典型設計「尊天而卑人」的特性並不相同。

不過，兩者相同的都是強調應把靈性向上提昇、向內充實。所以歌德式教堂的頂端設計高聳入天，其象徵意義要提神上天，兩者精神却是很接近的。像浮士德在最後由天使們接引其不死之靈魂飛升時，天使們便曾合唱以下一段：

猗歟聖之火，
誰為所環照，
在彼生涯中；
同善而惠好。

一切之一切，
起來齊讚頌，
浩氣已清澄，
靈境漾和風。❽

我們從這段充份可以看出，歌德心目中的生命完美境地，乃是由「聖之火」所環照，「浩氣已清澄」的光明境地。而孟子心目中的完美，也是在強調至大至剛的生命浩氣，以此陶鑄衆美，協和宇宙「一切之一切」，並且以此聖者氣象的光輝，拓展「靈境漾和風」的境地。

所以兩者在此極爲神似，尤其歌德一直到晚年，都一貫保持對生命勁氣的熱愛，他曾強調「生命的脈博鮮活地在鼓動」，並且自稱在生命中「有一種堅毅的決心，不斷奮勇向最高的存在邁進」！這種精神，貴在注重躍然生意，並且超拔俗流，振奮雄奇才情，以邁向最高理想，和孟子也極爲相同。換句話說，兩者的學問，都不是冷冰冰的堆砌知識而來，而是蓬蓬勃勃的從生命的學問而來，因而一定強調生命與學問相結合，這種特色在兩者均極爲明顯，個人認爲，均可稱爲「生命的美學」而無愧。

當然，孟子與浮士德，另外一項極爲不同的，便是對於「惡」的問題看法不同。孟子明顯贊同性善，並且明白主張人有善根，有「不忍人之心」，後來人間之所以有不善，乃是因爲人本身心靈渙散，自我鬆懈，以致正氣不彰而靈性墮落，所以他才極力主張「求其放心耳」。但在歌德，則明白強調惡魔是獨立存在的，並且會一再引誘世人，他甚至傾向於惡魔是「必要的惡」，所以在《浮士德》中，他曾經借上帝之口而說：「人們的精神總是易於弛靡，動輒貪愛著絕對的安靜，我因此才造出惡魔，以激發人們的努力爲能。」❾歌德這種看法：爲了激發人們潛能才造出惡魔，在孟子明顯不同。他頂多是以「憂患意識」促進人們動心忍性，「增益其所不能」。基本上，孟子是以一種悲憫心與使命感激發人心奮勇上進，所以無待外在惡魔的挑釁，以免「未見其利，先蒙其害」，兩者在此很不相同。尤其根據歌德著作，人們精神的弛靡與貪心，很多正是因爲惡魔的引誘，所以如果想以惡魔激勵向善，反而成爲「揚湯止沸」，不但徒勞無功，而且本身會形成循環論證，如此以待證之物做推論基礎，在邏輯上也成問題。另外因爲惡魔在歌德心目中乃是「否定的精靈」，凡事均以「否定」爲能事，相形之下這種強調二元對立鬥爭的關係，也遠不如儒家「一陰一陽」之謂道、以和諧互助爲主的精神來得雍容人道。

第二，孟子所強調的「大」，相當於希臘美學的「壯美」。換言之，孟子所謂「充實之謂美，充實而有光輝之謂大」，就是一種雄壯、崇高與陽剛之美。但是，孟子這種美並不像希臘神話中，因爲內心恐懼驚怖，才展現出的一種肌肉之美。孟子所強調的美，並不是和惡魔搏鬥時才產生的。希臘神話中常有大力士在和惡魔拼鬥時展露肌肉之美，因而「美」有相對的恐怖怪物存在，以襯托出英雄外在的陽剛雄偉之美。但孟子所強調的「大丈夫」或「豪傑」精神，却是以內在充實的陽剛之美爲主，發而爲外，便足以產生「雖千萬人吾往矣」的雄偉氣勢，這主要是一種精神上的道德勇氣，不待外求，也不依憑惡魔之存在才能彰顯出來。里格爾在《美學》第一卷中強調，藝術家應從豐富的生活取材，不能從抽象的觀念開始，

「應該看得多，聽得多，而且記得多」，也就是說，應從充實生活與心靈開始，然後才能展現生命光輝與宏偉精神，於此便很能相通。

第三，孟子所講「大而化之謂聖」的「聖」，是一種完美的楷模，是可以透過人類自力奮發而達成的。這一點和康德（Kant）所講「完滿性」的典範美並不完全一樣。因爲康德所講完滿性的典範美帶有客觀的「內在目的性」❿，比較接近神的層次，而且仍須由天才馳騁神思，才能完成，但孟子則是經過精神人格修養與風範培養卽可完成。尤其孟子肯定「人人皆可以爲堯舜」，不待天才卽可成，而且眞正的豪傑「雖無文王，亦興」，更進一步肯定了人人生而平等的人文精神，並且充份表現出他注重人格美的特性。

就此而言，黑格爾的美學精神注重風格便很能相通。黑格爾曾說：「法國人有一句名言：風格就是人本身，風格在這裡一般指的是個別藝術家在表現方式和筆調曲折等方面，完全見出他的人格的一些特點。」⓫從孟子的影響而言，中國書法家很多特重雄健勁道，並且強調風格，進而認爲欣賞書法卽欣賞人品，可說東西大哲在此精神均極一致。

第四，孟子所說「聖而不可知之謂神」的「神」，倒是和康德的典範美很相似。因爲康德的典範美是沒有規則可尋、沒有途徑可學的，因而便只有天才可成。我們學例而言，如果杜甫是「詩聖」，李白則是「詩仙」。詩聖還是可以學的，透過苦學可以達到；但李白的「詩仙」，主要是靠其天才足以絜情入幻，馳騁無碍，而天才是再怎麼學也學不來的。所以此處的「神」倒相當於中國畫論中王羲之一類的「神品」⓬，或音樂中的「神曲」，這些是天才之作，只能供人讚嘆欣賞，很難硬學。然而孟子並不特別突出此類天才，更不以此貶抑其他人才，他的重點仍在人人可學可及的部份，這也正是他民主思想及人文精神可貴之處。

不過，孟子精神同時兼具「內在性」（「萬物皆備於我」），以及「超越性」（「上下與天地同其流」）。其超越性很接近宗教精神，就此而言，黑格爾美學精神同樣很接近。此所以黑格爾在《美學》第二卷中，明白強調，「藝術的起源與宗教的聯繫最密切。」此中會通之處深值重視。

第五，另外若論孟子與孔子的不同，則孔子是仍然有所畏的，他說：「君子有三畏：畏天命、畏大人、畏聖人之言。」（季氏）但孟子則根本無所畏懼。所以他強調「說大人則藐之」（盡心下）。當然，此處兩位所講的「大人」並不相同。孔子所說的「大人」是指精神人格偉大的人物，而孟子所說的「大人」則是泛稱官場的人物。孟子對大官要「藐之」，代表孟子不屈於權勢的風骨，以及肯定人人生而平等的民主精神。不過孟子即使對精神人格的「大人」，也是以「有為者亦若是」的慨然豪情立志效法，而並不是以「畏」待之，這是兩位風格不同之處。

要之，孔子所強調的美，是溫柔敦厚之美，是「溫良恭儉讓」的風範；而孟子所強調的美，則是剛健進取之美，是「至大至剛」、「雖千萬人吾往矣」的氣勢。所以孔子強調克己復禮，不慍不火，孟子則是有稜有角，敢作敢為。兩者因為時代背景不同，因而精神特色也不同。但本質上兩位均強調人格之美，也都注重教化作用，在這方面，兩者是一脈相承的。只不過嚴格說來，一般人先學孟子可能更可行，因為即使學得不完全，至少也能成為忠義之士，以及血性漢子，但若一下就學孔子，則萬一溫厚的分寸未學成，便可能成為圓滑或鄉愿，反倒成爲孔子最反對的情形。所以若從敎化的層次來看，先學孟子再到孔子，可能更爲穩當有效。

第六、最後，平心而論，孟子美學當然也有其限制，他主要強調了美的共同性與共相性，但對殊相與差異性則談得很少。在西方美學，則談論差異性與相對性較多。事實上，「美」因時代環境或個人成長的不同，均會有差異性。例如「美食」，按孟子的講法，每個人對嗜好美食均應有共同的喜好。但是，同一時代固然可能有相同的嗜好，但不同時代便可能有不同的喜好。兩百年前吃的東西和現在吃的東西，明顯就會有不同的喜好。更何況即使同一時代、同一中國，北方人與南方人因空間的不同，對「美食」的看法也很不同，擴而充之，中國人和西方人的喜好更可能不同。所以整體來說，這些差異性都是孟子較忽略的。不過，我們如果設身處地著想，便知孟子當時乃是希望集中目標，強調人人應共同追求「仁」與「義」，所以在比喻時才儘量引用共同之處，以突顯「人同此心，心同此理」的共同性，而對「人心不同，猶如其面」的差異性則捨而少論。他之所以要「重其同而輕其異」，是另有一番苦心的，我們若對其時代背景與環境人心，能有一種同情的瞭解，便很能知其精神深意所在，然後再與西方美學比較研究，才更能收互切互磋、互補互濟之效。

相信，唯有如此——借孟子的話說，先「以意逆志」、「論世知人」，進而放眼世界，互通有無，才能更加豐富孟子的美學思想，進而充份弘揚其生命精神，據以奮力提昇民族靈魂，振作時代靈性，那才是眞正民族之幸與時代之福！

附註

❶ 魯迅：《且介亭雜文》，《中國人失掉自信心了嗎》，引自李澤厚等著：《中國美學史》，臺北漢京出版社，民國七十五年初版，頁二一〇。

❷ 請參閱中文版《讀者文摘》，民國七十七年十月號。

❸ 見民國七十八年十二月十五日，台視公司所播「八千里路雲和月」，專訪李可染的紀念節目。

❹ 「Nietzsche, "The Birth of Tragedy," N. Y., 1926, 2nd ed; Chap. 1

❺ 請參閱柏拉圖對話錄。此引句採自朱光潛編譯：《西方美學家論美與美感》，臺北漢京出版社，民國七十三年初版，頁十六。

❻ O. Spengler, "The Decline of the West," tran. by C. F. Atkinson, N. Y., 1926, Vol. 1. p. 182.

❼ 引自朱光潛編譯：《西方美學家論美與美感》，頁二二二。

❽ 歌德著：《浮士德》，郭沫若中譯本，臺北仰哲出版社，民國七十六年初版，頁三六七。郭沫若雖在陷共後頗無風骨，但本書原譯於民國卅六年，且有其一定學養與程度，故採「不以人廢言」之古訓而引其中譯文。

❾ 同上，頁十。

❿ 引自朱光潛編譯：《西方美學家論美與美感》，頁二〇七。

⓫ 黑格爾《美學》，朱光潛譯，卷一，頁三六二。

⓬ 唐代張懷瓘曾在《法書要錄》卷八中稱王羲之爲「千變萬化，得之神功」，即可稱爲「神品」。另亦可參閱李澤厚等著前揭書頁二一六。

第三章　荀子的美學思想

前言

荀子上承儒家孔子思想，因而主張禮治，強調教化，另外更首創中國的音樂美學理論，其精微細緻，勾深致遠，可說開前人所未有，對中國後來的「樂教」，影響尤其極爲深遠，深具研究價值。

因此，我們若從美學思想來看，荀子堪稱極具原創性的思想家。特別是他主張以藝術教育正人心，移風俗，對今天更具有莫大的時代意義與社會啓發，非常值得重視，並加發揚光大。

本文宗旨，即在從五項基本問題入手，分析荀子的美學思想及其現代意義。荀子的美學，自成體系，論證明確，而且主張一貫，相互呼應，從這五項基本問題中，我們即可充份看出。

分析荀子的美學思想，本來可有兩種方法，一是先評論有關道家、法家、墨家等十二子的相關思想。因爲荀子在〈非十二子〉中，對每一位在他之前的思想家，除了孔子，都有相當的批評。所以，先分析這十二子，再討論荀子，是第一種方法。

然而，另外還有一種方法，就是順著儒家的體系，把孔、孟、荀，當作一脈相承的思想家，申論荀子在其中傳承之處，以及獨創之處，從思想史的角度闡述，也自有其重大意義。

本文的方法，因爲是論述先秦一系列思想家，以思想史爲基本脈絡，並以學派爲分析對象，申論其中起承轉合的發展，所以仍採第二種方式，然後再在文中最後一段，透過比較研究，分析荀子與其他思想家的異同，如此當可兼具第一項方法的優點。

以下即一一分析荀子對六項美學基本問題的看法，以此而闡述其重要的美學思想。

一、美是什麼？

根據荀子看法，本段又可以分成三項重點。本文將用現代語言闡釋，並引述荀子原句，做爲印證。

第一，荀子認爲，「性僞合」才是美。也就是說先天的性情，應該與後天的修爲統合爲一，才能叫做美。

荀子基本上傾向「情惡論」，一般認爲荀子爲「性惡論」，其實是因荀子常將「性」與「情」混淆的錯誤。究其根本主張，荀子所謂「性者成於天之自然」，「生之所以然者，謂之性……不事而自然謂之性。」（正名篇），「凡性者天之就也，不可學不可事，而在人者謂之性。」（性惡篇）「性者，本始材朴也」（禮論篇），頂多只是順應自然的「性無惡無善論」。只不過他對「情」及「欲」肯定爲惡，所以應稱爲「情惡論」或「欲惡論」，此其所謂

「性者，天之就也，情者，性之質也，欲者，情之應也。」（正名篇）但並不能從情惡或欲惡向上推溯成爲「性惡論」。此中論證，，方東美先生在《中國人生哲學》一書曾經分析甚詳，極值參考❶。

換言之，荀子認爲人在先天上，有很多本能的情欲與物欲，都會向惡發展。然而，何以還會有好人好事呢？荀子認爲，「其善者，僞也」。這「僞」，不是虛僞的意思，而是「人爲」修養的意思，也就是講人文教化的結果。

所以，根據荀子看法，「夫人之情，目欲綦色，耳欲綦聲，口欲綦味，鼻欲綦臭，心欲綦逸，人情之所不免也。」（王霸篇）

荀子很能瞭解人性的現實面，不但愛美，而且愈美愈好（「綦」就是「最」的意思）。問題是，人情之常，總會好逸惡勞，急色好利，如果任由這種情欲發展，不加修養及提昇，便會沉淪於低級趣味，墮落於任無度，那反而會導致醜陋與痛苦。

此所以荀子曾經一方面強調：

> 若夫目好色，耳好聲，口好味，心好利，骨體膚理好愉逸，是皆生於人之情性者也，感而自然，不待事而後生之者也。（性惡）

另外一方面，荀子怎樣因應呢？他強調，一定要能「以道制欲」，才能「樂而不亂」，如果「以欲忘道」，便會「惑而不樂。」此中所講的「道」，就是透過禮樂教化，所達成的人爲修養。

因此，荀子在〈禮論〉中，曾經指示：

性者，本始材樸也，僞者，文理隆盛也……性僞合，然後聖人之名一，天下之功於是就也。

根據荀子，「天性」乃是本然的素材，「僞」則是雕飾的修養，一定要「性」與「僞」相結合，「天性」能符合「修養」之所需，才能成就聖人，並且完成禮治天下的功業。所以，「性僞合」，不但有倫理學「化性起僞」的意義，同時有美學提昇品味、文理隆盛的意義，甚至有政治哲學正人心、行王道的意義。這種特性，在儒家思想中特別明顯，由此充份可見荀子傳承之處，以及他用新語言所表達的重要創見。

第二，荀子認爲，和諧就是美。

前述的重點，在強調，先天性情應與後天修養結合。那麼，後天修養應朝什麼方向努力呢？根據荀子，一言以蔽之，就是中和。

荀子這一特性，完全承自儒家孔子基本精神。所以，雖然荀子在人性論方面，與孔孟並不相同，但在「致中和」的重大立場上，仍然是一致的。

尤其是，荀子主要的敎化理論，在透過音樂，而促進個人的心境和諧、家庭的氣氛和諧，乃至於社會的風氣和諧。這在先秦，可說是前所未有的獨創見解，荀子發揮得極爲透徹：

樂在宗廟之中，君臣上下同聽之，則莫不和敬，閨門之內，父子兄弟同聽之，則莫不和親，鄉里族長之中，長少同聽之，莫不和順。故樂者，審一以定和也。（樂論）

我們看，荀子在此所形容的音樂功用，「和敬」、「和親」、「和順」，均以「和」字貫串，最後更明白指出，音樂足以審一以定「和」，充份可見，他對「和諧即美」的肯定。然而，荀子爲什麼特別重視音樂教育呢？因爲，荀子認爲，音樂的感人最深，感化也最快。此其在〈樂論〉中所謂：

夫聲樂之入人也深，其化人也速，故先王謹為之文。

我們可說，荀子的〈樂論〉，是中國最好的音樂社教理論，後來〈樂記〉更進一步發揚光大，公認是發揮荀子學派在此的精華。兩者合起來，對中國的音樂美學影響極爲深遠，很值注意。

綜合而言，中國思想家內，孔子影響中國藝文的重點，在其「詩教」，孟子影響的重點，在其「人格之美」，老子影響藝文的重點，在其「詩境」，而莊子影響重點，則在「畫論」。以此來看，則荀子影響最大的重點，乃在「樂論」。

只不過，荀子在〈樂論〉中，一再提倡和諧之美，並以此轉化氣質，提昇靈性，這純粹承自儒家傳說。道家雖然也重視中和，但並不以此爲教化方法，兩者便顯然不同。

此所以荀子曾經明白指出：

故樂者，天下之大齊也，中和之紀也，人情之所不免也。（樂論）

陰陽相摩，天地相盪，鼓之以雷霆，奮之以風雨，動之以四時，煖之以日月，而百化興焉。如此，則樂者天地之和也。（同上）

根據荀子，其和諧的美學觀，更還有廣大恢宏的宇宙觀爲基礎，他認爲音樂乃「天地之和」，並且足以使「百化興焉」，充份可見，「和諧」乃是這種充滿燦溢美感的根源，深值特別重視。

第三，荀子認爲，完善就是美。

所以，就這一點而論，荀子堪稱是位「完美主義者」。

用荀子本身的話來講，就是「不全不粹，不足以爲美」。荀子在此，很明白的說了，什麼不是美。換言之，一定要「能全能粹」，才能稱爲「美」。這本身，純粹代表了完美主義的立場。

荀子在〈勸學篇〉中，曾經擧例說明：

百發失一，不足以謂善射。

這也就是說，射箭的人，只中了九十九發，雖然已經很好，但只要漏了一發，仍不能稱爲「善射者」，既不能算「善」，也不能算「美」。

另外，荀子同樣提到，「行千里蹞步不至，不足以謂善御。」即使能駕御馬匹行了千里，但最後一點却蹞步不至，那仍然功虧一簣，「美」虧一步！由此可見，荀子對「美」的要求至爲嚴謹，不但要能不斷「積」學，鍥而不舍，而且要全神「用心」，一定要能充份開展一切萬類百分之百的內在潛能，才算宣揚了天地間眞正酣暢飽滿的燦爛之美。此其所謂：

> 天見其明，地見其光，君子貴其全也。

這種「求全」的精神，荀子很多地方均曾強調，務期作到一絲不苟。所以他另外專門有〈不苟篇〉，其中便曾明白指出「至文」之道：

> 君子寬而不僈，廉而不劌，辯而不爭，察而不激，寡立而不勝，堅強而不暴。……夫是之謂至文。

這裡說的「至文」，就代表最爲完善的修爲。此中必需以「隆禮」爲後盾，否則「雖察辯，散儒也。」（功學篇）這也代表眞正完美的樂作，不但本身技巧完美，而且必有高尚至文為主題，作精神後盾，否則空有技巧，仍為「散儒」。

另外，荀子在此所說「寬而不慢、辯而不爭、察而不激、寡立而不勝、堅強而不暴」，都是集中代表了同一特性—中庸，這正與前述荀子重視「中和」完全吻合。他在此將中庸視為「至文」，猶如希臘亞里士多德將中庸視為「黃金律」一般，都可看出特別的重視中庸。

此外，我們從荀子所說「堅強而不暴」，也可看出，基本上他仍承自儒家強調陽剛之美的特性。尤其他在教化中以雄健為美，更可看出基本上，仍在發揮儒家傳統，宣暢宇宙人生勁氣充周之美，並且展現貞力彌滿的盎然機趣，這對今後提振人心精神，發為奮鬥動力，實有莫大的啓發作用。

最明顯的例證，便是羅家倫先生在抗戰時期，於中央大學所講《新人生觀》，其中有句名言明白呼籲大家，「弱為罪惡，強而不暴之謂美」❷，後半句明顯來自荀子。這種充滿幹勁、奮發圖強的審美觀，對當時振作民心士氣、加強精神動員，產生了很大的激勵作用，很多先進至今仍然印象深刻，正可說是在荀子兩千多年後，對其美育理論的最有力證明！

二、美感經驗如何形成？

美學的第二項基本問題—美感經驗如何形成？這基本上是認識論的問題。荀子對此問題的深入與認知，也可說在相當程度上，超過了其他先賢哲人。

這是因為中國先秦哲學基本上比較強調「天人合一」，因而對認識論問題比較缺乏接觸，孔子固然如此，孟子也不例外，老莊則因特色在超越性宇宙觀，以藝術精神曠觀大自然與萬物，因而尤其不重分別心，長處不在科學性知識。但荀子却是中國哲人中，罕見的特例。他以「勘天御物」精神完成其思想體系，所以其分析性與論證性均比孔子要強，這可說是他「青出於藍而勝於藍」之處。

就此美感經驗問題而言，我們可以分析出荀子的三項重點看法，而此三項重點，正好一一相應於前述「美是什麼」的看法，由此也可證明荀子美學的整體系與一致性。

第一，根據荀子看法，審美的主體必須先要有美感能力。

荀子在〈禮論篇〉中，曾經明白指出：

> 無性則僞之無所加。

這句話在強調，如果沒有先天的本性可以感應美，那卽使後天如何修爲訓練，均將無從訓練起。荀子由此反證，進而肯定審美主體的獨立性與先驗性，這相當於康德透過「先驗感性」與「先驗分析」所肯定的「物自體」(Ding-an-Sich)，「不可知，但可思」。這在中國認識論中，可說是最早出現，而又深具原創性的重要論證。

因而，荀子曾經在此清楚的分辨「性」與「情」的不同。

> 性之和所生，精合感應，不事而然，謂之性。性之好、惡、喜、怒、哀、樂，謂之情。

換句話說，根據荀子，認知本體先要有一個客觀存在的中性主體，此即荀子所說的「性」。這個「性」做爲認知主體，必先有感應能力，發爲聲音，才成爲「樂」。所以，在〈樂記〉中，便曾經特別強調：「樂者，音之所由生也，其在人心之感於物也。」另外，〈樂記〉中也特別闡論荀子的〈樂論〉如下：

是故其哀心感者，其聲噍以殺；
其樂心感者，其聲嘽以緩；
其喜心感者，其聲發以散；
其怒心發者，其聲粗以厲；
其敬心感者，其聲直以廉，
其愛心感者，其聲和以柔，
六者，非性也，感於物而動也。

這一段話，很清楚的指出，這六種聲音，並非認知主體所本有，而是此主體受感於外物後所發。這其中便預設了可以「感於物」的主體存在。當主客心物交感，產生不同的情感，便會發出不同的聲音，形成不同的美感經驗，這可說中國早期相當精細的「美感發生論」，深值我們重視。

另外，〈樂記〉中也曾特別再以反證，指出不同的聲音，又可以激發心靈產生不同的情緒，從而可見，認知主體本身，必須先有感應能力。這一段內容對追溯認知主體的感應力，非常重要：

> 凡奸聲感人，而逆氣應之，逆氣成象，而淫樂興焉。正聲感人，而順氣應人，順氣成象，而和樂興焉。倡和有應，回邪曲直，各歸其分，而萬物之理，各以類相動也。

這裡所說的「萬物之理，各以類相動也」，類似康德《純粹理性批判》中所分析的「範疇」，每一範疇均有相應的思想認知作用，形成「判斷」，如此「各以類相動」，相索相應，才形成正確的認知能力。

這在荀子，則是形成相應的音樂效用，若爲奸聲，則有逆氣相應，產生淫樂，若爲正聲，則有順氣相應，產生和樂。此中認識論的過程，一方面再度肯定了認知主體具有感受能力，二方面同時肯定認知主體具有回應能力。如此內外互動交感，便產生以樂教化的理論基礎，雖然其分析並未像康德一般精細，但其中所意識到的認識論過程，卻已相當難能可貴，深值重視。

第二，根據荀子看法，眞正能稱爲「美」的感受，必須要有崇高和諧的審美對象。

荀子認爲，凡足以適合教化的作樂，其根據的美感經驗極爲崇高，是爲了「教民平好惡，以反人道之正。」換句話說，作「樂」，是爲了讓民衆能夠對「好惡」的標準，有一項持平正確的價値判斷，然後以此導正人心，回歸到人道的正途。

所以，音樂對荀子來說，並不只是用本能的直嗓子，發洩一己個人的苦悶而已，也並不只是跟著瘋狂的熱舞，排遣一己過剩的精力而已。這些不但不能提昇靈性，反而只有麻痺靈性，狂舞之後只有更加空洞。

因此，當今的大多數熱門音樂，或「廸斯可」舞曲，對荀子來講，都不能算眞正優美的音樂。因爲，它們頂多只有運動身體的功能，用荀子話說，卽「極口腹耳目之欲」，但對充實性靈毫無功能，頂多只能讓大腦暫時麻痺，停止思考，對寧靜致遠的精神需求，却完全背道而馳。

所以，荀子除了前述，針對審美主體，強調「無性則僞之無所加」外，在此則從另一角度，針對審美客體而強調，「無僞則性不能自美。」

這一句話，代表認知主體並不能自動感受到美，凡是用感官本能所體知的美，都並非眞美，只是表面的刺激，或一時的幻美，所以必需經過人爲的修養加以調教訓練，才能體認眞正的美。這種人爲的修養，便是人文敎化，講得更眞切一點，便是藝術敎育，若更明確一點，在荀子心目中，便是音樂敎育。

根據荀子，唯有將天性經過優雅的音樂敎育薰陶，使內在感受與外在正聲能有和諧的統一，這才算眞正的美。

換句話說，荀子從主客雙方，共同論證彼此相需，缺一不可，從而證明，美乃是主客的和諧統一。由此可見，他既不會只是乾枯的唯物論者，也不會只是蹈空的唯心論者，而是交融互攝的「互動論者」。

這種特色，不落入單方面的邊見，也不陷入偏執的「決定論」（Determinism），而強調和諧互動的「機體論」（Organicism），不但極爲符合儒家本身的傳統，甚至與莊子「彼是相因」，「和之以天倪」的機體觀也很能相通。

因此〈樂記〉中強調：

> 君子之聽音，非聽其鏗鏘而已也，彼亦有所合之也。

「君子」代表有相當高度修養的審美主體，所以他聽音樂，不會像外行人只聽熱鬧而已，而是能夠聽出門道，而與其內在崇高的心靈相互契合。

這一段內容看似簡短，其實一方面點出了，一般沒有音樂素養的人，用本能聽音樂只有聽其鏗鏘，因而淪於感官的相應而已，這不能算眞美。二方面也再指出，「無僞則性不能自美」，君子之所以爲君子，即在經過「人爲」（僞也）的訓練修養，所以才能「有所合之」。由此再次可以論證荀子「主客統一」的美學認識論。

近代名美學家朱光潛先生師承義大利克羅齊，他一生堅定的主張，認爲美，必定是「主觀與客觀的統一」❸。早在一九六〇年代，他就因此主張而備受中共圍剿，然而一直風骨凜然，從不畏縮。他並曾對左派人士說，「在我的反對者幫助我消除這些疙瘩之前，我還是堅持主客觀統一說」！如今事實證明，他不但見解正確，使這些反對者知難而退，而且氣節昂然，使一些投機者相形自穢。更重要的，在中國先哲中，朱先生可以上友古人，從荀子美學找到「主客統一論」的知音，由此也可看出荀子的遠見與可貴。

第三，根據荀子觀念，最爲理想的美，是感性與理性的統一。

既然是感性，如何可能跟理性統一呢？

荀子此處見解，便很能超越西方美學創始人鮑嘉敦（Alexander Baumgarten）的偏限。根據鮑氏的定義，「美學」是只能針對感性知識而研究的學問，因而跟理性認知的學問截然不同❹。

然而這兩種看以對立的研究範疇，在荀子却能得到和諧的統一。

如何統一呢？就是將感性不斷的經過教化、陶冶、與昇華，當其到達最完善的程度，便成爲最美－也正因透過此一「最美」，而能與理性融合爲一。

所以荀子在此的看法，不但再度印證他是位完美主義者，將最「美」定爲最全、最粹，而且也再度印證他更深一層的「主客統一論」——在此可稱爲因感性提昇而達到「感性與理性統一論」。他用「至美」，融合了西方美學之父鮑嘉敦的根本難題，不但將美學的視野恢宏擴大，也把美學的格局提昇開放，根能濟西方美學之不足。

我們今再以荀子的〈樂論〉爲例，便看得很清楚。

根據荀子看法，「聲」還只是最本能的感性表現，用此初級的粗糙感性，並不能成爲「音」，更不能斐然成「樂」，尤其還談不上燦然成爲「藝術」。

這就如同孔子所說，吾鄉小子「狂簡」，「不知所以裁之」。

此地所說的「狂簡」，就代表魯直的感性表現，雖然眞率，却難稱藝術，必需還要「裁之」，才能算是藝術性的處理。

所以荀子在此，很明顯的承自孔子靈感，加以深刻化與體系化。簡單的說，荀子心目中的藝術，就是將感性能「理性化處理」。猶如英國大詩人華滋渥斯（Wordsworth）所說，「詩，乃是心情寧靜後的回憶昇華」。因爲，當一個人胸中感性澎湃時，反而無法靜下心來寫詩，唯有經過沉澱，經過提煉，經過昇華，重新在寧靜中反省，才是更完美的藝術創作。因而，此中的過程，不再只是感性的宣洩，而注入了理性的處理，簡單的說，也就是藝術化的處理。這裡說的藝術，便成了感性與理性的統一。

所以荀子曾區分「聲」與「音」的不同：

情動於中，故形於聲，聲成文，謂之音。

換言之，荀子認爲，「聲」只是感性的本能發洩，不能算藝術，必需「聲成文」，經過訓練與陶冶，才能算「音」。從「聲」到「音」，已經加入了理性過程，但從「音」再到「樂」，還需經過更高級的理性處理，不但要求更嚴謹，而且更需注重整合性與條理性，因而此中的藝術性更高，等高到一定程度，經過這種過程薰陶的心靈，自能做人處事均進退有致，而與倫理性能相結合。

此卽荀子所說：

樂者，道倫理者也，是故知聲而不能知音者，禽獸是也。知音而不知樂，衆庶是也。唯君子能知樂。

荀子在此把最高標準，仍定爲「君子」，代表充份能統一感性與理性的心靈。因爲禽獸只代表最本能的初級感性，「知聲而不能知音」，要更進一步，經由音樂藝術訓練，才算知音，但還不算知樂，仍屬衆庶層次。唯有更上一層樓，旣知音也知樂，深具藝術修養，並能以此統一感性與理性，那才算君子，也才算至美！此中過程，深具原創性，深値重視。

荀子在〈觀水篇〉中，結合對水的感覺，以及聯想的君子德性，便是同樣明證，結合了美學與倫理學。另外，他在〈法行篇〉中，又以玉器比喩德性，也是同樣情形，其中對美玉的欣賞，結合了美玉所象徵的德行，——前者爲感性，後者爲理性，兩者同樣達到和諧的統一。荀子這種原創性貢獻，確實深値正視與弘揚！

三、藝術創作的原動力

根據荀子看法，我們可以將其藝術創作的原動力歸納成三項，而這三項，正與前述「美是什麼」的三重點，相互呼應。

第一，以促進人爲教化爲創作動力。

荀子明確認爲，人之所以爲人，有其不同於禽獸之處，不能只成爲「二足而無毛」的動物。

因此，藝術的重要，就在影顯這些可貴之處，完成其人之所以爲人的高貴價值，不容人性只停皆在與禽獸們一樣的感官情欲。

此所以荀子在〈王制篇〉中說：

> 水火有氣而無生，草木有生而無知，禽獸有生而無義，人有氣有生亦見有義，故最為天下貴也。

根據荀子，人，最重要的，在「有義」，能有所爲，有所不爲。也就是說，消極的，能自我節制，積極的，能自我實現。兩者皆需內心「有義」——有清明的義氣。如何才能激勵此種清明的義氣？就有賴於藝術作品充份振奮人心，提昇靈性，促使精神挺拔，足以頂天立地，那才能激發道義心與使命感！

因此，荀子曾經在駁斥墨子「非樂」的論調時，特別以音樂爲例，說明此中音樂創作的必要與方向。

> 夫樂者樂也，人情之所必不免也。故人不能無樂，樂則必發於聲音，形於動靜，而人

之道，聲音動靜，性術之變盡是矣。

根據荀子，人之爲人的大道，均可透過聲音動靜，而充份變化氣質，增進靈性，「感動善心」，這也正是他認爲創作的首要動力。

另外，他也曾進一步強調：

故人不能無樂，樂則不能無形，形而不為道，則不能無亂。先王惡其亂也，故制雅頌之聲以導之，使其聲足以樂而不流，使其文足以辨而不諰，使其曲直、繁省、廉內、節奏，足以感動人之善心，使夫邪汙之氣無由接焉，是先王立樂之方也，而墨子非之奈何！

換句話說，此處所講的「立樂之方」，正是藝術創作的動力，基本上就是爲了去邪汙、振雅頌，能夠感動人之善心，並使低級趣味「無由接焉」。我們由此可以看出以下幾項特色。

其一，就是荀子在此，深具文化使命感，不願見到人心動亂，人心沉淪，所以挺身而出，用音樂教化社會。這種精神可說上承孔子，以及孟子，只不過孟子更直接，鼓勵大家勇於挺身而出，駁斥謬論，以「正人心，息邪說」，而荀子則較迂迴，主張透過藝術教育，變化氣質，促進人心覺醒。若從整體效果來看，可說兩者均不可少。

其二，就是荀子強調，音樂應「足以感動人之善心」，充份預設了人有「善心」的存在，並且先於任何他物。由此可再次證明，他並非先天的「性惡論」者，以爲天性本惡，他頂多只是認爲情有所惡，以情牽動性，所以性才會因接染邪汙之氣而惡。只不過「性」在程序上，本應在「情」之前，荀子在此形成邏輯推論的混淆。但歸根結柢，他並非眞認爲人性原本即爲惡，這是很値得澄清之處。

其三，荀子在此所假托的「先王」，代表深具前瞻性眼光的社會領導者，猶如湯恩比（Toynbee）所說「創造的少數」（Ueative Minouty ）[5]，所以才能以高瞻遠矚，制禮作樂，進而激濁揚清，撥亂反正。這代表荀子仍然承自儒家孔孟所說的「憂患意識」，並且本身精神與智慧均已成爲先知先覺，所以才能先天下之憂而憂，爲防範人心沉淪，而提倡藝術教育。這種胸襟，也深値教育家與藝術家們深入體悟與效法！

第二，以激勵眞誠和諧爲創作動力。

荀子曾經強調：

> 詩，言其志也，歌，詠其聲也，舞，動其容也。三者本於心，然後樂器從之。是故情深而文明，氣盛而化神，和順積中而英華發外，唯樂不可以為偽。

荀子固然強調，性情應該經由修爲而變化氣質，（「性僞合」）但此處他也明白指出，「唯樂不可以爲僞」，強調音樂之道，應發自內心眞誠，不能做作。這兩者看似矛盾，其實剛好可以反證，荀子肯定人心仍然有善的成份，否則如果人心純然爲惡，再經直率的表達出來，豈不成爲以惡傳惡，怎能發揮人文教化的效果？

換句話說，根據荀子，人之所以爲人，正因心中仍有眞摯的善根，所以音樂創作的另一動力，便是激發此一眞摯的性情，促進世道人心溫馨和諧。唯有如此，音樂作品才不會空洞無物，音樂家的心靈也不會陷溺迷失，而能眞正透過「情深」義重的創作動力，發爲氣勢雄偉的作品，其氣韻生動甚至足以因氣盛而化神。

到了這種地步，就能做到「和順積中」，心中充滿燦溢和諧的美感，自能誠於中而形於外，發爲明亮莊嚴的生命氣象，這才能達成端正人心、導向正軌的音樂大用！

所以〈樂記〉中說得好：

> 志微噍殺之音作，而民思憂，
> 嘽諧慢易繁文簡潔之音作，而民康樂，
> 粗厲猛起奮末廣賁之音作，而民剛毅，
> 廉直勁正莊誠之音作，而民肅敬，
> 寬欲肉收順成和動之音作，而民慈愛，
> 流僻邪散狄成滌濫之音作，而民淫亂。

由此可見，荀子認爲，音樂的作用可以多麼偉大，既可以促使民心「思憂」、「康樂」、「剛毅」、「肅殺」、「慈愛」，也可以促使民心「淫亂」乃至亡國，眞正可說「既可載舟，也可覆舟」！

因此，身爲音樂工作者，尤其值得深體本身工作的影響深遠，油然而興時代責任感，以振奮人心、導向奮發爲己任，這正是荀子所認爲極重要的音樂創作動力！

越南在一九七五年亡國前，美國哥倫比亞大學有位著名傳播學者，曾在越南亡國的前一年去訪問，雖然僅爲期一週，他却肯定預言越南必定會亡。別人問他何以故？他回答，因爲越南社會的音樂，已經充滿了「亡國之音」，只聞哀怨悲悽之聲，却毫無奮發振作之氣，如何可能不亡？

這可以說，正是以現代史中血淚的教訓，再次證明荀子的遠見。由此來看，眞正有良心、有血性的音樂工作者，更應念茲在茲，矢志成爲社會人心的工程師，而千萬不能自己小看音樂，只視爲個人消遣工具或隨波逐流的謀生工具，那樣陷於靡靡之音中，已溺而溺人，會導致社會沉淪，將成爲罪莫大焉！

另外中外也有很多正面例證。如抗戰時期不少雄渾的大合唱，便極能振奮民心，提振國魂。像「中國一定強」便是明顯證明，極能促使人心激昂，奮發圖強。另如法國大革命時期的「馬賽進行曲」，同樣足以激發士氣，使懦者立而弱者強。甚至抗戰時期的「義勇兵進行曲」，呼籲民衆冒著敵人的砲火前進，同樣令人熱血沸騰，奮然有志！這首歌本是全民用熱血印證的大時代歌曲，不容中共單方面竊用爲僞「國歌」，所以今後只要將「敵人」二字想成「中共」，呼籲全民冒著中共的砲火前進，照樣可以展現熱血澎湃的民族正義怒吼！

此外，中華民國退出聯合國後，一曲「梅花」強調越冷越開花振作了衆多民心，團結了廣大僑心，更激勵了無數士氣！正如同奧地利被納粹入侵後，一曲「雪球花」（Edlweiss）相當於「梅花」，同樣維繫了奧地利無數愛國志士奮鬥到底！著名電影「眞善美」中以眞人眞事，敍述了這段很感人的精神，足以證明音樂影響人心士氣，實在既深且遠，的確不能輕忽！

此中眞諦，正如樂記所說：「樂之道，與政相通」，樂風足以影響政治社會風氣，進而影響民心國運，這種深刻道理，的確深令大家警惕！

要由此來看，國內近來的音樂風氣習於柔弱，實在深值大力改進！即以天安門事件後流行的「歷史的傷口」一曲爲例，雖然感傷有餘，但振奮顯然不足，我們若不願看到人心陷於低迷中，便必需奮然興起，化感傷爲力量，將心中澎湃熱血化爲奮鬥決心，那才能切實參與歷史，進而扭轉歷史，而不只是感嘆歷史！

如何奮然興起呢？最明快的力量，便來自音樂。

此所以筆者雖然不敏，但當時也曾經立刻撰寫「中國人快怒吼——天安門進行曲」，期能以慷慨激昂的歌聲，切實激勵人心，並提振國魂！如今回想個人當初的創作心境，竟與荀子所說完全不謀而合，更可印證荀子所說以深情重義爲創作動力，確爲音樂靈感重要來源，由此可見，荀子在兩千年前就已經首創這種超越時代的通論，的確非常難能可貴！

第三，以提昇人間靈性爲創作動力。

荀子所說的樂教，並不是僵化呆板的教育，也並不是硬性教條的灌輸，而是要能「歌各有宜」，「直己陳德」，切實發揮每人的潛力，然後才能各盡其才，各暢其能，共同提昇人間靈性，並與整個宇宙生命浹化同流，這便是他追求完美創作另一重要動力！

換句話說，荀子認爲音樂創作，貴能配合本身長處，全力發揮潛能，那才能兩全俱美，進而到達完美，一方面既能充份完成音樂家本身的潛力，二方面也能進而完成音樂本身的時代責任。

所以，荀子曾借子貢問師乙，而專門強調此一重要觀念。子貢當初問題如下：

賜聞聲歌各有宜也。如賜者何歌也？

師乙的回答，便可說是一位大音樂家創作歷程的心得，也可說是一位上乘樂評家極精彩的分析，深値硏究與弘揚。他說：

寬而靜，柔而正者宜歌〈頌〉，
廣大而靜，疏遠而信者，宜歌〈大雅〉，
苦儉而好禮者，宜歌〈小雅〉，
正直而靜，廉而謙者，宜歌〈風〉，
肆直而慈愛者，宜歌〈商〉，
溫良而能斷者，能歌〈齊〉。

夫歌者，直己而陳往也，動己而天地應焉，四時和焉，星晨理焉，萬物育焉。

換句言說，根據荀子，「人如其歌」，怎麼樣德性的人，就適合唱怎麼樣型態的歌曲。因爲歌聲要能感人，必需要能符合心中眞性情，不能有虛僞。一個心中毫無愛國情操的人，硬要唱愛國歌曲，只有兩敗俱傷，自己唱不好，歌曲也被糟蹋。一個心中充滿自私自利的人，要唱充滿愛心的歌曲，也一定是毫無感情，不忍卒聽。

同樣情形，一位堂堂正正的雄偉君子，要他唱不堪入耳的誨淫之音，必定自感尷尬，兩不相宜，一位充滿高尚志節的人，要他去唱消沉頹廢的靡靡之音，必定深感厭惡，無法忍受。即使就技術面而言，一位音域寬廣的人，叫他去唱尖細小調，必定兩不相宜，一位音質高亢的人，叫她去唱低柔歌曲，同樣兩敗俱傷。

所以說，荀子所謂「歌各有所宜」，確有其道理。這也再度證明，荀子認爲人性本也有光明面，所以他才強調，歌者，「直己而陳德」，經過充份而適宜的發揮後，甚至足以感動天地，暉麗萬有，乃至促使「四時和焉，星辰理焉，萬物育焉！」

由此可見，根據荀子，音樂所開展的功能，竟能使四時爲之和諧，星辰爲之條理，萬物爲之化育。荀子在此，運用象徵語法，而指出了音樂的最高大用，就在追求這種「至善至美」，也就是其影響足以使人心頂天立地，參贊化育，共同以充滿生命勁氣的精神靈性，浩然與天地星辰同流，並燦然與宇宙大化俱進，那才能共同創造更光明的未來！

因此，我們更可看出荀子在此與中庸「贊天地之化育而與天地參」互通輝映之處。另外，他又能透過樂論大用，展現上下與天地同其流的生命盎然機趣，這項尤其深具原創性，非常符合其一貫追求至善至美的完美主義。這些精神啓示，到今天都深具莫大的時代意義，非常值得重視，並且切實效法力行！

要之，荀子對美的第三項定義，強調「不全不粹不足以爲美」，必需要能充份實現內在潛能，才能算完美。因而，在美感經驗的形成中，他同樣以此爲重點，強調必需到達盡善盡美的境界，才算眞正的「美」感經驗。

如今，在本段中，對於藝術創作的動力，荀子同樣以「完美」做爲重要的自我要求，因此才會強調，音樂工作者必需先有自知之明，認清本身特長，然後再全力發揮潛能，這才能到達最完美的境界。這不但與希臘哲學強調「認識自己」的智慧，相互輝映，不謀而合，而且充份證明，荀子對美學重要問題的見解，的確前後一貫，先後呼應，在先秦諸子中，本身更能蔚然自成體系，殊屬難得。

四、審美的標準

荀子對審美的標準，同樣情形，可以歸納出以下三項，並且均與前述三項各自旁通統貫。

第一，荀子認爲，能否結合「情」與「文」，乃是藝術批評的第一項標準，這明顯來自其「性僞合」的審美觀。

荀子在〈論禮篇〉中強調，凡是合乎禮的行爲，才是好的教養，因此，能夠陶冶這種教養的作品，才是好作品。此其所謂，「禮者，善也」，這不只是講倫理學上的「善」，同時也指美學上的「善」。

根據荀子，情與文均能兼備，才能算眞正美：

凡禮始乎梲，成乎文，終乎悅校。故至備，情文俱盡，其次，情文代勝，其下，復情以歸大一也。

換句話說，「禮」本來源於大家內心的要求，原來只是粗備規模，應該如何才能完成呢？答案是「成乎文」，代表必須以藝文薰陶，變化氣質，然後才能完成，也才能促使大家達到心中的喜悅與和樂。

根據荀子，最爲理想的境界，便是「情文俱盡」，也就是將情感融入在藝文中，相與俱化，臻於完美。其次，便是偏向一邊，或情勝於文，或文勝於情，均未平衡，這便如同孔子所說，未能「文質彬彬」。

所以，如何才能「情文俱盡」？最重要的，就是透過藝文，將情昇華美化，這種昇華與美化，能否感人，能否成功，便成爲荀子所說審美的重要標準。

因而，根據荀子看法，很明顯，他並不贊成以天生相貌取人，而是強調以修養後的氣質取人。換句話說，他絕不贊成只看外在美，而非常強調內在美。

因爲，一切外在美，對多數人本身來說，只是天賦的容貌，並非本人後天內在的修養，所以荀子認爲不能算眞美，如果有人只從外表去評量，那只淪爲本能的感受，這種審美太流於浮面，便不足爲訓。

此所以荀子曾經特別強調〈非相篇〉，強烈反對只從外表相貌取人。他認爲，「古者桀紂長巨姣美」，古代暴君，如桀紂的相貌都很好，不但高大英挺，而且面相姣好，然而他們所作所爲却極爲殘暴，徒具帝王外表長相，但內在本性却明顯是暴君，怎能只以其容貌做爲審美標準？

其實，不用說古代暴君，近代暴君也是如此。例如希特勒，純就長相而言，還算挺拔，因而還有不少的名媛女士崇拜，然而，試看其納粹暴虐手段，簡直令人髮直！再看史達林，同樣也算相貌堂堂，自成一格—甚至表面上，比邱吉爾歪嘴容貌，或羅斯福眼眶發黑形象，更爲好看上鏡頭，然而，試看其前所罕見的殘暴，怎能只從表面容貌看得出來？

再比如毛澤東，甚至鄧小平，雖沾不上英俊，表面也還人模人樣，尤其當他們與外賓談笑風生，親切堆出笑容時，誰能看出是殺人魔王？

不但男性如此，女性亦然。歷史上生性殘暴或傾國傾城的女性，不少也都有其姣好身段或明艷容顏，後人固然不能只從男性沙文主義，稱她們是禍水，但如果僅從容貌來看，忽略內在美與氣質德性，則顯然必定會有偏失。此所以荀子特別強調，一定要能以內在美爲重要的審美標準。

事實上，這項重點，以本能的「情」（或感官欲望），結合「禮」（高尚教化），基本上也承自孔子。孔子認爲，如果只用外貌取人，卽失之子罕，所以應注重內在德性。他更痛恨「巧言令色」，認爲表面一套，背後一套，必定鮮矣仁。另外孟子強調「觀其眸子」，而不是觀其容貌，也同樣是從內在靈魂判斷一個人，而絕不只從表面感官去看，到荀子更進一步發揮，便成爲其第一項重要的審美標準！

第二，根據荀子，另一項審美標準，便在能否動人心，移風俗。

因爲，荀子認爲，音樂的力量，足以瀰漫天地，振奮人心，很能宣暢內心高尙清明的志節，更能啓動廣大民心的熱血沸騰，產生勁氣充周，浩然與大化同流的生命氣概！

此所以他曾明白指示，音樂脈動與天地之間的感應關係：

> 君子以鐘鼓道志，以琴瑟樂心，動以干戚，飾以羽旄，從以磬管，故其清明象天，其廣大象地，其俯仰周旋有似於四時。

正因音樂振奮人心的功能，足以廣配天地，進而驚天動地，並浩然同流，如同四時的流暢不息，所以荀子很明確的以此爲審美標準—評量鐘鼓能否「道志」，琴瑟能否「樂心」，藝術效果能否促使靈性清明，心志廣大！

因此在〈樂記〉中，便曾更進一步此而深入闡述，形成中國音樂美學中，最早討論音樂與宇宙論的關係：

> 天高地下，萬物散殊……流而不息。合同而化，而樂興焉。

這正猶如孔門對易經乾坤等卦的抬理說明，因爲「天行健」，君子心有所感，所以強調「自強不息」，因爲「地勢坤」，君子精神相應，所以強調「厚德載物」。這種傳統也影響荀子與樂記，只是荀子係專門針對音樂而發，因其觀乎天地之間，萬物散殊，却又充盈生機，浹而俱化，所以心響往之，心贊嘆之，因而「樂興」焉。

這一種理論，不但可說是中國很早的「音樂發生論」，同時也是上乘的音樂評論標準——荀子以音樂是否足以展現宇宙充塞暢流的生機，做爲其重要美學標準，其氣魄之恢宏，卽使在西方世界，也不多見。

我們若以西方公認的音樂偉大作品來看，則如貝多芬的各種交響樂，才算能合乎荀子在此所說的審美標準；不論田園交響曲的悠然生機，或英雄交響曲的燦然生意，或命運交響曲的奮然興起，都有一股盎然眞力貫穿全曲，或高昂，或低徊，或雄偉，或婉約，但均能以宣暢宇宙人生的大生機爲主調，最能印證荀子在此的音樂美學理論。

尤其貝多芬到了最後〈快樂頌〉，用一切樂器均難以表達心中對天地宇宙大美的欣悅，乃以最渾厚雄偉的混聲大合唱，代表心中對宇宙眞理與至善的敬意與歌頌，此中旋律所燦溢的深厚趣機，直能令人奮然而興，總持靈性，一同投注在宇宙大生機中，慨然俱化，以分享酣暢飽滿的生命甘酣。根據荀子，這種音樂要能普及人心，才最能正人心、轉風俗，振衰起敝，志行高潔，這才是最好的音樂，這種標準，才是眞正的審美標準！

值得注意的是，貝多芬在最後寫作〈快樂頌〉時，身體健康已經很壞，甚至雙耳已經失聰，但仍能完成如此充滿生機、意志昂揚的偉大樂曲，充份證明他並不只是用感官在寫曲，而是用心靈在寫，甚至用靈魂在寫！另外，如捷克民族音樂家史名塔那完成著名的「我的祖國」（My fatherland）時，也是五十歲失聰以後的作品。充份可見，眞正偉大的音樂作品，乃以全幅心靈生命所貫注，並不拘限於耳力感官，因而才能以內在心靈世界直通外在大化生命，進而融合爲一，整個天地光明因此也能再回照心靈，成爲創作的最大動力來源。

我們要能體認此中神奇至理，才能把握最高審美標準。此所以《樂記》中又曾強調：

> ……是故大人舉禮樂，則天地將為昭焉。天地訢合，陰陽相得，煦嫗覆育萬物，然後草木茂，逼萌達，羽翼奮，角觡生，蟄蟲昭蘇，羽者嫗伏，毛者孕鬻，胎生者不殰，而卵生者不殈，則樂之道歸焉耳！

換句話說，根據荀子音樂美學，眞正最高的樂評標準，「樂之道歸焉耳」，就在能使整個天地爲之大放光明，這種音樂不但足以光照萬有，濟潤焦枯，而且足以促使萬物生機煥然振興，躍然奮起，整個天地之間更因而充滿生命之光；其生香活意足以促使一切草木植物爲之茂盛成長，一切鳥獸動物爲之振翼蘇醒，更使一切胎生者、卵生者，乃至一切萬類均能共同響往這種生機燦溢的音樂，而共同譜出絢麗雄偉的生命大合唱！

根據荀子，這才是眞正美的音樂！以這種標準衡量，也才是眞正高明的樂評標準！西方樂評家通常多以技巧能否純熟或傳神為主，除了少數如「浮士德」的歌劇內容外，還很少看到如此氣魄雄偉的音樂美學，在中國則自荀子始，深值我們重視與發揚！

第三，荀子認為，眞正最高的美，應為完美，所以能否完美，便成為其心目中最高的審美標準。

那麼，何謂完美呢？又可從兩方面來看。

一是從技巧來看，一是從境界來說。

從技巧來說，就是荀子所認為的「規矩」。道家認為大巧若拙，貴乎樸素。但在荀子，則認為音樂與禮節一樣，自有一套客觀的典範規矩，不能投機，不能討巧，能否週全、細緻，而且精純的合乎這套規矩，便是從技巧而言，審美的最高標準。

此即荀子所謂：

> 繩墨誠陳矣，則不可以欺以曲直，衡誠縣矣，則不可以欺以輕重，規矩誠設矣，則不可欺以方圓。君子審於禮，則不可欺以詐偽。故繩者直之至，衡者平之至，規矩者方圓之至，禮者人道之極也。
>
> 然而不法禮，不足禮，謂之無方之民，法禮足禮謂之有方之士。

換句話說，如果不把握禮，或禮還不足，都稱為「無方」之民，只有把握禮，而且符合非常週全的禮，才算到達完美的「人道之極」。

禮是如此，樂也是如此。所以根據荀子，樂本身有一定的樂理與規矩，首先必需符合這些嚴謹的樂理，歷經嚴格的訓練，既不作僞，也不取巧，才能充份達到這種客觀的完備標準，也才能達到既週「全」且純「粹」的完善，這才是眞正的美！

由此荀子主張來看，不但音樂訓練應如此，書畫訓練，詩詞訓練，乃至爲學訓練均應如此。如果急功好利，不求沉潛踏實，只圖一步登天，那不但達不到完善，而且這種急躁取巧，適足以破壞完美。這也正是荀子在「勸學篇」中的深意，對今日社會功利風氣，實有莫大啓發！

根據荀子，如果能在技巧訓練達到完美後，便應提昇到境界的完美飽滿。用荀子話說，就是能善體天地之化，足以與天地同其流的境界，此中有眞情，才是最完美。

此所以，《樂記》中曾強調：

> 陰陽相摩，天地相盪，鼓之以雷霆，奮之以風雨，動之以四時。煖之以日月，而百化興焉。如此，則樂者天地之和也。

在荀子心目中，甚至整個天地宇宙的蓬勃運轉，都是一幅交泰和會、無比煥發的生命交響曲。在這宇宙生命的大交響樂中，天地相盪，猶如陰陽相摩，也如管弦樂聲的高低揉和，雷霆猶如打擊音樂的隆隆鼓聲，風雨如同男女高音，四時猶如交互旋律，日月猶如曲中熱力，如此協然互動，盎然並進，此中音樂所宣暢的雄奇生命，便足以鼓舞一切萬物奮然有興，更足以促使一切百化燦然含生。這才能展現音樂的大用，也才是音樂最高最美的境界！

所以，根據這種看法，荀子的樂評根據，就絕對不會只聽演奏者的技巧，也絕對不會只看音樂家的手法，而是要直透其中的精神氣魄，聽其是否足以展現萬物含生的境界，更是否足以振奮參贊大化的生命情！

我們若以眞實例證來說，則對韓德爾所作的「水上音樂」交響曲，就不能只從其中的技巧評論，而應評論演奏者能否善體其中的精神境界。試想在海天一色的渡船上，眼看四面八方共同放出光輝燦爛的烟火，舖陳得滿天絢麗，充滿光彩，加上此起彼落的歡樂笑聲，縱橫洋溢，直上雲霄，這是何等猗歟盛哉的生命歡唱景象，又是如何酣暢飽滿的神思勃發意境！唯有充份吮吸天地充周之生氣，善體人心燦溢之喜氣，合併天地人爲一體，浹而俱化，才能生動展現這種心中歡暢，並且又能奮然與外在萬物合一。能夠深悟此等上下與天地同流共歡的生命精神，才是眞正的音樂至美境界！

事實上，荀子在此境界，明顯係承自儒家傳統，而又以樂論發揚光大，成爲中國藝術史上獨樹一幟的創舉。我們若看後代明末王夫之論詩中，也可看出相通境界：

> 君子之心，有與天地同情者，有與禽魚鳥木同情者，有與女子小人同情者，有與道同情者…悉得其情，而皆有以裁用之，大以體天地之化，微以備禽魚鳥木之幾。❻

我們在此可說，荀子認爲眞正完美的音樂，不但技巧應該精微，足以備禽魚鳥木之幾，纖徵無憾，另外在境界上，更應氣魄宏大，足以深體天地宇宙之化，並以其音樂之心，與天地之心冥同俱進，這種氣象與至美，不但在中國罕見，在西洋同樣罕見，深值我們體認，並加以發揚光大！

五、藝術的社會功能

荀子可說是中國思想家中，非常重視藝術教育的一位，他對藝術的社會功能，尤其講得非常透徹。我們仍可歸納出以下三點，並與其前述美的三項定義相互呼應，並且由此再次可以看出其美學思想的一貫性與整體性。

第一，荀子認爲，音樂足以對個人陶冶靈性，提昇教化；擴而充之，藝術教育亦然。現在鋼琴廣告常有一則名言，「學鋼琴的孩子不會變壞」。這話簡單明瞭，同樣很能表達荀子對音樂教化作用的看法。

基本上，荀子上承孔子的教育觀點，以「制禮作樂」做爲人文教化的重要方法，他尤其在樂論方面發揮得更爲精細深刻。

荀子並認爲，「禮」與「樂」應該分工而合作。這兩者的共同目標，都是爲了陶冶人性，提昇靈性，所不同的，則是「禮」在強調「守分寸」，樂則在強調「明大體」。

此所以荀子在〈樂論〉中，曾經強調：

樂合同，禮別異。

換句話說，荀子認爲「禮」係用來讓人心有所節制，以守分寸，知進退，進而讓「貴賤有等，長幼有差，貧富輕重皆有稱。」然而，此地所講的「別異」、「有等」、「有差」，並不是馬克思主義者所講的階級差別或統治手段，中共動輒以此將中國思想史背景大加扭曲，並用歷史唯物論任意曲解，其實均爲大謬。

我們何以能判斷荀子所說的「別異」並非階級意識呢？這就特別要從「樂」上對照印證。因爲，荀子明明指出，「樂合同」，代表樂的作用，在提昇靈性，促使人心可以從大處着眼，從整體考量，然後才可以促進整體和諧，同心合作。

此所以荀子強調，「同則相親，異則相敬」，不論相同或相異，都能和諧並進，充份可見其眞義乃在促使人心自我節制，以溫和理性的方式善與人同，從而雍容互助，這才能以明大義、識大體的精神和睦相處，並且共同合作，共同進步！

這對當今一些暴戾之氣高漲，以及自我中心膨漲的流弊，實在深具重大的啓發意義。

另外，荀子在此最重大的啓發，便是提醒我們，要能透過通識教育，變化氣質，促進和諧。

牟宗三先生曾用兩句話總結通識教育的精神，在於「守分寸，識大體」，可說正是上承儒家精神，很中肯的現代闡釋。就荀子來說，正是以「禮」促進「守分寸」，以樂促進「識大體」。

以「禮」促進守分寸，一般人還容易理解，何以說以「樂」竟能促進識大體呢？此中關鍵，就在「和諧」二字。荀子認為從「音樂」訓練與樂教中，可以促進心性和諧，能將浮躁粗暴的個性轉化成為溫文儒雅，寧靜致遠，並將內心空洞的靈性提昇為眞力瀰滿，高尙眞志。所以根據荀子看法，音樂最能感動人心，而且是很快速的感動人心。一個人雖然心情很紊亂，只要導以動人優美的音樂，很快便可心情平和。反之亦然，原本很安寧的情緒，一旦聽到噪音或吵雜音樂，不需多久卽會心煩氣躁，由此可見音樂影響之快速與重大。此荀子在〈樂論〉中特別說：

耳目聰明，血氣和平，移風易俗，天下皆寧，美善相樂。

所以荀子特別的「中和」為音樂審美的核心，一再強調和諧。正因好的音樂必注重和諧，所以能促使心性平和，情緒安寧。若能善體和諧的大用，自然凡事均能從大體着眼，表現其「善」，其根本關鍵乃從和諧之「美」而來，此卽荀子認定的第一項社會功能！

第二項音樂的社會功能，荀子認為，則在對社會正人心，改風俗。

音樂不但對個人很有感動性，對群衆尤其深具感染性。荀子可說深諳此中眞諦，在中國思想中，他是少數旣能瞭解群衆心理、也能瞭解音樂功能的一位。

尤其，荀子明確將「禮」視為對人心的外在影響，而將「樂」視為對靈性的內在影響，可說更深一層闡述了孔子的美學教化思想。

此所以〈樂記〉中曾經明白強調：

樂也者，動於內者也，禮也者，動於外者也。

樂由中出，禮自外作。樂由中出故靜，禮自外出故文。

此地所說，不論「外作」或「中出」，均代表對群衆的教化與感染，不但對移風易俗影響很大，對今天社會風氣改良之道，尤其深具啓發意義。

蔣百里先生在《國防論》中曾經強調，軍心士氣提振之道，一爲從外打內，一爲從內而外。前者猶如樂記所說的「外作」，代表由軍紀整齊、制服統一等所產生的功能，後者則猶如樂記所說「中出」，代表由內心的榮譽感、責任心，愛國精神、團隊精神等產生的功能。在荀子來說，音樂主要在感動內在人心，是從內出，也是最能快速振奮軍心與士氣的利器。

西洋有句名言，在此很有參考作用：若由一頭獅子領導，可以促使一百條綿羊振奮。反之，若由一條綿羊領導，則可能使一百頭獅子軟弱。音樂的功能，正如同這領導者，不論作獅子或綿羊，不論對正面或負面，均有極大的影響作用。如果是振奮性的音樂，便足以令沉睡中的民心大爲振奮，並且切實充實精神動力，提高民心士氣。反之，如果是萎靡性的音樂成風，則也足以使民心逐漸消沉，在鬆懈中日趨腐化而猶不自知！

我們若再以音樂實例爲證，則更清楚；當中美斷交之後，人心低沉，但一曲「國家」，強調「沒有國，那有家」，以激昂的高歌，團結了無數民心，影響絕不亞於十萬大軍——因爲大軍未到眞正作戰，平常還用不上，但民心士氣受到衝擊，亟待提振，則甚爲明顯，所以客觀而論，「國家」一曲發揮了重要的時代功能，確爲極大明證。另外，「中華民國頌」以悠揚的歌聲，唱出「只要黃河長江的水不斷，中華民國千秋萬世，直到永遠」，同樣激勵了各界民心在堅忍中奮發圖強，愈挫愈勇！這種音樂所產生的精神動力與生命熱力，同時也是開創「台灣經驗」、突破困境，締造經濟奇蹟的成功因素之一，不能輕視忽略。

如果再往前追溯，一八三〇年波蘭抗俄失敗後，蕭邦避居法國，因深感亡國之痛，發爲感人音樂，作「波蘭革命舞曲」，巡迴演奏於歐洲各地，同樣也不知安撫了多少遊子心境，振作了多少迷惘人心，不但成爲歷史佳話，同樣也成爲音樂足以振作國魂的極佳明證！

此所以樂記中，曾經明白強調，「樂之道，與政相通。」而且互爲因果。振奮性的音樂，足以開創中興氣象，萎靡性的音樂，則足以導致亡國。更進一步說，我們觀察一個社會流行那一種音樂，便足以瞭解該社會的前途。因此，我們若要改善一個社會的風氣，也應該先從音樂的功能下手！

因此荀子也曾強調，「君子反情以和其志，廣樂以成其敎」，音樂的廣大功能，在此確實深値重視。此亦其所謂：「樂者天地之和也，禮者天地之序也。和，故萬物皆化，序，故群物皆別。」

尤其今天，我們社會若要能「富而有禮」，不要成爲「富而無敎」，則音樂的功能，既中肯又快速，凡仁人志士，還能不趕緊充份加強推動嗎⁉

第三項藝術的社會功能，則更是透過「治心」，而到天下大治。

〈樂記〉中曾經明白提到：

> 君子曰：禮樂不可斯須去身。致樂以治心，則易直子諒之心油然而生矣。易直子諒之心生則樂，樂則安，安則久，久則天，天則神。

換句話說，根據荀子，天下若要長治久安，歸根結柢，還在人心能安。而人心要能安，主要在能透過樂（或藝術）提高靈性，充實內心，這不但是安個人的正道，更是安天下之大道，意義非常深遠。我們由此也可看出，荀子對樂教功能的發揮，幾乎已到了無遠弗屆的地步。

那麼，荀子在此，是否有誇張之嫌呢？我們若能瞭解他對禮樂重視的苦心，便知並無誇大之處。

此所以樂記中，曾經特別強調：

> 樂至則無怨，禮至則不爭。揖讓而治天下者，禮樂之謂也。

換句話說，荀子心目中，永遠以「天下大治」爲最高目標，此亦承自孔子之處，盼能以仁心厚意教化天下，只不過他更進一步並不只說「仁治」，而是更具體的強調「禮治」，尤其落實在大衆人心，再進一步的強調「樂治」。這些歸根結柢，殊途同歸，都在想促進天下大治。

更況，荀子所謂的「天下大治」，正如同孔子所說的「天下爲公」，此時天下不再有任何鬥爭，而是切實能做到無私無我，「揖讓而治天下」。具體而言，如何做到呢？主要就是透過禮樂。所以我們可說，荀子認爲，藝術的最高功能，其完滿的境界，即在可以促使全天下大治。

這正猶如儒家傳統，不只以獨善其身爲足，更要能己立立人，兼善天下。

荀子在此卽主張，音樂功能不只以提昇個人靈性爲主，更要能易風移俗，進而大治天下。

此亦荀子在〈樂論〉中所說：

> 樂中平則民和而不流，樂肅莊則民齊而不亂，民和齊則兵勁强固，敵國不敢嬰也。如是，則百姓莫不安其處，樂其鄉，以至是為上矣。然後名聲於是白，光輝於是大，四海之民莫不願得以為師，是王者之始也。

換句話說，荀子心目中「王者之始」，乃是百姓足以安身立命，安居樂業。如何才能做到呢？最根本的就在使民心和諧而不浮動，如果民心能喜好端莊肅穆的音樂，則代表民衆齊心而不亂，如果民衆能夠齊心不亂，則代表民心極能堅固團結，那就代表「兵勁強固」，任何敵人都不敢造次侵略。

荀子講王道，與孔孟略有不同之處，那就是加入了更多富國強兵的色彩，這一點後來到韓非不幸成爲等而下之的注重權勢，不再具有人文理想。然而就荀子本身來說，縱然其中含有功利色彩，但仍屬「謀利當謀天下利」的高尚層次，與後來法家不能同日而語。

另外若就現實政治而言，荀子雖然很瞭解人性弱點，但並未利用人性弱點，而且仍以提昇人性爲理想。但是，後來法家抹煞原本的人文理想與眞誠，而專門只從利害着想，因而「禮」只成爲表面形式，「樂」也只成例行公事，那不但未能感動人心，連個人都無法教化，顯然無從大治天下。韓非可說首先步入此一岐途，結果再影響李斯，形成天下大害，恐遠非荀子始料所能及。

由此可知，荀子所論藝術的社會功能，胸襟拔宏遠大，殊爲難得，但落實之道仍然必需緊緊把握文化理想，透過個人具體教化推行，否則樂教也會成爲空談。

六、比較研究

㈠荀子與墨子：

墨子有「非樂篇」，明白反對音樂，廣義的說，就是明白反對藝術，而荀子針對墨子，又有深入批評，兩位針鋒相對，是很值得比較研究的題目，因此本段特以「正反俱呈」的方式，逐一分析相關論點。

第一，墨子認爲音樂不能實用，所以反對。此其所謂：

今王公大人……將必厚措斂乎萬民，以為大鐘、鳴鼓、琴瑟、竽笙之聲。古者聖王，亦常厚措斂乎萬民，以為舟車，既以成矣，曰吾將惡許用之，曰，舟用之水，車用之陸，君子息出足焉，小人休其肩背焉。故萬民出財，齎而予之，不敢以為慼恨也。何也？以其反中民之利也。然則樂器反中民之利亦甚此，則我弗效非也。（非樂）

換句話說，墨子認爲聖王對民衆抽稅，如果是拿來發展舟車之用，都很實用，因爲舟可以通水路，車可以通陸路，都可以便利交通，所以民衆無從怨恨。因此他認爲，如果音樂也能有這種實用價值，他也不致於反對。

墨子在此長處，是很能爲民衆着想，並盼能解除民衆勞苦，問題是，他只從狹小的視野，看到當下的實用，因而忽略了精神生活的重要。事實上精神生活若能充實，更能促進生產，提昇國力；反之，如果精神生活與物質生活不能平衡進步，人文與科技不能平衡發展，變成功利主義掛帥，反而會有諸多副作用，造成人心勢利，精神空洞，那反而會腐蝕原先的生產成果。而且，他明顯忽略了，藝文本身也自有其獨立價值爲人類文明中同樣重要的一環。所以荀子針對此點批評他，「蔽於用而不知文」，確爲一針見血之論。

第二，墨子又認爲音樂太浪費人力，所以反對。此其所謂：

使丈夫為之，廢丈夫耕稼樹藝之時，使婦人為之，廢婦人紡積織紝之事。今王公大人，唯毋為樂，虧奪民衣食之財，以樹擊樂如此多也。

換句話說，墨子認爲，男人如果愛好音樂，便會荒廢農莊之事，女人如果愛好音樂，也會荒廢紡織之事。其長處在注重勤奮美德，立意可嘉，問題在忽略了人並非勞動機器，總要有休閒活動，而且休閒爲了走更遠的路，並非全無意義。尤其墨子只看到當時農業社會的習性，未能有遠見預知，欣賞音樂不必一定放下稼莊或離開紡織機，像近代收音機甚至「隨身聽」的發明，都能促使農人、工人、女工，均可一面工作，一面聽音樂，不但並不浪費人力，反而可以調劑枯燥工作，更能增加效率，並且尊重人性。由此可見，墨子在此毛病是「蔽於近而不知遠」。

第三，墨子也認爲音樂工作者不事生產，所以反對。此其所謂：

> 女子廢其紡織而修文采，故民寒，男子離其耕耘而修離縷故民飢。

另外根據墨子看法，音樂演藝人員本身需仰賴他人供養，所以他並不贊同：

> 食飲不美而目顏色不足視也，衣服不美，身體從容丑羸不足觀也。是以食必梁肉，衣必文繡。此常不從事衣食之財，而常食乎人者也。

換句話說，墨子認爲從事演藝的人員，爲了形象色藝要好，所以必定要豐衣美食，以維持營養豐富，體態豐盈，但又本身不種田，不織布，不事生產，因而只能靠人吃飯，不能自力更生，所以他極力反對。

墨子在此強調每人本身應親自勞動生產，固然也有意義，但他却忽略了藝術表演本身嘔心瀝血，也是一種勞動；勤於練習，既是勞力，也是勞心。更何況社會百工相互支援，分工合作，不能簡化成誰靠誰吃飯，猶如當今「服務業」看似並未直接生產，但其比重在進步社會中却愈來愈重要。尤其墨子的論點，基本上只是指生活還不能溫飽的情形而言，再一次證明只適用於偏狹的特殊情形，不能普遍適用於各時代與各社會。簡單的說，其苦行精神固可佩，却未能統觀整體，其毛病在此可說是「蔽於苦行，未見整體」。

第四，墨子又認為，音樂工作浪費時間，所以反對。此其所謂：「與君子聽之，廢君子聽治，與賤人聽之，廢賤人之從事，是故子墨子曰：為樂非也！」問題是，人非冷血動物，不能天天緊張於「聽治」或一直機械工作，音樂可以讓人重新充電，並且明顯能充實精神，這些時間看似浪費，其實是必要的調劑，即使就實用而言，也有大用。荀子以禮樂教化，正人心，返人道，便可說深知此種大用。反觀墨子在此毛病，則可說是「蔽於小用，未知大用」。

第五，墨子在此又認為，背詩練音樂太花時間，就誤正事。此其所謂：「誦詩三百，弦詩三百，歌詩三百，舞詩三百，若用子之言，則君子何日以聽治，庶人何日以從事？」在墨子看來，最好整天工作，不要浪費時間於藝文活動。殊不知，這種職業疲乏下的「聽治」與「從事」，只有任令品質低劣，雖在工作也無效率。更何況，在正常情形下，若能工作時工作、休閒時休閒，則兩者不但不衝突，反而能相得益彰。尤其墨子在此忽略了，工作只是方法，並非目的，猶如西洋名言所說，人活著並非只為了吃飯，另外更應有高尚的精神志業，因而人文理想與精神目的絕不能偏廢，荀子在此的毛病，則可說是「蔽於方法，不知目的」。

我們看古希臘文明所以發達，原因之一就在重視休閒的活動，例如今天國際體育的活動，主要還緣於當初希臘人在奧林匹克山麓休閒時，進行體育競賽，因而成爲今日國際奧運的起源。由此可見，很多文化體育的成果，均因正當運用休閒而來，反而很能提高人文生活。如果按照墨子講法，必定認爲一切體育活動，既不從事生產，又浪費時間，還消耗體力，最好也取消，那才眞正成了一個乾枯的機械人世界！

總之，墨子的苦行精神雖然可佩，兼愛主張尤其高貴，然而均非一般民衆所能做到，反觀儒家却能由近而遠，循序漸進，尤其孔孟荀一致肯定的中庸更能合乎人性，因此，雖然儒墨在先秦並稱「顯學」，但歷經時代考驗後，儒家成爲主流，墨子終成遺跡，此中關鍵，從兩者對藝術活動的態度中，也可看出重要原因！

(二)荀子與孔子之比較：

荀子在〈非十二子〉中，對先秦思想家諸多批評，對子張、子夏、子游等孔門弟子甚至批評爲「賤儒」，連孟子也在其〈非十二子〉之中被批評，然而，他却獨推孔子，並明白表示，仁人均應效法孔子子弓之義，此其所謂：

> 今夫仁人也，將何務哉？上則法舜禹之制，下則法仲尼子弓之義。

在〈儒效篇〉中，荀子更區分出俗人、俗儒、雅儒、大儒等層次，並明白指出如孔子才是大儒，充份可見其對孔子推崇之高。

事實上荀子很多地方都承自孔子，尤其很能發揚孔子「富而後教」的精神，這是兩者相同之處，然後他特別強調「樂教」，有別於孔子的詩教，則爲其進一步重大的原創性發展。

孔子本身並不主張以貧窮爲價値標準，所以仍然主張對民生首先應該「富之」，有人誤以爲孔子讚美顏回「一簞食，一瓢飲，人也不堪其憂，回也不改其樂」，是讚美貧窮，其實完全錯誤，孔子只是讚美他在貧窮中的德性，並沒有動搖志節，然而並非鼓勵其貧窮。因此孔子才說如果「不義而富且貴」，對他如浮雲，但只要取之有道，孔子並未反對。

那麼，既富之後，又該如何？孔子回答的很淸楚：「富而後敎」，這種人文敎養，在孔子開其端，歷經孟子發揚，到荀子仍爲主要傳統。

荀子所不同的是，他專門針對「樂敎」深入發揮，成爲中國第一位音樂美學及音樂社會學的始祖，對後代留下不可磨滅的影響，深値重視與弘揚。

尤其，當今社會最大毛病，即在「富而無禮」，「富而無敎」，一般敎育看似發達，主要却只是升學主義發達，知識灌輸發達而已，若論人文敎養與藝術敎育，顯然問題重重，極爲空洞，以致生活上缺乏敎養，社會上缺乏禮義，成爲「精神貧困的富裕社會」。

影響所及，功利之風盛行，投機之心肆虐，尤其股票運動竟成爲「全民運動」，反而對大陸民主運動的聲援却甚爲冷淸，的確令人痛心。加上治安惡化、賭風猖獗，安份耕耘之風動搖，堅忍勤奮之德蕩然，今後實在很需要我們弘揚荀子的慧見，以儘早加強禮樂之敎，擴而充之，也就是透過藝術敎育與法治敎育來對治時病，那才能眞正切中時代問題，足以產生振衰起敝的大用！

(三) 荀子與孟子的比較：

荀子在〈非十二子〉中，將孟子列爲最後批評的一位，可見在其心目中，孟子係僅次於孔子的地位。

那麼，荀子批評孟子什麼呢？他說：「略法先王而不知其統，猶然而材劇志大，聞見雜博。案往舊造說，謂之五行，甚僻違而無類，幽隱而無說，閉約而無解。案飾其辭，而祗敬之曰：此眞先君子之言也。子思唱之，孟軻和之……是則子思孟軻之罪也。」

換句話說，荀子對孟子的不滿，是認爲孟子自以爲「代聖人之言」，但却未能抓住重點，「不知其統」，以致「材刷志大」，「聞見雜博」。

然而，到底什麼才是荀子心目中的正統，而孟子未及發揮聖，以致「僻違而無類，幽隱而無說，閉約而無解」呢？簡單的說，就是通過禮樂而弘揚先王之道。此其所謂「儒者法先王，隆禮義」（儒效篇），「禮樂之統，管乎人心矣。」（樂論篇）

根據荀子，這些才能具體明顯的發揮先王之道，此其所謂「……故先王導之以禮樂，而民和睦」（樂論篇），因此他本身才一再強調應倡導禮治與樂教。

其實持平而論，孟子並非完全未曾論及，只不過孟子所述王天下之道，係建立在人格教化上，其美學則注重人格之美。荀子以比較務實的眼光批評，雖然言之成理，不過略嫌過份。另外，荀子與孟子在人性論上，有極大不同，然而，兩者均強調教育的重要，却是一致的。

根據孟子，人性本有朝善的傾向，人心尤其本有善根，只因向外渙散鬆弛，未能善存善養，旦旦而伐之，才如同「童山濯濯」，因此孟子主張，「求其放心」。如何求呢？就要善養浩然之氣，也就是透過人格教育，恢復其本有善根，然後才能「萬物皆備於我」，並與大化浩然同流，形成「所過者化，所存者神，上下與天地同其流」的聖人氣象。

然而根據荀子，人性中都有向惡的情欲，好逸惡勞，好色貪利，均爲人情之常，因此不能任其放縱無度，而要能有所節制，有所提昇，這就要靠禮樂的教化工夫；唯有禮從外制，樂由內鑠，共同並進，雙管齊下，才能促使人性去除低俗，激發光輝，形成導正人心、轉移風俗的重大效果。

所以，孟子認爲人心雖然有善根，但若未能善養此淸明之氣，便有壞人壞事，因此必需靠人格教育恢復其善心。荀子則認爲人心雖有惡念，但若能加強人爲修養，也會有好人好事，因此呼籲注重人文教育，以提昇靈性，變化氣質。

綜合而言，兩者殊途而同歸，均強調「教育」的重要，這一傳統也都均承自孔子精神，不同的是，孟子強調品格教育，而荀子強調的是藝術教育。

然而，這兩者今天對我們社會均極爲重要。荀子在〈儒效篇〉中，曾經指出「俗人」的特性爲「不學問，無正義，以富利爲隆，是俗人者也。」以此來看，則當今俗人比比皆是，不注重學問，缺乏讀書風氣，又沒有正義精神，而完全以投機暴利爲能事，而對這種暴發戶心態，應如何從根本加以超昇呢？從荀子來看，主要便靠藝術教育。

尤其今天的教育，品格教育容易流於形式，以致成績單上好學生，可能成爲社會上壞公民，另外藝術教育常淪爲聊備一格，不用說對藝術欣賞缺乏認識，對藝術品味、藝術情操更貧乏可憐；由此來看，我們今後實應趕緊切實加強人文藝術教育，然後對社會風氣才能從根救起，並以精神建設平衡物質建設；對時代人心也才能提昇精神品格、充實精神國力，那才能眞正開創中興氣象，邁向更光明境地！

㈣荀子與柏拉圖的比較：

荀子美學精神，基本上與柏拉圖不同。柏氏的理想界在上界（或稱「理型界」），與現實下界隔絕，荀子的理想界則在現實人間，透過教化可以完成，實際上這也正是儒家的基本立場。

換句話說，柏拉圖基本上是出世的，荀子則是入世；柏拉圖的「理想國」在現實界幾乎不可能存在，他的主要精神啓發，在呼籲大家，將「理想政治」與「現實政治」分開，然後在現實政治中多加注理想性：或者訓練「抬王」以領導世界，或者加強領導者的哲學修養❼。此中雖然很具悲心及慧見，只可惜可遇不可求，在現實政治中多半如緣木求魚，有時還如對牛彈琴，甚至還如與虎謀皮；柏氏有次激怒一位君主，甚至被賣身爲奴，更可看出其徹底失望的心情。

但在荀子，他却很能正視人性弱點，面對現實黑暗面，而勇於因勢利導，提倡教化。所以荀子雖然主張富國強兵的王者之治，但是針對現實人性，從禮樂教化一步步做起，頗能紮根於現實，再以禮治樂教轉化現實，移風轉俗。所以，荀子不會同柏氏一樣，認爲現實界只不過是上界的「摹仿」，藝術又只是「摹仿的摹仿」，荀子認爲現實界乃是理想立根的園地，藝術更是激發心中理想的能源與動力。

然而，荀子與柏拉圖却有一處相同，那就是共同強調理性的重要，並主張以理性節制人性中的弱點與毛病。此所以柏氏認爲，人性可分金、銀、銅三種，並以理性、意志、與欲念的三分法分析人性本質❽，荀子同樣也認爲人情之常，難免流連低俗趣味與欲念，但兩者都主張加強理性節制情欲，以提昇靈性，完成自我。這種東西哲會通的精神，非常難能可貴，深估我們重視與弘揚！

㈤荀子亞里士多德的比較：

基本而言，荀子與亞里士多德比較接近。因爲，亞氏注重具體問題，從現實界出發，是位務實的思想家，這些特色與荀子都很相似。

亞氏的思想體系，是從研究物理學（Physics）出發，然後層層進入形上學，所以英文稱形上學爲Meta-physics，其中「Meta」卽代表「在其後」的意思。而荀子則是以「勘天御物」出發，對自然物理界先進行實質的瞭解，然後才層層超化爲精神象徵意義，同樣也是進入形上學的思考。

另外，亞氏並不強調知識的灌輸，而很重視透過藝術教育，陶冶品格人性。例如他注重音樂，並非強調技能，而在啓廸人心的「道德感覺」，據此而提昇靈性，節制私欲，這就與荀子幾乎完全不謀而合了。

還有，荀子與亞氏均極重視「中庸」之道。像亞氏認爲，「勇敢」既非「魯莽」，也非「懦弱」，而是介乎其中。同樣，對金錢的「節制」，既非吝嗇，也非浪費，而應爲中庸之道。亞氏稱此爲「黃金律」——還不只是鐵律，可見其重視的程度。而荀子同樣強調，音樂之道，就在致中和，他以樂爲「天地之和」，然後強調樂教的重要就在能使人心平和，並擴而充之，使民衆和睦，社會祥和，這種中庸和諧的精神，正是兩位共同強調的核心精神。

再者，根據亞氏詩學與戲劇理論，他認爲悲劇有一定的警世作用，因而足以洗滌塵俗，提昇靈性，此其定義悲劇爲「激起哀憐與恐懼，從而導致這些情緒的淨化」❾。這就與荀子的音樂教化理論極其接近。亞氏亦不像柏拉圖，認爲藝術只是「摹仿的摹仿」，他不但認爲「詩的眞理是普遍與特殊的統一」，同時認爲，藝術是有機的整體，「部分與全體密切聯繫，才產生和諧」❿。這便如同荀子所說的「性僞合」，結合先天之性與人爲修養。從荀子看來，先天之性當如同是「共相」，後天人爲修養各自不同，則如同是「殊相」，因而兩者在此非常接近。

西方大藝術家拉斐爾曾有一名畫，柏拉圖一手持《宇宙論》，一手指上天，象徵其超昇的出世精神，亞里士多德則一手持《倫理學》，一手指地下，象徵其務實的入世精神。這名畫充份可以表達兩者的不同，也可看出拉斐爾身爲藝術家的慧心。

在此名畫中，荀子顯然更爲接近亞氏，馮友蘭曾謂中國儒家有孔、孟、荀，如同希臘哲學有蘇格拉底、柏拉圖、亞里士多德，倒堪稱妙喻。只不過荀子與亞氏很神似，孔子與蘇格拉底也很多相近，但孟子與柏拉圖却相異多於相同，就人性論而言兩者差異更大，不能不加注意。

(六)荀子與弗洛伊德的比較：

中國哲學家中，絕大部份均肯定性善，荀子是極少數傾向情惡的一位—他雖然講情惡，但並非強調性惡，一般常誤認其爲性惡論，本文在前面曾加澄清，不另贅述。然而在西洋哲學家中，絕大部份都在肯定性惡，或至少一半善一半惡，這從希臘神話「善惡同體」以來大半如此。後來到了柏拉圖，劃爲三分法，一直到近代所稱「神魔同體」（God-Lucifer）仍然未脫善惡同體論，到了弗洛伊德，更可稱集其大成，專門以幽暗面看人性，注重「幽暗意識」（dark consciousness），影響近代西方人文與社會科學相當深廣。

根據弗氏看法，人性基本上以潛意識、下意識爲主，猶如冰山，露出一角的只是表面行爲，主要人性均隱藏在海底深處，所以他要一直深入探索，以挖掘最深不可告人之處。此所以他從分析夢開始，並強調性的心理分析法，然後他認爲，人性最根本深處，乃是一種情欲衝動，而人類文化藝術成果，大體上均爲此種情欲壓抑昇華的結果，如其所謂「伊底帕斯情結」便是以希臘神話中，命定的悲劇人物伊底帕斯弒父娶母爲例，以此解釋某些兒童的「恨父戀母情結」。

然而，若從荀子眼光來看，他對這種論調，當會認爲以偏概全。荀子固然也認定人性中諸多情欲與俗念，但仍然強調人性充滿希望，可以經由禮樂教化，激發人性光輝，開拓社會光明。換句話說，荀子在此仍肯定儒家基本的心理學，認爲可以無限向上，也可以無限向善，很有積極性。相形之下，弗氏基本上認爲人性本黑暗，人類文化結晶多半只是昇華壓抑情欲，因而傾向消極面，兩者並不相同。

方東美先生曾將心理學分成三種⓫。一種爲「深度心理學」，看似從深處挖掘人性，其實所得均黑暗，就是以弗氏爲代表。另有一種「平面心理學」，只以低等動物的實驗成果套在人上，把人拉下成爲平面動物，這是以史金納等行爲主義爲代表。第三種則爲「高度心理學」，認定人類心理可以無限向上，人類性靈也可以無限昇高，這就是以儒家爲例證。

從這一比較，非常清楚可以看出，儒家心理學與弗氏心理學的不同。哈佛教授杜維明曾主張，儒家若要在當代有新生命，應針對世界三大顯學充份回應與對話，其中之一即弗氏心理學（其他二種爲馬克思主義及基督教思想）。方東美先生在此的比較，可說正是儒家與弗氏對話的深刻研究；而在儒家中，荀子心理學雖然從反面下手，由批判出發，但仍歸結於光明的人文面，這對弗氏心理學來說，尤具深入參考的啓發意義。

另外，荀子思想中，有其非常重要的禮樂教化理論，更有其非常高尚的人文理想，其人性論固然有務實的一面，但並非只談性惡，尤非利用人性弱點，做爲權勢統治的工具。然而等到了其學生韓非子，特別等而下之如李斯，均未能善體荀子的人文理想，所以從利用人性弱點的角度，發展出一套霸道的統治術；這正如同西方馬基亞維利（Machiavelli ）一樣，只重「君王術」，而全無任何人文精神可言。此中情形，猶如馬克思之於黑格爾，將其老師辯證法運用不當，結果落在現實鬥爭上，便形成腥風血雨的鬥爭哲學。這種發展，誠非黑格爾所能預見；李斯到後來影響秦始皇，焚書坑儒，厲行愚民暴政，對荀子所強調的人文教化不但摧殘無遺，而且對人格尊嚴與學術自由也扼殺殆盡，想必也非荀子始料所及！

中共師法西洋馬克思與中國秦始皇，整肅得天下大亂之餘，也深知無法以此「鬥爭哲學」長治久安，所以近年來也在宣傳所謂「社會主義精神文明」，表面上也開始強調「三愛」，「五美」，也想要提倡講禮貌、講文明、講整潔等等，這說明教化工作，雖在暴政亦深知不能不重視。但問題是，中共根本的本質，爲專制集權暴政，這種本質一日不除，人性光明面便一日不能復興，中共只想枝枝節節的提倡美學、講究藝術，那便如同沙灘建屋，完全不能生根，也根本徒然無功。因爲這種作法表面看似也如同荀子的教化論，其實完全不瞭解荀子講究「文和諧」、注重「王道」的根本精神，根本不能同日而語。中共如此魚目混珠，却也打著「精神文明」的招牌，恐怕更非荀子始料所能及！

由此可見，今後弘揚荀子之道，首先應深入研究其思想眞相，澄清各種誤解，然後才能發揮其中深具時代意義的相關思想。本文所論，特重其美學藝術思想，就因其能正人心、易風俗，一方面可以據此提昇精神建設，改進社會風氣，二方面更能據此深入批判中共所謂「社會主義精神文明」的假相，切實回歸人文精神，相信這才能眞正發揮其重大的時代功能！

豐子愷在民國廿八年，結束其藝術教育課程時，曾經特選荀門《樂記》三節，做爲結論；他強調，授課十六講，要之不外三語：「藝術心」——廣大同情心（萬物一體），「藝術」——心爲主，技爲從（善巧兼備），「藝術教育」——藝術精神的應用（溫柔敦厚、文質彬彬）。最後並謂「以樂記結束者，亦是表明此要旨之意。」⑫這一段話，言簡而意賅，很能掌握荀子乃至儒家美學思想的核心，因而本章也願特別以此做爲總結，用示寄意深遠，相信這些精神也正是今後時代深值弘揚的主要重點！

附註

❶ 請參方東美先生：《中國人的人生觀》(The Chinese View of Life)，馮滬祥中譯，台北幼獅書局六十九年初版，頁六七。另外，本文論述「藝術創作的原動力」第一節相關部份，亦曾參考該段精神。

❷ 羅家倫：《新人生觀》，民國卅年，上海商務印書館初版。

❸ 朱光潛：《論美是主觀與客觀的統一》，刊於大陸出版《哲學研究》，一九五七年第五期。

❹ 鮑嘉敦(A·Baumgarten)對此相關看法，請參閱其一七三五年所出"Philosophical Thoughts on Matters Connected With Poetry"，該文首次用「美學」(Aesthetics)指稱感性知識。

❺ 請見Toynbee:"A Study of History"(1956, 7th ed.) vol. 1. PP 271-300 另亦見"Civilizations on Trial"(1948), p.10。

❻ 王船山：《詩廣傳》。

❼ 此段請參見柏拉圖：《理想國》。

❽ 同上。

❾ 此段請參見亞里士多德：《論詩學》，特別是第六章。

❿ 上述思想分見亞氏：《論詩學》，中譯請參朱光潛：《西方美學史》上卷，民國七十年，台北漢京公司初版，頁七九。

⓫ 請參方東美先生：《生生之德》，民國六十八年，黎明公司初版，頁三四九～三五〇。

⓬ 豐子愷，《豐子愷論藝術》，台北丹青圖書公司，民國七十七年再版，頁二四〇。

第四章　老子的美學思想

前言——老子語言的特性

在分析老子的美學思想之前，我們對他的語言哲學，應該先特別加以說明。因爲，老子表達思想的方式很獨特，跟孔子、孟子都很不同，與西方一般哲學家更不一樣。

西方大哲雅士培（Karl Jaspers）在《世界大哲學家們》一書中，就曾經提醒西方讀者：「讀老子，不能像讀康德、柏拉圖、史賓諾莎一樣。」❶雖然他主要指，讀老子，必須透過翻譯與註釋而言，但老子的語言表達，完全是不同的另一種方式，因而更需謹愼，反覆推敲，相信也是一項主因。

所以，像方東美先生就曾明白指出，如果用今天的印刷術來印老子，那老子很多相同的字句，就應該用「大寫」與「小寫」加以區分，或用「正體」與「斜體」加以分開❷。這是非常重要的一項要領。因爲，在老子思想中，常常同一個字，却完全代表不同的意思，甚至相反的意思，讀者必須特別留心，才不致誤解。

個人認爲，要眞正瞭解老子思想，首先應先瞭解其語言表達的三種特別方法，那就是：

「反諷法」、「烘托法」與「象徵法」。

第一種「反諷法」，就是常用反話來襯托眞正隱含的深意，「正言」有時又聽起來像反話，此卽他所謂的「正言若反」（《道德經》七十八章）。

像老子一方面肯定「聖人無常心，以百姓心爲心」（四十九章），但一方面又說「棄聖絕智」（十九章）。前一句在肯定「聖人」，後一句却在否定聖人，爲什麼呢？我們深入分析後便知，實際上他在後一句所要棄的「聖」，乃是假聖人，因爲老子對於虛僞、矯情、自命眞理的假聖人最爲反對。但這並不代表他反對眞正的聖人。事實正好相反，他在提神太虛後，正是要以高超的精神批判假聖人，並以此來肯定眞正的聖人精神。

這正如同尼采要以高超的精神價值爲標準，來打破假宗教，所以表面上宣佈「上帝死亡了」❸，其實他並不是反對眞正的上帝與宗教，而是要以壁立萬仞的超拔精神，批判現實界庸俗化的宗教，以及一些假上帝之名所做的錯誤行爲，進而以此襯托出「超人」（über-mensch）的眞正宗教精神。

所以，基本上，老子在此所運用的「反諷法」，本身正是一種靈活的語言哲學。他提醒讀者，不能拘泥於文字形式之中，也不要任意被「聖人」牽著鼻子走，因爲眞正的聖人無常心，不爲天下先，而是能夠以民心爲依歸，所以絕不會自命眞理，更不會把自己意見強加於人，企圖牽著別人走。這種特性深値我們體認。

另外，老子在《道德經》中，第一句就曾指出：「道可道，非常道。」代表如果「道」是可以「說出來」的，那就不是眞正的常「道」。同一個「道」字，便有三個不同意義。此時我們就絕不能用羅素（B. Russell）所說「原子語句」的方法來瞭解，誤認爲語言均應有「一對一的對應」（One-to-one Correspondence），一個字只能有一個定義，而且同樣的字也只能代表同樣的定義，那樣就完全不能瞭解老子哲學。

事實上，老子如此安排，有其意在言外的深刻啓發，那就是促使大家不要沾滯在語言工具上面。例如他說：「天下皆知美之爲美，斯不美矣。」最後一字的「美」代表眞正絕對的美，而前面則指世俗相對的「美」。此中層次不同，代表老子呼籲大家不要陷溺於世俗的美，不要人云亦云，而應儘量向上提昇精神，超拔俗流。他本身在此的語言運用，極盡超脫之能事，便極具深意在內。

此外，老子在六十二章曾說過：「美言可以示尊，美行可以加人。」這裡的「美」是正面意義，但卅一章又說：「勝而不美，而美之者，是樂殺人。」後面的「美」顯然又傾向於反諷的運用。諸如此類的例證，都充份說明，老子常用「反諷法」，這是很需要我們注意的第一特性。

第二是「烘托法」，也就是說，老子並不從正面直接定義什麼是眞、善、美，而常從反面或側面，間接烘托出來其中深意。

比如說，老子「道可道，非常道」這句話，並沒有眞正講出，到底「道」是什麼？但却從旁提醒我們，「道」，是不能用一般語言講出來的，能講出來的就不是常道。這就烘托出了「道」的重要特性，並沒有逃避問題。這也相當於佛學中最高的「不可思議」境界，只能講「不可說，不可說」，或印度奧義書中所謂「不是那個！不是那個！」（neti, neti）

從旁來烘托。此所以老子非常注重「無」的妙用，而能與佛學注重眞「空」相通，因而能夠開啓佛學入傳的主要契機。

同樣情形，老子所說：「天下皆知美之爲美，斯惡矣」（第二章），也只告訴了人們：什麼是不美。他並沒有直接了當說出：什麼是美。他特別用間接、迂廻、與旁敲側擊的方法指出來：如果世俗的現實界都覺得美，那這個反而不是眞正的美，因爲這種屬於相對性的美，可以隨時間與空間而完全改變，因此就不是眞正永恒的絕對美。所以透過這一句，我們至少曉得了什麼不是眞正的美。

在此，我們用老子「道可道，非常道」的手法，同樣可以說：「美可美，非常美」，這其中的精神影響中國的山水畫非常深遠。所以中國畫家畫山水時，總是籠罩著雲霧山嵐，在環山抱水中，間接烘托出神韻無窮，而絕不會直接了當畫一座光禿禿的山，或直接了當畫一朵乾枯呆板的雲。此中「佈白」，不畫的地方比畫的地方更重要，正是發揮「無」的妙用。

換句話說，道家的表達方法，擅於用反襯與迂廻方式，烘托出生命的空靈芳潔，以及意境的玄秘深遠，因而才可以超越有限，進入無窮。這就是道家擅長馳情入幻、造境無窮的特色。國畫中所謂「烘雲托月法」，從許多雲彩之中間接烘托出月亮，但對月亮本身並不直接落一筆一畫，正是深受老子影響下的表達方法。我們一定要先瞭解老子這種有無相生、虛實互用的表達特性，才能進入中國藝術欣賞之門。

第三是「象徵法」。也就是老子擅用各種象徵與比喻，不但以此遊心太虛，縱橫馳騁，而且以此靈活的方法，放曠流眄，啓迪神思，絕對不受任何沾滯。

這種方法影響到後來禪宗的公案，絕對不使答案定於一尊，以免形成僵化的思考。因爲，老子深深瞭解：如果只用一個答案直接回答：什麼是美，或什麼是善？那麼大家便容易只執著於這一答案的字面定義；執而不化的結果，便反而難以洞悉其他深微奧妙並且豐饒多姿的各層意涵。爲了避免陷入如此的困境，所以老子便寧可用象徵的語言來說明。

例如，老子非常强調精神意志力的重要，並以此做爲印證大「道」的精神人格典範，此卽所謂「道徵」（「徵」卽「證」）。但他不會從正面講，而是用象徵來比喻。例如他說「含德之厚，比於赤子」（五十五章），然後緊接著就用各種象徵語言來比喻此人的精神毅力：「毒蟲不螫，猛獸不據，攫鳥不搏。」（同上），這在現實世界中當然是不可能的，很明顯是用象徵手法，比喻精神人格充份純厚之後，可以不受任何的外力打擊或影響。

另如老子所講「善攝生者」，乃是「兕無所投其角，虎無所措其爪，兵無所容其刄」（五十章），也就是說老虎出籠想要傷害此人，却無處可以落牠的爪子，甚至兵刄都無法下手進入，彷彿在講「金鐘罩門」，其實同樣是用象徵手法，說明這種「生生之厚」的精神鍛鍊，足以承當任何的衝擊與考驗。

這種象徵手法，後來到莊子的語言更淸楚。他所謂的「神人」，是什麼呢？「之人也，物莫之傷，大浸稽天而不溺，大旱，金石流，土山焦而不熱」（逍遙遊），他所謂的「至人」，更是：「大澤，焚而不能熱，河漢沍而不能寒，疾雷破山風振海而不能驚」（齊物論）。像這種完全「物莫之傷」的人，足以在大水災中仍不溺，大旱災中仍不熱，而且無論如何天崩地裂都不驚，世上當然也不可能有。莊子用這些都只是象徵意義，用來比喻泰山崩於前而不變色的鎮定精神，也用來比喻歷經刼難而不懼的堅强精神。我們要能由此充分體認其中氣魄之磅礴，才能更深入的瞭解道家生動的思想，也才能體悟眞正道家精神，絕非消極無爲、或頹廢不振之輩。

由此可見，我們對老子的語言哲學，須有一種重要認識，那就是「曲則全」。因爲根據老子，宇宙大道的奧秘，不可能一眼望盡，也不可能一語說盡，所以一定要用盡各種委婉曲折的方式，才能一層一層，將無窮的全體大道逐漸開展，令人領悟。「象徵法」便是其中馳騁無礙的另一種方法。

要之，上述三種方式，乃是中國哲學史上老子率先使用的獨特語言。到了莊子，則更一層用各種「寓言」、「巵言」、「重言」表達，甚至表面上看來「荒唐之言」、「謬悠之說」，其實都自有深意。莊子並且更把大鵬鳥、鯤或麻雀等海陸空各種大小動物統統用上，作爲最豐富的象徵語言，最後還强調：「言無言。終身言，未嘗言；終身不言，未嘗不言！」可說是最爲生動的語言哲學！道家這種精神，把語言靈活運用到淋漓盡致的程度，甚至把「無言」也當作最高語言，眞可說活潑超脫之至，這就絕非西方呆板的一些語言哲學家所能望其項背了。

所以，我們要對道家這種語言哲學的特性充分瞭解後，才知老子並不是反對道德，而是要提昇現實庸俗的道德。否則，他的著作也不會叫〈道德經〉——並且上經以「道」開始，下經以「德」開始。換句話說，老子要把一切世俗虛僞的道德打破，提昇爲眞正高超的道德。同樣，對於藝術，老子也絕不是反對藝術本身，而是反對現世庸俗、虛僞的假藝術，以追求眞正高超的永恒之美。所以，老子不但肯定眞正的美和善，而且都是要破除現實界相對的美與善，進入永恒界絕對的美與善。這種破除鄙陋的工夫，正是老子所謂「無之以爲用」的妙用，也正是一種極爲重要的藝術批評精神。

方東美先生曾稱，中國哲學所看到的「宇宙」，絕不只執著於其自然層面而立論，也不僅視其爲實然狀態，而是要「不斷地加以超化」。更進一層來說，他曾特別指出，儒道釋三家的不同特性，深值重視：

「對儒家言，超化之，成爲道德宇宙；對道家言，超化之，成爲藝術天地；對佛家言，超化之，成爲宗教境界。」❹

其中尤其道家對「超化」的運用最爲靈活，因而足以破有限而入無垠，化有形爲無窮。因而我們可以說，道家的生命精神本質上正是一種藝術精神，尤其在表達方式的靈活上，本身更極具藝術性與戲劇性，深值我們細心體悟。

以上是我們分析老子美學思想，首先在方法論上必須瞭解的重點。以下再透過五項基本問題，分析老子本身的美學思想，最後再作綜合的比較研究。

一、美是什麼？

針對這一問題——美是什麼，我們可以分成三個小節來分析，以下先用現代語言來說明，然後再引用老子的原典加以申述；簡單的說，就是「空靈」之謂美，「自然」之謂美，以及「眞誠」之謂美。

第一，「空靈」之謂美。根據老子看法，美是相對的，因此他所謂眞正的美，一定要能先提神太虛，放曠慧眼，超越時間與空間，以超越相對的美，進入絕對的美。這中間不斷提昇精神的過程，就肯定了：空靈之謂美。

那麼，美爲什麼是相對的呢？老子說得很明白：「五色令人目盲，五音令人耳聾，五味令人口爽，馳騁狩獵令人心發狂」（十二章）。這對當今追逐名利的工業社會來說，確實有很大的警惕與啓迪作用。老子提醒我們，在過分功利化與商業化的社會步調之下，我們一定先要能靜下心來，不要跟著別人團團轉，只看到紙醉金迷或五光十色，誤以爲這就是「美」，其實這些只會讓大家「心發狂」！

在老子看來，現實界的聲光之美，聲色犬馬，都不是眞正的美，雖然多數人可能沉迷其中，誤以爲美，但「天下皆知美之爲美，斯惡矣」；愈多人瘋迷的，反而愈不會美，因爲那頂多只是風尚，而風尚不是眞正美，讓人「心發狂」的更不是眞正的美。眞正的美是什麼？雖然老子並沒有明白講出來，但我們從旁可以烘托出一項結論：能促使心靈不斷超昇的才是美。用現代的語言來說，就是「空靈」之謂美。而前述各種風尚與「心發狂」，只會擾亂心靈，陷溺無法自拔，因而絕不是眞正的美。

所以老子在第一章就曾說：「玄之又玄，衆妙之門」，他認爲各種「衆妙」的根本來源就是「玄」。「玄」就是不斷向上超昇之意，要現實界各種沾滯陷溺的心靈，能透過不斷的向上提昇而加以超越。如今所講「玄學」指形上學，就是要超昇有形的下界，進入高尙的上界，並不是少數人誤稱爲「玄學鬼」的意思。事實上「玄」在希臘字根是「Meta」，就是指不斷超昇、翻越的意思。像亞里士多德將「物理學」（Physics）背後超昇的學問稱爲「形而上學」（Meta-Physics）就極具深意。所以「玄之又玄」就是代表，要透過不斷的超化與提昇，才能達到眞正的藝術衆妙，此中很清楚的點出了「空靈」之美。

另外，老子強調「反者，道之動」，在藝術精神上也很有深意。這個「反」代表返回的意思，也就是要將現實的「有」限，經過空靈的提昇與反省，而返回到「無」窮的超越界。唯有如此，才能破除有限的現實界，通達到無窮的永恒界——也就是「道」。根據老子，唯有如此，才能重返宇宙生命根源，得到生命力的充養，然後才能再度展現瀰漫宇宙六合的燦然生機，此即所謂「退藏於密，放之則瀰於六合。」這種空靈的精神，才是眞正的美！

由此來看，便知方東美先生在此說的很中肯：

「道家在出發的時候，就是破有限，入無窮；然後在無窮空靈的境界裡面縱橫馳騁。就中國哲學家的藝術才能看起來，我們可以說道家遠超過墨家，甚至於超過儒家。」❺

徐復觀先生在《中國藝術精神》一書中，也曾提到類似的體認：「老莊思想當下所成就的人生，實際是藝術地人生。而中國的藝術精神實際係由此一思想系統所導生。」❻他並曾明白強調，道家之所謂「道」，實際就是一種「最高地藝術精神」❼，這種體悟，確實也很能說明道家空靈精神的本質。我們若將「道」換成「藝術」，則「反者，道之動」，正代表最高藝術精神之發動，首先就在於不斷翻越超化的「空靈」，因此這種空靈之美確實可稱爲老子第一特性。

美。

第二，「自然」之謂美。根據老子，凡事要能自然最好，不要矯情做作，不要追求時髦，更不要一窩蜂，因爲這些都只是短暫的美，並不是眞正的美。只有自然，才是眞正永恒的美。

因爲，老子在提神太虛、據高臨下以超然玄覽之後，很清楚現實界的「美」是隨時在變的，而且隨著時間空間而不同。此其所謂「美之於惡，相去幾何」（廿章）？在空間上，中國人覺得美的，在外國人不一定以爲美，可能反以爲惡——例如龍的形態，在中國象徵活躍創造的精神，是很美的形象，但在外國却有些認爲代表惡魔。反之亦然，例如美國民主黨以驢做代表，在中國形象中未免「很驢」；共和黨以象作代表，中國人也未免覺得笨重。這說明卽使在同一時代，只要空間不同，對美醜的看法便可能大不相同。

另外，在時間上，也是如此；上一代覺得美的東西，下一代也不一定以爲美。例如三十年代的歐洲，當時男士的領帶很狹小，如今就並不以其爲美。再如多年來男士的西裝本來都要求其合身，認爲這才是美。但如今新的一種時髦却剛好相反，有一種所謂「老爺褲」、「老爺西裝」，故意寬寬大大，作得很不合身，這又重新復古，回到三十年代的穿著。凡此種種，均可看出，這種短暫的風尙，變化無常，反覆不定，都不能算眞正永恒之美。

尤其像這種「老爺西裝」，若由身材高大的人穿起來，或還另有韻味，但常見時下一些瘦小的節目主持人穿起來，却實在很難看。或許還有人自認趕時髦、很美，其實根本與醜沒有什麼不同，這就是老子所說的「美之於惡，相去幾何？」同樣一件衣服，有人穿起來很漂亮，另外有人穿則很醜。爲什麼會如此？就是因爲「不自然」。所以根據老子，如果硬要去學別人，趕時髦，就是不自然，而「不自然」就是不美。

另外，又如西洋女士因爲輪廓深，所以比較適合濃妝，但在東方女士則不一定，如果盲目學樣，就可能反而像個妖怪。這就是老子在五十八章所說的「善復爲妖」——原來很美的同一套化妝程度，對另一個人便可能只造就了一個妖怪。同樣，老子也說：「正復爲奇。」（同上）有人習以爲常的，可能在另一批人眼中，反而成爲怪異。凡此種種，例證很多，充份說明，最重要的是將各人的自然本性表達出來，才是眞正的美，這就是「自然」之美。

因此，根據老子，眞正的美一定是自然而然的，並且也一定是發乎內心眞誠的，所以也絕不會刻意炫耀，自認爲美。像老子說：「上德不德，是以有德。」就是說眞正有德性的人，不會自認爲很有德性，因而才是眞正有大德！看似「無」，其實大「有」。這也正是老子在十七章所說「太上，不知有之」的意境，所以百姓才會皆謂：「我自然。」（同上）這種自然之美，美於無形，不知有之，才是眞正的大美。因此，我們同樣可以引申說：「上美不美，是以有美。」眞正很美的人，不會自認爲美而加以炫耀，而是在很自然之中，顯示其親切、平易與溫馨的氣質，這才是眞正的大美！

這也正是老子所強調的：「人法地，地法天，天法道，道法自然。」一切效法的對象，唯有回歸自然，才是最根本的歸宿！也唯有回歸到天地「根」，才能得到生命眞正的安寧，涵孕在永恒的法相中，如此一切以道爲依歸，因爲道卽不朽，才能展現眞正永恒的大美！

第三：「眞誠」之謂美。老子認爲眞正的「美」，一定要能返樸歸「眞」，以眞誠爲美。換句話說，根據老子，永恒的「美」與「眞」一定是相通的。所以老子一再強調「眞人」

的重要。莊子形容他時，也特別稱其爲「博大眞人」。「眞人」一詞在孔子、孟子均未如此用過，到老子才開始出現，充份可見其對「眞誠」的獨特重視。像老子呼籲世人要能「見素抱扑」，要能「少私寡欲」，以免利慾薰心，造成虛僞醜陋，就是從各方面强調「眞誠」的重要。而且，一定先要有眞誠，才有眞正的美。不眞誠的，卽使裝成很美，也只是短暫的美，不是眞美。

此所以老子曾用反諷的方法提過：「信言不美，美言不信。」（八十一章）。在現實界中，往往眞話不好聽，好聽的話又通常不是眞話，因此這個「好」話就不是眞「好」。値得注意的是，老子在這裡所說的「美言」，並不是眞正的「美」，而只是表面的美。

換句話說，根據老子，一定要「眞誠」才是眞正的「美」。所以我們或可說「眞言必美，美言必眞」。這裡的「美」與上段的「美」，層次便不同，而是指眞正最高層次的絕對美。一個人只有內心存有最深的「眞誠」，才稱得上最高的永恒之美，此時「超越性」的「美」與「內在性」的「眞」便完全相通成爲一體。

那麼，誰最能代表眞誠呢？最明顯的就是嬰兒。所以老子一再强調，要能復歸於嬰兒，此其所謂「爲天下谿，常德不離，復歸於嬰兒」（廿八章）。因爲，嬰兒是天下最眞誠的例證。在嬰兒的眼睛裡，無論面對富人或乞丐，無論面對帝王或平民，永遠都顯露最眞誠無邪的眼光，因而才是人間最純、最淨、也最美的代表！老子雖然並沒有直接定義什麼是「眞誠」，但他一再以母子、嬰兒作象徵語言，正是以此代表眞誠，沒有任何虛僞，唯有像嬰兒一般的眞誠之至，才能算是美之極至！

此所以老子曾明確強調：「含德之厚，比於赤子……精之至也……和之至也！」（五十五章），也就是說，一定要能如赤子之一般純厚、眞誠，才能稱爲精之至也，和之至也——換句話說，也就是美之至也！

像在西方，米開蘭基羅曾經創作了一座非常著名的大理石雕塑：「聖母悲慟像」。在那座雕像中，聖母把耶蘇基督從十字架抱在懷中，眼睛垂視著愛子，充滿悲慟的眼神，彷彿心中充滿無限的悲懷，却因大悲而無言，這正代表了世間最偉大的母愛！整座雕像除了米開蘭基羅本身的生動技巧外，整體神情與構圖都非常莊嚴肅穆，令人震懾而屏息，以致很多人親身參觀時，都不自覺的輕聲躡足，爲什麼呢？就是因爲此中有至情，就是因爲「精之至也」！

換句話說，就人間而言，母子的眞誠至情，最能代表「精之至」也，就宗教而言，聖潔的情操也最能代表「精之至也」。這種「精之至」，就是美之至！所以，老子才會以母子的親切關係，象徵大道與宇宙的關係，強調「既得其母，以知其子，既知其子，復守其母，沒身不殆」（五十二章），就是以此比喻，只有以最「眞誠」的精神回到大道，才能像回到慈母懷抱一般終身不殆，這種最眞誠的精神才是人間最美的象徵！最深的「眞」與最高的「美」，在此明顯達到交融互通的統一。

二、美感經驗如何形成？

針對這個問題——美感經驗如何形成？我們可以分成三個重點分析：

首先要強調的是，老子所謂的美，並非一般世俗的美。因此他所講的美感，是指眞正崇高而永恒的美感，並非當下刺激感官的反應。根據老子看法，我們可以歸納出，他認爲這種高度美感經驗的培養，可以從三方面形成：一、「常有」與「常無」的統一，也就是「提神太虛而俯之」的精神。二、「自由」和「必然」的統一，也就是「自然」而「然」，「無爲」而「無不爲」的精神。三、「起點」和「終點」的統一，也就是返樸歸眞，「大巧」若「拙」的精神。以下特再分論。

第一：「常有」與「常無」的統一。這也就是以「空靈」爲美，居高臨下，慨然俯覽的美感經驗。

「常無」是指不斷的翻越，超昇，相當於「提神太虛」，進而灑脫太淸，洗盡塵凡；「常有」則指放曠流眄，俯觀萬象。我們在此可以引述方東美先生常用的一句名言，合而稱之爲「自提其神於太虛而俯之」。用老子的話說，就是開宇明義第一章：「常無，欲以觀其妙；常有，欲以觀其徼。此兩者，同出而異名，同謂之玄。玄之又玄，衆妙之門。」

老子此地講的「玄」，就是透過經「常」的「無」之，經由不斷反省、批評、否定，而向上超越，提昇精神。因而「無」在此地並非當作名詞用，並不是「虛無」(Nothingness)的意思，而是當作動詞用，是「超昇」的意思。所謂「無之以爲用」，就是指千萬不能自滿，不能自美，而要不斷的超拔流俗，自我超越，以達到眞正的最高境界。

所以莊子在〈天下篇〉中形容老子是「建之以常無有，主之以太一」，非常中肯。也就是說，整個老子哲學，是建立在「常無」和「常有」的辯證進展中，然後再以「太一」來統攝「常無」和「常有」辯證的歷程。這個「太一」就是「道」。石濤在《畫語錄》中強調：「以無法生有法，以有法貫衆法」，並特重「一畫之法」，明顯均來自老子的靈感。

換句話說，根據老子看法，美感經驗的形成，首先有賴於精神不斷的自我超越。這也很能與尼采精神相通：「在偉大的欣賞之前，先要有偉大的鄙視。」偉大的鄙視相當於「無之」，偉大的欣賞則相當於「有之」。因此我們在此也可同樣說：「在偉大的肯定之前，先要有偉大的否定。」這也正是老子名言「有生於無」在藝術批評上的重要啓發。

例如，畢卡索的作品，固然有些很有價值，但有些若以提神高空「偉大的鄙視」，却是應該痛加否定的。方東美先生就曾說過，有些畢卡索的畫不但並不表現美，而且剛好相反，專門表現醜，透過畫面的割裂，人物的扭曲，以及怪異或荒謬的安排，來刻意渲染宇宙人生醜陋的一面。這不是激發美感，而是牽動醜感！只因爲畢卡索的名聲很大，所以不論畫什麼，總有人會拿各種解釋來勉強辯護，因而說這種作品還是很美！

因此，筆者就曾親自聽到方先生提過，若像畢卡索這種畫，那就還不如洪通的一些畫——雖然也很抽象，但充份可以表現出赤子之心，以充滿生機的純厚心靈來看世界，因此整個宇宙人生從畫面看起來，都充滿了明亮的燦然生機。這正如同從嬰兒眼睛所看的世界，全都是充滿無限機趣的「甘露」世界，此時就不像旁人用世俗眼睛，陷溺現實醜陋中，只看到一片「苦水」世界。此所以洪通雖然不識一個字，却會說出很深刻的名言：「別人用眼睛看世界，我是用心靈來看世界。」如果這心靈又是嬰兒般的純厚心靈，境界顯然便會不同。

換句話說，老子並不是不知道現世的苦悶與黑暗，剛好相反，他深知此世的各種鄙陋與醜惡，重要的是，他並不會任由精神陷溺其中，難以自拔，而是能夠奮然提神高空，直上雲天，然後再放曠慧眼，回望原先的苦水世界——這在莊子就是明確以大鵬鳥的精神作爲象徵：「摶扶搖而直上九萬里」——此時從高空所俯視的地面，頓然美如高空，現實世界經此精神超化，一切原先所感受的種種困境、煩惱與鬱悶，也竟豁然開朗，形成了「甘露世界」。此卽老子所謂「天地相合，以降甘露。」也就是莊子所說：「天之蒼蒼，其正色邪……其視下也，亦若是則已矣！」道家藝術精神之高明，首先就在能以這種高度的空靈，啓迪眞正高明的美感經驗！

因此，像洪通畫中，用了許多光鮮燦爛的顏色來表達宇宙生命之美，超脫了現實界的種種沾滯，猶如提神凌空之上，再俯視宇宙生命純眞之美，這才是眞正的大美。若以這種眼光來看畢卡索有些作品，陷溺於種種現實的醜陋中，執而不化，精神完全不能超昇，便應大大的加以否定與批評。

要之，根據老子看法，在沒有達到絕對眞正的美之前，必需要能不斷的向上提昇精神，然後再從精神高空俯視萬有，這就是「常無」與「常有」互補互濟的辯證統一，也正是到達高度美感經驗的首要方法。

第二，「自由」與「必然」的統一。這也就是以「自然」爲美，看似無爲，其實無不爲的美感經驗。

「無爲」在此，代表內心無所爲，外在也無壓力，因而精神意志完全是充份「自由」的，透過這種充份的自由，便可以充份發展潛在才情，完成「無不爲」的「必然」成果，這就是自由與必然的統一，也正是達到老子所稱高度美感的第二項要義。

西方哲學家黑格爾在對康德的評論中，曾經指出，如果從康德《純粹理性批判》一書中，很難找出「自由」與「必然」的統一。但到了《判斷力批判》一書中，從康德談論美學的內容，却可以找到兩者的統一❽。這中間的意義很重大，對於在此瞭解老子尤具深刻的啓發意義。

換句話說，「眞」與「善」，在此因「美」而統一。因爲，基本上「善」在討論「自由」的意志問題，「眞」則討論「必然」的論證問題，「自由」與「必然」這兩者看係對立的範疇，却可透過美學而得到辯證的統一。此中「玄」機，確實深值重視，也很能做爲幫助西方學者瞭解老子美學的重要關鍵。

就老子而言，「無爲」代表「自由」問題，可以自由自在，但「無不爲」却代表「必然」的問題，又變成無所不在。這兩者「無爲」與「無不爲」看似矛盾與對立，但在老子却能辯證而和諧的統一起來；根本關鍵，就要深入老子美學，才能眞正看出其中玄機——如同看康德哲學，一定要從其美學才能看出：眞與善，因美而統一。

所以，由此來看，便知老子所說「無爲而無不爲」，不只有豐富的倫理學與政治哲學涵意，更有非常豐富的美學涵意。就比如我們欣賞一位名音樂家，不必先刻意心存某種意念，而是用平常的自然心去欣賞，這就是「無爲」，然而當本有的精神靈性與名曲演奏接觸後，只要平日藝術修養高深，便能如觸電般一通百通，通體感受盎然的美感經驗，並與藝術家的心靈充份互通，此時一切的璨溢美感、高尚情操、與欣悅心境，也都共同齊湧而至，這就成了「無不爲」。

換句話說，「無爲」在此是欣賞者持平常心的態度，但「無不爲」則是欣賞者的高超心靈與創作者的神妙心靈完全心心相印，靈靈相通。這也正是後來莊子所說的境界：「相視而笑，莫逆於心」！歸根結柢，此中最大關鍵，仍由精神空靈而來，因爲此時雙方的心靈，都不是各自陷溺於世俗中的心靈，而是充份經過提昇之後的空靈。正因爲心中已經除去一切偏執，能夠眞正做到「無之」，所以才能夠彼此相知，表面看似「無」，其實却最「有」。看似「自由」，其實又隱含「必然」！

方東美先生曾以傾聽貝多芬「第九交響曲」爲例。如果有人要問貝多芬曲中含義，他最好的答覆，就是「無爲」——一言不發，重新再彈一遍！如果問的人還要追問美在那裡，「貝多芬只有落淚以對了」❾。此中的深意，誠如貝多芬研究專家蘇利文（J. W. N. Sulliyan）所說：「音樂中最有價值的情操，就在能夠激發心中最豐富深邃的生命精神。」❿而「音樂的作用……就在溝通高尙的精神情操、藝術家的深邃天性、以及高貴的生命氣質」⓫。這些正能印證欣賞者與藝術家相互會通的美感經驗，也正是「自由」與「必然」的和諧統一！

由此可見，我們若能深研康德哲學的精神，再回過頭來分析老子美學，便更可看出此中機趣。因此，研究康德的道德哲學，不但對進一步瞭解儒家很有幫助，研究康德的美學，對更進一層瞭解老子美學也很有幫助。

雖然，雅士培說的很對，唸康德與唸老子的方法不同，但那是就語言的方法論而講，若就「眞」與「善」因「美」而統一而言，則兩者殊途同歸，均從美學統一了「自由」與「必然」；此中深刻相通之處，有關精義，確實極爲發人深省。

事實上，這種「自由」與「必然」的辯證統一，也是從主體（欣賞者）與客體（藝術家）的統一而言，代表欣賞主體能用平常心，與藝術家的內在精神世界充份感通。另外，我們若從美感主體精神超昇的歷程來說，則這又代表「起點」與「終點」的統一。

因爲欣賞者的平常心，屬於「最起點」，但由此起點不斷提神超昇，一直到精神高空的最終點——老子無以名之，稱之爲「道」，莊子則以象徵語言稱爲「寥天一處」——則屬於必然歷程的「最終點」。根據老子，「道」既是不斷翻越、「玄之又玄」的最終點，同時也是開展萬物「道生一，一生二，二生三，三生萬物」的最起點，因而兩者在此也得到了辯證的統一。石濤特別強調「一畫之法」，就是引申老子此中精神，因而能用統攝整體的氣勢運思作畫。

第三，「終點」和「起點」的統一，這也代表眞誠之美，返樸歸眞，大巧若拙的美感經驗。

從宗教哲學而言，此中歷程相當於聖經〈啓示錄〉中所說，「神」是阿爾法點，神也是奧米茄點——神是最起點，也是最終點。從美學來說，則代表最精巧的境界（最終點），反而看起來最樸拙（最起點）。

最明顯的例證，便是漢代的藝術雕塑品，此中很有深意。因爲像秦始皇時代的兵馬俑，便剛好相反——秦朝兵馬俑也是雕塑品，但均以寫實爲主，與中國其他雕塑大多以寫意爲主，很不相同，這明顯是受了法家的影響。法家若以管仲爲代表，仍很有文化理想，但到了韓非重權勢已經變質，到了李斯講法術更等而下之，成爲嚴苛的法令限制，反映在藝術雕塑上，便成爲嚴肅刻板的寫實作品，精細雖然精細，却已完全沒有怡然自得與泰然自若的神情，道家原先灑脫自如的飄逸與空靈更已完全不見了。

我們試看秦朝兵馬俑的造型與神情，雖然雕刻手法很細膩逼眞，代表民間藝人的敬業與才情，但整排整列的兵馬表情都極其嚴肅，甚至很多嚴厲肅殺之氣，完全缺乏雍容和煦之風，更遑論奔放與自由的精神，這就充份反映秦朝苛政之下的衆生造型。我們一定要能透過表面的兵馬俑，深入看穿其中心靈所代表的緊張與苦痛，才算眞正把握了對中國藝術欣賞的能力。如果像某些外國藝評者，只知就寫實手法評論技巧，那就完全是外行了。

另外我們再看漢代的藝術，因爲經過秦朝的嚴刑峻法，所以漢朝從高祖劉邦入關，主要就採用老子的哲學，只簡單的與民衆「約法三章」，其他一律開放自由，與民休息生養；表面上看似「無爲而治」，其實正是「無爲而無不爲」，可以讓民間潛力充份開展，所以終能產生「文景之治」的斐然成績。

今天中共的統治苛政類似當年的暴秦，所以大陸一旦光復，最重要的，仍是充份的自由與開放，眞正藏富於民，藏智於民，能讓民間生機充份發展。老子在六十章曾說：「治大國如烹小鮮」，因爲「烹」小鮮貴乎讓原味出來，正是充份尊重民心與自由化的深意。

漢朝初年行黃老之治，表現在藝術風格上，就是「樸拙之美」。因此，當我們看漢代雕琢的民間人物或雜耍、陶瓷等作品，便知完全和秦朝不同。秦朝的寫實作品精微細膩，一絲不苟，手藝很巧，但漢代作品却如同渾然天成，簡單樸拙，人物造型初看起來大而化之，却令人感到非常憨厚可愛，更有深一層的樸拙之美，這就是老子所說「大巧若拙」。也就是說，最終點正是最起點。

藝術的極品中有所謂「自然天成」，這是最高的境界，但同樣也是「最初」的自然境界。所以李日華在《六研齋筆記》中說：「性者自然之天，技藝之熟，照極而自呈，不容措意者也。」此中所指正是同樣深義。

另外，老子曾講「大音希聲」，眞正偉大的音樂，聲音聽起來却好像是無形無音，也代表同樣深義。爲什麼呢？因爲能留下很多精神的自由空間，正如同道家的山水畫，能留下很多佈白的自由空間，因而更能夠引發無窮的餘韻，看似無用，却最爲大用！

換句話說，眞正美好的音樂，是使人心靈渾然結合於音樂之中，反而忘了音樂的存在。如同一面聽著「田園交響曲」，一面心田之中湧現非常溫馨、祥和的田園景象，然後在聆聽的過程中，一切急燥、煩悶的心情都逐漸沉靜下來。此時萬籟俱靜，身心舒泰，田園交響樂反而若有似無，這就是「大音希聲」，最終點也正是最起點。

根據老子，美感經驗的意境，其層層上昇，過程也可以借用深受道家影響的禪宗一句名言說明：首先「見山是山，見水是水」，然後「見山不是山，見水不是水」，但到最終階段，又會回到最先的起點：「見山又是山，見水又是水」。道生在《寶遠齋書畫錄》中曾說：「至平至淡，至無意，而實有所不能不盡者。」也正是此中很好例證。

從老子來看，最眞摯的心靈，就是自然心，也就是「平常心」。後來禪宗所謂「平常心卽道」，卽有深意在內。因爲這個平常心看似容易，其實很不容易。「平常心」看來沒有什麼特別，就因爲要把特別點化成爲不特別，所以最爲高明。這平常心是「起點」——凡事皆從平常心開始，但也是一個最終點，是最高境界的表現。凡此種種，代表起點與終點的和諧統一，正是形成老子崇高美感經驗的重要特色。

蘇軾在《與趙令疇書》中曾經有段名言：「筆勢峥嶸，文采絢爛，漸老漸熟，乃造平淡，實非平淡，絢爛之極也。」這種絢爛之極，反歸平淡，正是代表最終點亦即最起點，其平淡猶言平常心，正是深得老子此中的精義。

綜合而言，老子以上這三項特色，都在强調和諧的統一，因此我們在此可以有一個結論：老子非常强調「一」。此即他所謂的「聖人抱一以爲天下式」，另外老子也曾强調「天得一以爲清，地得一爲寧，神得一爲靈，谷得一以盈，萬物得一以生。」，「其致一也，是之謂道」（卅九章），事實上，這種重視「一」也正是中國哲學共通的特性，深值我們重視與體認。

中國哲學裡像儒家所謂「天人合一」，是强調「一」，易經所謂「天下之動貞夫一」，也是强調「一」。老子主張「抱一以爲天下式」，是注重「一」，莊子主張「萬物與我合一」，也是注重「一」。佛學如華嚴宗强調「一眞法界」，陽明先生强調「知行合一」……等等，都是注重「一」。綜合而言，基本上整個中國哲學，都是强調和諧統一的機體哲學。

然而，值得注意的是，這個「一」，並不能誤解爲西方的「一元論」，更不是政治上的「一言堂」，既不是孤立的一元論，更不是對立的二元論，而是「一體而多元」的機體論——既肯定多元，但仍在多元中，產生和諧的統一。這種「一」與「多」的和諧統一，不但對中國政治哲學影響很大，對中國美學注重「個體」與「整體」的和諧統一，尤其影響深遠，深值我們體認。

三、藝術創作的原動力

上一節所述美感經驗，主要是從欣賞者的角度看問題，這一節則主要是從創作者的角度看問題。對於這一問題——藝術創作的動力是什麼？同樣可以分成三項重點來分析老子看法，並且呼應上述的三項重點。

第一項創作動力，爲「提昇靈性」，也就是以提昇靈性、產生空靈之美做爲主要的創作動力。

像老子强調「反者，道之動。」，這個「反」，並非造反，而是返本的返，要返回大道這生命能源的大寶庫，所以老子也曾比喻整個宇宙大道猶如「橐籥」，所謂「天地之間，其猶橐籥乎」（五章）。橐籥相當於今天的風箱，「虛而不屈，動而愈出」，風箱內部看起來是空的，正因如此，反而更能抽風生風，而且精神愈動而愈出。

天地間的空靈，也是如此。愈能提神太虛，淩空俯視，才愈能感受萬千，受益良多、對於一切現實世界的偏狹與苦悶才能徹底看透；因而才能激發偉大的藝術才情，曲盡其能，創作偉大的永恒作品，所以老子曾强調「曲則全」，此中正有深意。

像宋代的藝評家鄧椿論畫便深受此影響：

「畫之爲用大矣，盈天地之間者萬物，悉皆含毫運思，曲盡其能，而其所以曲盡其能者，止一法耳，一法何也？曰傳神而已！……故畫法以氣韻生動爲第一。」⑫

此所以老子除了在第五章强調「虛而不屈，動而愈出」外，另外也在四十五章指出：「大盈若沖，其用不窮！」代表提神於高空後，更能超脫物象，盡得天趣，以充份宣暢沖盈於天地的神韻與機趣！

換句話說，根據老子美學，藝術家貴乎提神高空，不斷反省，以自我提昇，不斷超化，然後才能巧運神思，把靈性充份的表達於作品中，以有限的紙幅或空間，表達無窮的神韻與啓迪；進而足以充份提昇欣賞者的靈性，眞正做到破有限而入無窮，以展現大道豐富璨溢的生命力，不但「綿綿若存」，而且「用之不勤」！

所以中國後來的藝術，不論詩詞或書畫，都深受此種道家精神的啓發。像李白身爲偉大的詩仙，他的創作動力如何來？他自己所稱「攬彼造化力，持爲我神通！」就是明顯例證。代表要以天地造化的宇宙生命，做爲其運行神思的根本後盾。這個宇宙的「造化力」，在老子即稱爲「天地根」，所以李白這句話，若用老子話講，即是：

攬彼『天地根』，持為我神通！

這正是最能說明道家影響的實例。

另外再如唐代名畫家王維自述創作心得，深感在畫道之中，水墨最爲上，因爲「肇自然之性，而達造化之功」⑬，也是深能體悟此中精義。

此外例如董源也是如此，他强調藝術的創作能力，根本之道，在於「外師造化，中得心源」[14]，就是强調對外效法造化之美，對內體悟空靈之道。所以他也强調：「上比天工」，以宣洩神力，「下觸心靈」，以激發趣機[15]。凡此種種，莫不都在强調空靈精神的重要，以充份宣暢大化流行的燦然生機，此即老子所稱「無之以爲用」在藝術上的大用！

第二項創作動力，爲「回歸自然」，也就是以超脫世俗塵囂、修養高尙性情，爲另一項創作動力。

根據老子看法，一定要先能夠虛靜其心，才能夠遊目騁懷，飽覽宇宙萬類自然生命的整全大道，也才能夠激發才情，產生高尙的文藝作品。

所以老子曾明白强調「致虛極，守靜篤，萬物並作，吾以觀復」（十六章），也就是說，一定要先讓自己的創作心靈平靜安寧，與大地一般沉穩，唯有胸中廓然無物，然後才能曠觀萬物，勾深致遠，創作眞正自然之美！

這就可以給藝術家一個很大的啓發——身爲藝術創作者，便不能過份的自我中心，尤其不能急於私利與小我。老子在此說得好：「吾所以有大患者，爲吾有身。」若從藝術創作者立場來看，就是「吾所以有瓶頸者，爲吾有身。」往往藝術創作最大的瓶頸，就是過份的以「自我」爲中心，過份的自我追求表現，結果才情反而容易枯竭。所以此時一定要能先去掉我執，空靈其心，破除一切「小我」的偏執，廓然虛靜，回歸自然，向宇宙生命的大我，尋求能源，然後才能豁然通達，突破偏狹困窘的小格局，展現恢宏磅礴的大氣勢！

此所以明朝董其昌曾謂：「讀萬卷書，行萬里路。胸中脫去塵濁，自然邱壑內營，成立鄞鄂，隨手寫出，皆爲山水傳神。」[16]這也代表眞正偉大的藝術家，一定同時深具學養修養，然後才能眞正脫去塵濁，胸藏邱壑，進而揮灑天成，隨手均爲山水傳神的眞正名作！

另外明代藝評家李日華也曾强調，點墨落紙並非小事，「必須胸中廓然無一物，然後煙靈秀色，與天地生生之氣，自然湊拍，筆下幻生詭奇」⑰。這也代表心中先要眞正修養成廓然無物，無私無我，然後才能深入體悟天地生生之德，從而創作出各種詭奇美景！

事實上，這也正是石濤《畫語錄》所說，古人寄興於筆墨，「因有蒙養之功，生活之操」，而且，「以墨運觀之，則受蒙養之任，以筆操觀之，則受生活之任」⑱。代表藝術家在本身生活上，一定要有此自然的涵養性情與氣質，然後才能在筆墨上表現出如此的胸襟與氣魄。

這也正是清代王原祈所說：「筆墨一道，同乎性淸，非爲曠中有眞摯，則性情終不出也。」⑲凡此種種例證，都代表道家精神對中國書畫的重大影響，並代表一定在藝術家本身，平日要能涵養眞性情，才能在作品中自然天成，揮灑自如。

這也正如王昱所說：「學養所以養性情。」「昔人謂山水家多壽，蓋煙雲供養，眼前無非生機。」⑳

近代畫山水的大師如張大千、黃君璧等先生，山水攝影大師如郎靜山先生，均爲高壽，在此確爲重要例證。充份說明，藝術大師本身必需善養性情，超拔塵囂，而盡吸天地自然之靈氣，然後作品與性情才能融爲一體，不但生活本身充滿陶然趣機，作品神韻也充滿盎然生機。這才眞正可說深得了道家的生命精神。

同樣情形，正因高明的山水畫大師本身生命卽與自然生命相通，所以到後來甚至不必親自看到現實界眞正的山水，而胸中自有通體丘壑之美。

最典型的例證，就是張大千晚年所畫的「廬山圖」。根據張大千自述，他並沒有去過廬山，但他在八十五歲過世之前所畫的最後一幅畫——廬山圖，大氣磅礴，氣象萬千，却很能代表山水畫中的典範。究其原因，便因他長期在各種山水中修養性情，此中深厚的功力已足以揮灑成章，宣暢深遠的意境，是否寫實反倒成了次要。尤其該幅鉅作，並未完成細工，猶如貝多芬的「未完成交響曲」，以及易經的最後一卦，殿以「未濟」，反而更增加了無窮餘韻，本身更有深遠的美學意義，也特別值得加以說明。

第三種創作動力，則是「撫慰心靈」，也就是以至情至性、救人救世，做為重要的創作動力。

根據老子美學思想，藝術創作不但作品貴乎眞誠，藝術家的精神人品也應同「眞人」一般，能夠眞誠關懷萬物，濟潤焦枯，以「常善救人」，眞正撫慰人類的心靈，促使人們焦慮的心靈，能夠重新得到活水，重新展現活力。如此看似無爲，其實眞正是無所不爲。

所以，老子常用母愛比喻大道，就因爲母愛是天下最偉大、也最無窮的力量，爲了子女可以咬緊牙根，愈挫而愈勇，心中活力彷彿永遠無窮，可以成爲子女最好的依靠；此所以老子强調大道「善貸且成」，彷彿一座無窮盡的能源寶庫，只要人心能善於回歸這一根源，便能使心靈得到最慈祥的撫慰，重新恢復生命活力，此卽老子所謂「歸根復命」。

根據老子看法，能夠印證這種大道的，稱之眞人、至人、聖人。此其所謂「聖人常善救人，故人無棄人；常善救物，故物無棄物」（廿七章）。所以藝術家在此，也應有同樣的悲憫精神，以慈母般的胸襟，常善救人，常善救物，務期「人無棄人，物無棄物」，然後才能眞正創造出偉大永恒的作品。

尤其，聖人與母愛一樣，更重要的特性，是從來不要求回報，也從來不會以此炫耀。所以老子也曾強調「善行無轍迹」（同上）。眞正的善行，應如同母愛一樣，愛於無形，不留痕跡，旣不讓別人知道，也不讓他人感到壓力。所以眞正大藝術家的創作動力，也一定有悲天憫人的胸襟，愈付出，心中愈感欣喜，但絕不自誇，也不炫耀，更不沉迷於世俗的名利回報。

此所以老子特別強調，對於「善」，要能提昇到「上善」，對於「德」，也要能提昇到「上德」，而不能停留在世俗層次的善與德。

那麼，什麼是最高的「上善」與「上德」呢？老子說得很明白：「上善若水。水善利萬物而不爭。」（八章）也就是說，眞正的上善，善於滋養萬物，潤澤萬有，但本身並不與它們相爭。事實上，宇宙萬物在生長過程中，莫不都需要水，但從外表上却看不出來；正如同今天一切建築工程，也都莫不需要最重要的一項東西——水，但一旦各種大樓造成後，水即「功成身退」，絲毫看不出來，根據老子，這才是眞正的「上善」！

所以老子強調，聖人的胸襟，正應與此相同，然後才能「居善地，心善淵，與善仁，言善信，政善治，事善能，動善時。」（同上）這種胸襟，也才算是眞正「上德」的胸襟。此即老子所謂：「上德不德，是以有德」（卅八章），眞正的上德，絕不自以爲德，那才是眞正的「上德」！

由此我們充份可以看出，「上善」與「上德」相互的統合會通。本此精神，我們同樣可以說「上美不美，是以有美。」並同樣可以引申成：「上美如水，水善利而不爭。」眞正偉大的藝術家卽能有此精神風範，能夠常抱救人之心，以此爲創作動力，撫慰人類的心靈精神，而且不會只看到自己個人的苦悶。如此完全無私無我，並且不自以爲美，更不自以爲善，這才是眞正偉大永恒的藝術精神！

這種藝術家的情操，表面看似犧牲奉獻，自己一無所有，其實不然，老子在此說得很對：「己能予人，己愈有。」因爲愈付出，心中才會感到愈充實。如此精神，不但深知助人爲快樂之本，更深知救人爲充實之本，眞正算是融合了宗教情操與藝術情懷，這才是眞正大藝術家的精神人品，也才是偉大的藝術家與世俗的藝匠，根本不同之處。

以此來看，根據老子的精神，如果從事藝術工作，却只斤斤計較個人的名利，作品內容也只團團環繞於個人的苦悶，那就算再有名，頂多也只是個「藝匠」。反過來說，一些民間藝人，可能看似藉藉無名——如同敦煌衆佛的雕塑者，以及龍岡衆佛的創作者，歷史上早已不知其名，但都能用最眞誠的心靈、最悲憫的精神，將心比心，雕塑出衆佛救苦救難的生動神情，成爲億萬心靈能得撫慰的精神寄託，這種看似小人物的創作者，不求名，也不求利，其實才是眞正偉大的藝術家！

因此，我們若由此最高的統會處來看，便知老子與孔子的精神，其實是殊途同歸。兩者均強調，眞正偉大的精神人格，不論政治家、宗教家、科學家、哲學家或藝術家，均應以「救人救世」爲己任！並且不論追尋的是「眞」、「善」、或「美」，在最高的終點均能充份會通！

所以，我們身爲中華子孫的一份子，站在復興全民族的中華文化而言，更應擴大心胸，提昇境界，共同吸收儒道釋各家的長處，不要只見到各家的「小異」，而忽略了「大同」。唯有如此，旁通統貫中華文化儒道釋各家的通性，以此做爲全民族共同的民族精神，才能眞正統合力量，也才能氣魄恢宏，精誠團結，發揮偉大的民族活力，眞正復興雄健的民族生命！

四、審美的標準

根據上述老子對「美」的看法，我們可以分析其審美的標準如下：

第一，要能夠氣韻生動，足以產生空靈之美的作品，才算眞正的美。

老子曾經在第十章強調：「滌除玄覽」的重要，就是強調要能去除偏狹的自我中心。這與西方的審美標準，基本上不同。因爲，從西方美學來看，很多藝術品往往正是藝術家個人的「自我」表現，從哲學來看，這基本上也正是西方個人主義的產物。然而老子正好相反，凡受道家影響的田園詩與山水畫，最大特色，就是要能忘掉小我，而冥同大我。因爲根據老子，唯有去除自我中心，心中沒有了自私的小我，一切開濶的智慧才能進來，也才可能眞正提昇精神，泯除小我，而與宇宙生命的大我合而爲一！

所以，中國的詩畫受道家影響所及，便特重「虛實相生」，尤重以虛論詩，並以佈白表達空靈。王國維在《人間詞話》中強調：「……故覺無言外之味，弦外之響，終不能與于天下第一流之作者也。」就是此中深意。另外淸代惲格〈南田畫跋〉中也曾說：

用筆時須筆筆虛。虛則意靈，靈則無些滯跡，不滯則神氣渾然。㉑

換句話說，筆雖有盡，但意却無窮。中國山水畫之所能泯除有限，進入無窮，全在「筆虛」的妙用，究其根本，也就是老子強調空靈超化的妙用。李日華在《竹嬾畫賸》中稱：「寫長景必有意到筆不到，爲神氣所吞處。是非有心於忽，蓋不得不忽也。」同樣代表以虛襯實，餘蘊無窮的深意。

因此，方東美先生在論道家時，曾經特別強調：

在藝術欣賞上，一定要有解脫的精神。所謂解脫的精神，是把人間世一切善惡的觀念觀察了之後，再超脫解放，層層的向上面追求美之外更美的，善之外更善的，真之外更真的。㉒

這也正是前述老子「玄之又玄」、不斷超昇的空靈精神。本此精神，方先生也曾提到，有些書畫家，可能自己很自矜得意，但如果把歷代一流大師的名畫通通看遍（如漢唐石刻、六朝以後壁畫，以及唐、宋一流的大畫家作品），便知許多其實是「有筆無墨」、「有墨無筆」，甚至是「無筆無墨，不入流的」㉓。

這就是根據老子的精神，在閱盡萬般之後，精神不斷超昇，達到了超越各時代的通人境界，然後再回過頭來評論某一代某一人的作品，便清楚可以看出其片面性與局限性。換句話，「對於一切價值，都是要從超越解放之後的高尚生命理想來衡量。要能如此，才能根據這個價值，把真正的價值同假的價值劃分開來」㉔。方先生這段話，可說是真正弘揚了老子藝術精神的眞諦。

我們若就中國書畫這門藝術而言，所謂「有筆有墨」，也代表有骨有肉，挺拔匀稱。眞正的書畫家，不會有骨無肉、呆滯乾枯，也不會有肉無骨、臃腫鬆懈，缺乏神韻。所以其中更重要的，不論筆與墨，均要能表現出生動的精神氣韻。

清代張庚在《圖畫精意識》中說得很對：「氣韻有發於筆者，有發於墨者，有發於意者，有發於無意者。」㉕換句話說，不論用筆或用墨，均貴乎用神，唯有心中眞正能自提其神，超昇太虛而俯之，才能將神力貫注在筆墨上，剛開始契神入畫時，還是將氣韻「發於意者」，等到心靈不勉而成，渾然天成，則正是「發於無意」的極品了！

事實上，這也就是惲格所說：唯有「氣韻藏於筆墨，筆墨都成氣韻」㉖，才是眞正的至美極品，也才能充份宣暢空靈之美到達極致。

所以老子所強調的空靈之美，對中國藝術的審美標準，實有重大啓發意義。像南齊謝赫對晉朝顧愷之的畫評就很受老子影響。因爲顧愷之作畫，一向很重傳神，但心雖知之却未能完全行之，所以謝赫稱他：「深體精微，筆無妄下，但跡不逮意，聲過其實。」㉗

由此可見，謝赫的確相當把握住老子的超昇精神，並以此做爲重要的審美標準，因而他對於一代大畫家顧愷之雖然也有肯定之處——讚揚其「深體精微」，而且心有定見，所以絕無「妄筆」，但就整體神韻來看，仍然未能淋漓盡致的充份揮灑，所以也批評其「跡不逮意，聲過其實」。這種審美標準看似嚴苛，其實正因是從最高的標準來評，所以才眞正深具建設性的督導作用，這也才是眞正大藝評家所應有的風範。

第二，要能夠機趣燦溢，足以展現自然之美的作品，才算眞正的美。

老子在第十六章曾强調，「歸根」「復命」的重要，就是指出，藝術家心靈應該先回歸到大自然的天地根，共同呼吸，融成一體；然後才能眞正盡吸自然界無窮的生意，展現眞力瀰漫的創作生命，眞正做到：「容乃公，公乃全，全乃天，天乃道，道乃久。」（十六章），對這種「眞力」充盈的人，老子稱之爲「眞人」，對這種生機燦溢的美，我們也才能稱之爲「眞美」！

所以，方先生曾經以中國畫來說明老子的一句話：「曲則全。」（廿二章），也就是要用各種委婉曲折的方法，把充滿自然生命的宇宙大美，酣然飽滿的宣暢無遺！方先生在此說得很中肯：

「眞正哲學家觀照宇宙的方法要『全而歸之』，也就是把宇宙萬象紛歧的狀態，拿哲學家最高的智慧精神統攝起來，這也就是中國藝術家的精神：『提其神於太虛而俯之。』」㉘

因此，在道家影響之下，中國畫家畫山水，不會只以寫實的手法，展現現實界的遠近大小，而是以藝術家的空靈精神，從大自然提神太虛之後，以最高度的精神慧心，形成統攝全畫的重心。此時再俯視自然，就很可能「以大爲小，以小爲大」——因爲這時已經破有限而入無限，是以凌空的精神俯視萬物；所以畫中的山水與自然，便不再只是表面所看的自然，而是充滿無窮生機的燦爛世界。此時以少足以勝多，以小足以敵大，正是老子第廿二章所說的妙理：「少則得，多則惑」，也正如同方先生所說：「這樣一來，散漫的印象在畫家的心靈裡面變作一個統一。整個藝術家的精神就把那幅畫鎭壓住了。」㉙

我們要對此深入瞭解後，便知道家這種精神氣魄對中國國畫的意境啓發很大，然後才能建立起對中國國畫眞正高深的審美標準。此所以方先生曾舉郎世寧中國畫爲例提出批評。因爲郎世寧對上述道家的精神完全不懂，他只是把西方工筆法的手法直接運用到中國畫來，以致完全用寫實方法，形成遠山一定小、近山一定大，結果精神境界完全沒有提昇空靈的餘地，而且「沒有東西可以鎮壓整個的畫幅」㉚。歸根結柢，就是因爲郎世寧只執著於表面的寫實，而不懂無窮的靈空，以致陷入有限，無法超脫，因而無法表現中國畫獨具的渾然意境。

由此可見，有些外行人初看郎世寧的畫後，可能只覺其色彩之美與馬姿之美，但若眞正深懂老子美學後，才能具備眞正內行的審美標準。可惜的是這種審美標準，很多國人已經不一定瞭解，今後實在深値充份說明與弘揚。否則面對豐富的各種國畫作品，如果身爲中國人，竟不知如何欣賞與評論，將如同「畫盲」一樣，不但本身如入寶山而空歸，而且也無法透過國畫而體認民族文化的偉大，其損失是極其嚴重而深遠的！

另外，欣賞中國音樂之道，也與此相通。清朝王原祁《麓台題畫稿》中有一段話很値得重視：

「聲音一道，未嘗不與畫通。音之清濁，猶畫之氣韻也。音之品節，猶畫之間架也。音之出落，猶畫之筆墨也。」㉛

換句話說，作畫貴其氣韻生動，不能呆滯無力，音樂同樣貴其淸朗明亮，不能低濁無氣。此外，從作畫的佈局架構來看，貴其井然有序，而又寓動於靜，整幅畫中自有精神主宰，形成渾然有力的和諧統一。音樂同樣貴其品節諧然有秩，在高低跌宕中，自有一種雍容的生命精神貫通全曲，形成沛然多姿的和諧統一。

另外，作畫尤其貴其有筆有墨，有骨有肉，音樂同樣貴其足以激發生命勁氣，宣暢宇宙眞力。綜合而言，兩者同樣貴乎能夠暉麗萬類、振興萬有、冥同大道生命的無窮生機，這種從老子美學所產生的審美標準，才是眞正深值重視的高雅標準！

第三，要能夠至情至性，足以激發眞誠之美的作品，才算眞正的美。老子在二十八章曾强調「常德不離，復歸於嬰兒」，就是指出，眞正偉大藝術家的情操應該眞摯純淨，如同嬰兒般才行。另外老子也强調「含德之厚，比於赤子。」赤子的可貴，就在其眞誠，也在其深具同情心，所以這種審美標準，以激發人性偉大情操爲重點，在功利主義與澆薄風氣盛行下的今天，尤其深具重大的啓發意義。

事實上，西方大哲也有類似講法。例如尼采這位批判性很强的哲學家，他所强調的精神三變，也就是從「駱駝」、「獅子」，而後歸於「嬰兒」。我們如果把這些象徵運用在文藝批評上，則駱駝精神相當於把文藝看成是「苦悶的象徵」，以發抒苦悶爲重點。獅子精神則又把文藝看成是「自我的象徵」，以發抒自我爲重點。但到了嬰兒眼中，則一切萬物莫不充滿生香活意，充滿生命的喜悅，所以嬰兒精神直可說是把文藝看成「生命的象徵」，以發抒生命爲重點。這才是眞正可貴的精神依歸，也才是眞正最生動感人的審美標準！

另外像德國席勒（Schiller 1759-1805）在《審美教育書簡》中也曾提過，「最偉大的天才，在趣味的欣賞與審美標準中，也應放棄自己高高在上的地位，而親切的了解兒童的理解」。換句話說，再偉大的藝術評論家，也應多問問兒童的看法。因爲兒童本於眞誠童心所產生的直觀，往往最能當下以生命觀照，這種「無分別心」的直觀，看似是最起點，其實往往正是閱盡萬般後的最終點。此中返樸歸眞、大巧若拙的深意，也極値我們體認。

黃庭堅在《山谷老人刀筆》中，曾經特別強調：「凡書要拙多于巧」，董其昌在《容台集》中也認爲：「吾書往往率意」，均爲中國書論深得老子此中精義的例證。

此外，赤子之心所代表的意義，也是深厚的同情心，能夠對別人病痛感同身受，並且對整個時代的病痛，也感同身受，這一點尤其深値重視。

因爲，要能透視時代的病痛，既需要慧心，也需要悲心。所以老子在七十章中明白說過：

知不知，上；不知知，病。夫唯病病，是以不病。

這代表，要能跳脫出小我的偏執，知道自己的無知，這才算上品。明明自己不知，却強不知以爲知，這就是病。

根據這種精神，我們同樣可以說，「美不美，上；不美美，病。」——能夠將自己其實並非眞美的作品切實反省，追求更高的美，才是上品。如果明明不美，却自以爲美，這就是重大的毛病了。

然而，老子緊接著在此講的也很中肯，「夫唯病病，是以不病。」如果眞能自動省思，把毛病認眞改進，當作重要的病，那反而可說並非眞病。就怕明明毛病很大，却死不承認，那才是最嚴重的毛病！

此地所講的毛病，申論來說，也可代表整個時代的病痛。眞正偉大的政治家、哲學家或藝術家，都應有這種胸懷，以時代的病如同己病，以衆生的病如同己病！能否激發與表現這種偉大的情操，也正是老子美學另一項重大的價值標準。

由此來看，方東美先生在生病中的一首詩，便很具深刻意義：

眾生未病吾斯病，吾病眾生病亦痊，病病唯因真不病，重玄妙法尚天然。㉜

方先生這首病中詩，在罹患癌症劇痛之餘，仍以衆生爲念，很能代表上述的老子悲憫精神。尤其後兩句中强調「病病唯因眞不病」，提醒衆人要能多自省，要能以病爲病，可說語重心長，寓意深遠。最後一句的「重玄」即老子所說「玄之又玄」，是呼籲世人能多自提昇精神，不斷超越自我，然後以此超化的「妙法」尚同天然大化的生機，才是整個時代超脫拯救之道。這首詩不但深深傳達了老子哲學的精義，也充份展現了一代哲人的風範。這種情操，也正是老子對偉大文藝作品的重要審美標準！

五、藝術的社會功能

老子的「道」，在哲學上，可以用「道體」、「道用」、「道相」、「道徵」四個層次來了解。所以，老子的「美」學，相對應於其「道」論，我們也可以從這四個層次來分析——前述「美是什麼」，相當於美之「體」；美之「用」，則爲本段所指藝術的社會功能。至於美之「相」，則相當於美感經驗的表現，所謂美之「徵」（「徵」即「證明」），則在印證眞正美的標準，卽相當於上一段所講審美的標準。

針對美之爲「體」，本文曾經分成三項重點分析，本段分析美之爲「用」，同樣也可以相對應的從這三項來扼要說明：

第一項美之大用，在於能以「空靈之美」提昇社會「物質化」的毛病。

老子哲學在基本上，絕不是消極遁世的哲學，而是要關心時代，拯救世人的哲學，也就是要「常善救人，常善救物」的哲學。因此，老子很關心社會的病痛與時代的問題，並且認爲，只要能找出根本問題，就不算問題，此卽所謂「夫唯病病，是以不病」。

那麼，根據老子思想，當前社會主要病態是什麼呢？首先就是物質化。此卽老子所說「五色令人目盲，五音令人耳聾」，因爲人心是永遠無法滿足的，所以如果任由各種物質享受與名利薰心，卽必定會引發到「心發狂」的地步。

尤其，目前時代普遍所見，已經是以物質標準衡量人生，並以金錢標準衡量人格。凡事「向錢看」的結果，正是「物質化」發展到極點的重大時代病。如果長此以往，任令各種私心與物慾橫流，則必定會使人類更多的心靈滅頂，也必定會使整個時代不斷的沉淪！

所以，老子此時鄭重的提醒我們，一定要能以精神空靈之美，超拔於物慾之上，從根本超脫這種陷溺於物質化的毛病。若用詩句表現此中精神，正是：「欲窮千里目，更上一層樓」。老子正是呼籲大家，透過藝術心靈，勾深致遠，把精神不斷向上提昇，以更上無數層的高空。唯有如此，壁立萬仞，放曠慧眼，在提神高空後再俯視現世萬物，才能頓然醒悟，看破一切偏執，超拔於俗流物化之上。也唯有如此，「歸根復命」，馳情入幻，才能使疲憊焦枯的心靈得到滋潤，回到「善貸且成」的大道，充份吮吸天地之根的酣然生意與陶然趣機。那才能從根本上破除陷溺物化的毛病，充份展現雄奇多姿的生命美圖！

第二項美之大用，在於能以「自然之美」根除當代「異化」的毛病。

「異化」這一毛病，在馬克思青年手稿中曾賦予特定的意義，代表勞動的主體——工人，在生產出客體後，主客之間相互敵對。六〇年代的新左派社會運動中，將其引申擴大，泛稱爲「後工業化社會」中的一大毛病。如美國的馬庫色（Herbert Marcuse）與德國批判理論的哈柏瑪斯（Jürgen Habermass ）多持此說[33]。他們固然分別指出了工業化急速發展下，人被壓扁成爲「一度空間」的問題，然而針對此一問題，他們只是提出了病象，但是對於如何解決問題，卻提錯了藥方。六〇年代狂熱的各種社會運動，現在均已證明不但失敗，而且成事不足，敗事有餘。尤其馬克思所提供解決異化勞動的藥方——以共產主義廢棄私有制，事實更已證明大錯特錯，以致大陸上反而興起「社會主義異化論」的普遍怨言。凡此例證，充份說明，要解決現代社會的異化問題，無論馬克思或新左派，完全都不能成功。

因此，此時如果我們再看老子思想的啓發，便會發現老子倒提供了很深刻的解決之道。因爲，老子基本上就是一種抗議哲學——抗議人與自然異化、抗議人與人異化、抗議人與自我異化。最重要的是，他的解決之方，不在外求狂熱的社會運動，而在回歸自然，結合個人心靈與宇宙大道，促使個人生命與大道生命能夠融通爲一，共同雍容的和諧並進。唯有如此，個人回歸自然之中，猶如遊子回歸慈母懷中，心靈才不會飄浮割裂，也才不會在異化之中迷失自我。

此所以老子在四十二章明白强調「萬物負陰而抱陽，冲氣以爲和」，「聖人抱一以爲天下式」，就是强調以互動和諧的精神去除異化敵對的現象，並以「抱一」去除分立異化的毛病，這些都是極爲中肯的深意。

尤其，老子曾明白指出，域中有四大，「天大、地大、道大、人亦大」，就是明確肯定：人與天地一般大，絕不能只成爲扁平的「一度空間的人」，而應切實頂天立地，與整個自然大道共同並進！由此可見，老子並不是「反人文主義」，他應稱爲「超人文主義」，因爲他不但非常肯定人性的尊嚴與偉大，而且一再要求更超越、更提昇。這與儒家的人文主義各有千秋，但肯定比西方反對宗教、截斷根源的「人本主義」要高明開濶許多，尤其比新左派自稱的「馬克思人本主義」要遠爲淳厚健朗，這才足以針對「異化」問題切實克服！

第三項美之大用，在於能以「眞誠之美」洗滌社會「庸俗化」的毛病。

庸俗化的現象，不但是現代各社會的普遍現象，也是歷史上各代的常見現象。道家的超拔俗流，可說正是最能對治庸俗化的良方，甚至比儒家還更能切中此流弊。

因爲，儒家本身如果一旦失去高尚理想，也會形成孔子所說的「小人儒」，像荀子就已區分「大儒、雅儒、俗儒」的不同，就是提醒世人，千萬不能將儒學化成名利的敲門磚。歷史上很多名利之徒表面打著儒家招牌，其實走著庸俗路線，歸根結柢，便因爲在現實名利中，喪失了生命的眞誠，也喪失了超脫的精神。

因此，特重眞誠與超脫的道家，在此便很能互補互濟。此所以王船山也曾經針對儒道兩家的特性而强調：「儒之弊在俗，道之弊在誕」。換句話說，道家如果一味只講向上超昇而不能落實現世，就會成爲荒誕的毛病，此時儒學的入世精神便很能加以補救。然而，儒學如果只一味入世而無法在精神上超化解脫，也會整天困於雜務而日漸庸俗，此時道家飄逸的藝術精神就很能加以補救。歷史上儒道兩家往往被看成對立，其實若深入去看，便知互補互成，共同形成中華民族的深厚智慧，此中精義，實在深值我們體認！

尤其，我們今後若從長遠眼光看民族的前途，便淸楚可知：中華民族若要有希望，首先中華民國一定要有希望，而中華民國若要有希望，我們就一定不能只在台灣一島心存偏安，或陷溺眼前的享樂，而日漸庸俗腐化。因而此時，就同時亟需儒家的使命感與道家的超越心，共同激發國人充沛的豪氣與靈氣！然後才能因爲豪氣而足以胸懷神州，因爲靈氣而足以超越庸俗。唯有如此，共同以前瞻性眼光發揮中華民族的慧命，才能眞正共同復興中華民族的生機！就此意義而言，道家藝術精神的功能，實在旣重大且深遠，深值我們大力弘揚！

六、比較研究

第一：我們若以老子與柏拉圖比較，便知有很多相通之處，深具意義。例如柏氏認爲現實只是對理型上界的摹仿，因而一再呼籲世人精神要能向上提昇（Uplift），如同從「地窖」中一步步向上超拔一樣，這種「向上提昇」的精神風格㉞，便與老子非常能夠相通。

另外，柏拉圖在此所說的「理型上界」，很類似於老子所說的「大道」上善。老子追求「玄之又玄」，最後要到達最高的絕對價値，則相當於柏拉圖所說「最高的價値統會」。另外老子又以最高的「道」來回頭批評現實下界，則相當於柏拉圖以理型上界最卓越的「絕對眞善美」，回頭批判現實界文藝，所以柏氏才會主張要把一些庸俗詩人逐出「理想國」之外。尤其，從最高的價值統會來看，柏氏所强調的「眞善美」，正類似老子所强調的「道」！

凡此種種，都正是東西哲人殊途同歸之處，尤其，若從追求最高理想來看，兩位皆爲「理想主義」者，兩位也都以「追求卓越」著稱，並且均以此最高卓越爲標準，據以批判一切世俗的眞善美，因而都可說是要求最爲嚴格高超的偉大藝評家。這些都深具啓發，深値體悟。

第二，老子與柏氏不同之處，主要是柏拉圖基本上爲二元論者，上下界之間明顯有鴻溝，很難相通。他最後雖然勉强在理論中產生「造物者」（Demiurge），以示聊勝於無，但到底如何貫通上下，仍然未能充份申論，以致二元論的困境很明顯。後來到了亞里斯多德，才企圖將其二元論以「四因說」與「充份實現」、「純粹潛能」的理論加以彌補。然而就柏氏本身理論而言，不論在宇宙論、人生論、政治論，乃至藝術論，都難以避免二元對立的鴻溝與兩難。

但是，老子思想却並沒有這種二分法的難題。此所以他雖然力求超昇，但仍一再强調「聖人抱一以爲天下式」，並且以「抱陰而負陽」「冲氣以爲和」，將柏氏的上下兩截融爲可以互動的渾然一體。這比亞里士多德形上學中的靜態架構，要更能週全完備。另如老子所講的「道」，落實在現實界卽成爲「德」，所以能夠在下界中實踐上道，此其所謂「和其光、同其塵」，並不是離開下界，而去追求另一個超絕的上界，因而不會墮入二元論的困境。

再說，老子雖然批判下界，但並不以下界爲仇敵，更不會加以完全否定與摧毀，此卽莊子形容老子時所用的名句：「空虛以不毀萬物爲實」。反觀柏拉圖思想，却明顯分爲兩截，因而理想與現實，永遠在矛盾中對立衝突。所以藝術家的地位在柏拉圖眼中，永遠有進退兩難的窘境——如果進而入世，則可能被世俗所沾滯，但若退而出世，則又不能拯救現世。但這在老子，却透過「建立以常無有，主之以太一」，而能產生和諧的統一。兩者在此極爲不同。

尤其根據老子美學，他主張以空靈之心冥同大道，以自然之心泯除二分，更以眞誠之心力行大道，所以藝術家很能游刃有餘，在提昇精神與有無相生之中，既能自娛，也能娛人，既能自救，也能救人——這種眞正大藝術家的精神風範與器宇氣魄，確實深值多加體認與弘揚！

第三，我們若以老子與孔子比較，便知深具各種啓發意義。方東美先生曾比喻孔子爲「時際人」（Time man）[35]，代表能在無盡的時間之流中，發揮生生不息的創造精神，與時俱進，不斷向前開展，因而特重文化使命感與時代責任感；而道家則可稱爲「太空人」（Space man），代表在無窮的空間之旅中，能發揮玄之又玄的超昇精神，不斷向上提昇，據以點化有限，進入無垠，因而特重空靈美感與藝術精神。

然而，我們若能從兩者最高的統會來看，便知儒道兩家不但並不衝突，而且正能相輔相成，共同形成中華民族精神慧命的特色，缺一而不可。尤其兩者最高的會通處，正是所有大哲學家與大藝術家共同應有的偉大心靈。因爲，兩者都共同重視高尚其志、都共同强調拯救現世，也都共同强調應永保眞誠！凡此種種，在今天都應當做爲整個民族的精神美德，而由我們切實共同弘揚與力行！

當然，就藝術美學的風格來看，儒家比較注重陽剛之美，如孔、孟、荀皆注重雄健進取的精神，但老子影響所及，往往展現爲陰柔之美，比較注重委婉曲折的精神，兩者在此確有不同。不過兩者却同樣都肯定中和之美，都不走極端，都重視中庸和諧之美，因而再次構成了整個中華民族的精神通性，非常深值重視。

第四，儒道兩家另一共同通性，在於都强調力行。此所以孔子强調篤行，「聽其言」後，還要「觀其行」。老子也强調「上士聞道，勤而行之，中士聞道，若存若亡，下士聞道，大而笑之。」（四十一章），同樣注重力行。另外老子在六十三章中更說：「天下難事必成於易，天下大事必成於細。」要把高深的哲學融入簡易的生活中，強調人人可行，處處可行。其根本宗旨也在注重「行」字；這同樣形成整個民族的共同道理，深値重視與力行。

另外，儒道兩家也共同注重人格之美。不同處爲孔子稱之爲「君子」，强調倫理之善，而老子稱之爲「眞人」——所謂「博」「大」「眞人」，卽以空靈之美致其「博」，以自然之美得其「大」，而以眞誠之美成其「眞人」，這些才是老子心目中眞正胸襟恢宏的精神人格，基本上，與儒家君子積健爲雄的氣魄很有相通之處。由此來看魏晉所謂「竹林七賢」，其實只截取了其中一部份，因爲標新立異的結果，如果失去了平常心，反而學虎不成反類犬。再如六〇年代美國一些嬉皮興起，其實更只是學到皮毛，過份矯情的結果，反而成爲「爲反對而反對」，甚至有些成爲「反體制」口號下的左派政治工具，與老子精神相差更何止萬里計！

要之，六〇年代的嬉皮與存在主義，基本上都是反抗西方物質文明的產物，固然也有其值得重視的成因與成果，但對眞正解決之道却並未中肯把握，以致現在看來，只成一窩蜂而已。相形之下，老子所追求的精神生活，以「博」、「大」、與「眞誠」爲主，並且切實落在個人的精神修養上，充份力行，看似緩慢，其實正是最爲平易可行的解決之道。

第五，就辯證法而言，道家的辯證法與儒家的辯證法，均共同以和諧互助爲特色，這一點很重要。儒家所謂「一陰一陽之謂道」，是以「陰」「陽」爲辯證的兩極，而道家所謂「建之以常無有，主之以太一」，是以「有」「無」爲辯證的兩極。但不論「陰、陽」的關係，或「有、無」的關係，彼此均以相反相成、和諧互助爲通性。這與馬克思辯證法基本上強調衝突矛盾大不相同。簡單的說，儒道兩家形成的中國辯證法，是一種「互助哲學」，而馬列主義所形成的唯物辯證法，却是一種「鬥爭哲學」。前者足以和諧創進，後者却足以破壞毀滅，此中差異眞如天壤之別，深值我們警惕與重視！

另外，不論儒道，在辯證歷程中，都注重和諧統一，此所以儒家強調「天下之動貞夫一」，道家強調「抱一以爲天下式」，「天得一以清，地得一以寧，侯王得一以爲天下貞」。這與共產黨強調「凡事都要一分爲二」也是大不相同。共產黨凡事講分化，然後在二分之後再進行對抗鬥爭，文藝因而也成爲政治鬥爭的工具，完全失去了高雅性與獨立性。但儒道兩家都肯定互助，要在互敬互重之中團結合作，這種團結互助的哲學，才眞正足以伸張人性尊嚴，因而這種精神所產生的文藝，也才能眞正弘揚人性光輝。此中深意，也深值我們體認！

當然基本上，儒家仍然偏重「有」，而道家比較偏重「無」，兩者仍然有所不同。但本質上儒家講的「有」是「大有」，不是盲目擁護現狀，而是要將文化理想貫注在現世中實踐；而道家講的「無」也是「眞無」，不是只停留在虛無主義中，而是不斷提昇現實，直邁高超理想。所以，我們要能眞正把握兩者共通的雄健精神，並且同時擷取各家長處特性，那才眞正足以代表最高明的精神智慧，也才是整個中華民族最可貴的精神珍藏，深値我們多加研究與弘揚！

第六，最後，本文願引述司空圖《詩品》中的三首詩，做爲比較儒道釋三家的重要參考。方東美先生曾經特別指出，這三首詩很能象徵儒道釋三家的精神特色[36]，確實深具慧心。我們若以這三首詩，分別象徵儒道釋三家在美學精神上的不同，尤具重要啓發意義。尤其因爲藝術風格的比較研究，畢竟很難完全透過言傳而盡意，所以本文殿以下列三首詩，更有獨特的象徵意義，値得作爲重要的比較研究結論。

第一段「勁健篇」，很可以象徵儒家剛健進取的精神之美：

行神如空，行氣如虹；巫峽千尋，走雲連風；
飲眞茹强，蓄素守中；喻彼行健，是謂存雄；
天地與立，神化攸同，期之以實，御之以終。

第二段「雄渾篇」，則可以象徵道家提神太虛的精神之美：

大用外腓，真體內充。返虛入渾，積健為雄，
具備萬物，橫絕太空。荒荒油雲，寥寥長風，
超以象外，得其環中。持之非強，來之無窮。

第三段「流動篇」，則很可以象徵佛家悲智雙運的精神之美：

若納水輨，如轉丸珠，夫豈可道，假體如愚，
荒荒坤軸，悠悠天樞，載真要端，載聞真符，
超超神明，返返冥無，來往千載，是之謂乎?!

由此可見，中華民族的藝術精神，深具勁健、雄渾、與流動之美，不論展現在書法、國畫、詩詞、雕塑、庭園、或建築，都深具獨特的精神境界，這種藝術精神淵遠流長，已成世界公認的瑰寶，今後更需我們以恢宏胸襟充份弘揚光大，那才能眞正復興中華文化命脈，進而爲世界文明再放燦爛異采！

附註

❶ Karl Jaspers, "The Great Philosophers,"1966，台北虹橋一九七〇年版，頁三八九。

❷ 方東美：《原始儒家道家哲學》，台北黎明公司，一九八三年初版，頁一九四。

❸ F. Nietzsche, "Also Sprach Zarathustra," N. Y., 1920, P. 3.

❹ 方東美英文原作：《中國哲學之精神及其發展》，民國七十三年台北成均出版社孫智燊中譯，頁四九。

❺ 方東美：《原始儒家道家哲學》，頁一八四。

❻ 徐復觀：《中國藝術精神》，台北學生書局，民國五十五年初版，頁四七。

❼ 同上書，頁四九。

❽ 請參黑格爾《美學》序論第三部份，另在《精神現象學》中亦曾強調藝術在絕對精神王國中應保有其地位。

❾ 方東美：《中國人的人生觀》，馮滬祥中譯本，台北幼獅公司民六十九年初版，頁一一四。

❿ 同上，亦見J. W. N. Sullivon,"Beethoven: His Spiritual Development," PP. 34-5。

⓫ 同上。

⓬ 宋代鄧椿：《畫繼學津討原本》。

⓭ 轉引自方東美先生前揭書，頁一四一。

⓮ 轉引自方東美先生前揭書，頁一四一。

⓯ 同上。

⓰ 明代董其昌：《畫旨》。

⓱ 李日華：《紫桃軒雜綴》。

⓲ 石濤：《畫語錄》。

⑲ 清代王原祈：《麓台題原稿》。
⑳ 清代王昱：《東莊論畫》。
㉑ 惲格：《南田畫跋》。
㉒ 方東美：《原始儒家道家哲學》，頁二〇九。
㉓ 同上，頁二〇八。
㉔ 同上，頁二〇九。
㉕ 請參張庚：《圖畫精意識》，論氣韻。
㉖ 惲格：《南田畫跋》。
㉗ 南齊謝赫：《古畫品錄》。
㉘ 方東美前揭書，頁二一五。
㉙ 同上。
㉚ 同上，頁二一四。
㉛ 王原祈：《麓台題畫稿》。
㉜ 方東美：《堅白精舍詩集》，台北黎明公司，民國六十八年初版。
㉝ 如馬庫色所著《一度空間的人》(One Dimensional Man)，便是典型例子，哈柏瑪斯著作基本上也以此爲一貫訴求。
㉞ 柏拉圖此種精神，主要見其《理想國》第六卷中，亦見其《饗宴篇》內容。
㉟ 方東美：《中國哲學之精神及其發展》(Chinese Philosophy: Its Spirit and Its Development)，英文版爲台北聯經出版社一九八一年印行，見儒家與道家部份。
㊱ 方東美：《原始儒家道家哲學》，頁一一十二。

第五章　莊子的美學思想

前言——莊子語言的特性

莊子在中國哲學家裡面，是氣魄非常磅礴的一位，不但哲學精神宏大而辟，哲學文采也深閎而肆，其壁立萬仞、流眄萬物的高遠境界，對中國畫論影響尤其深遠，堪稱民族藝術精神中極重要的根源。所以本文將以較多的篇幅，把握六項問題，一一深論其美學思想，並同時列舉歷代重要畫論，做爲相互呼應的例證。

在分析六項問題之前，本文先需說明莊子的語言特性。

在莊子心目中，舉凡天地間一切自然萬物，都可以用來發言。其中展現出的宇宙，是一個充滿生香活意的大有機體，也是一個充滿燦溢美感的大生命體，此其所謂「天地有大美」；甚至美到極致，還可以有「不言之美」，其靈活洒脫，遠遠超乎一般世俗對語言的定義。

所以方東美先生就曾強調，一般人所使用的三種語言方式，都並不適用於莊子，他曾指出這三種謬誤如下❶：

一、「定義法的謬誤」，只知用狹窄定義，卻自陷於相互定義的循環論證。二、「因果論證的謬誤」，只能從因果關係發言，但追溯到終極的原因又成了沒有原因。三、「實體論證的謬誤」，就算文字用盡語言道斷，也無法講清「實體」，更無法說明「空靈」。

然而，莊子所使用的語言，却完全跳出這種世俗窠臼，另闢無限寬濶的妙法。不但與衆不同，而且比起老子，還更加詭譎多變，也更加生動豐贍，因而，也更加顯得不可捉摸。其表達方式橫空展拓，縱橫馳騁，靈慧四溢，光芒萬丈，本身就是一項不落俗套的大美。我們本身先要有同樣的大氣魄、大心胸、以及大通達的自由精神，才能深知其中哲理眞諦。

此所以方東美先生曾明白的指出：

要瞭解一個大哲學家，不只須要有才情，也須要有大氣魄，大心胸，更要有開放的自由精神，才能夠同一個大哲學家的精神相應，才能夠瞭解這個創造性的思想家。要瞭解了這一點，我們才可以把莊子寓言篇裏的『卮言』去掉，從『重言』起，再把所謂『荒唐之言，無端崖之辭』，化為『大言炎炎』，把它當做哲學上的偉大真理。然後才能欣賞讚嘆，也才能夠『原天地之美，以達萬物之理』，把握住統合性的整體真理。❷

實際上，對莊子語言特性，講得最中肯的，莫過於莊子自己在〈天下篇〉的自述。

莊子在〈天下篇〉中，首先縱論先秦諸子各家的思想特性，短短篇幅之中，要言不煩，針針見血，很能勾勒各家的精華神韻，本身就充分展現了過人的才情，有關筆法更成爲一項機趣橫溢的藝術神品。全文很類似漫畫家的手法，展現出一部極爲傳神的「先秦思想簡史」，口吻雖然像莊門後學，但其中文風却明顯仍然直接來自莊子。

這篇精彩的文字，對莊子的語言特色，曾經特別描述如下：

以天下為沉濁，不可與莊語，以卮言為曼衍，以重言為真，以寓言為廣。

換句話說，莊子語言，首先表達的特色，便是一種超世俗、超時代的高遠精神。在此有一項有趣的問題：莊子這種精神，能否稱爲現代藝術界所說的「前衞藝術語言」呢？却又不盡然。因爲根據莊子哲學，根本超脫了時間前後的束縛。他在此所表達的曠達精神，並非僅以對時間的超前爲重要標準─甚至也有可能某些作品在時間雖然超前，在莊子來看，反而愈「沉濁」。當然，這也並不意味他又以「後衞」爲標準，一切只往回看。他是一切均以是否「沉濁」爲標準，不論古今，也不論中外，旣超越時間，也超越空間。凡靈性沉濁者，均不可與莊語，也都是莊子要超化的對象。

所以我們直可以說，莊語的對象，非古非今，但也亦古亦今，一切均以心靈能否超拔沉濁爲標準。那麼，如果眞處在沉濁的時代、庸俗的環境之中，莊子又如何表達其思想─尤其美學思想呢？這就不能只用一般世俗語言─否則以同流合汚的語言，如何能表達眞正精彩的大美？而且，若以世俗呆滯的心態，也體會不出其中眞正超拔之大美。這就是他所說，爲什麼要用變化多端的「卮言」，語重心長的「重言」，以及寓意深遠的「寓言」。上述這段文字本身就饒富深意，極值深思。

此所以莊子同時也提到：

以謬悠之說，荒唐之言，無端崖之辭，時恣縱而不儻，不以觭見之也。（天下篇）

這句話本身代表莊子的反諷與自嘲，看似荒誕不稽，不着邊際，而且如同天馬行空，無端無崖，但只要深入體悟，便知他其實是馳騁神鋒，充滿趣機，絕不落入任何偏頗的一隅之見。

因此莊子才會提出下一段精光四射的名言：

獨與天地精神往來而不傲倪於萬物，不譴是非，不與世俗處。（天下篇）

這話前半段在指向上提昇的超越精神，足以遨遊太虛，獨與天地精神相往來，下半段則指一往平等，以廣大的同情瞭解善體萬物；因此不會陷溺於是非之中沉淪，也不會自絕於世俗之外孤寂。

這兩段表達方式，看似矛盾，其實正是莊子思想精華之所在，也正是方東美先生所說「上下雙迴向」的典型特色。

此中精神，猶如老子的「和其光，同其塵」。莊子稱老子爲：「建之以常無有，主之以太一……以空虛不毀萬物爲實。」老子以「常無」與「常有」而上下雙迴向，並融合爲和諧的統一，雖然注重空靈與超越，但仍以「不毀萬物」爲實，並不以否定萬物爲基礎；這正猶如莊子雖獨與天地精神往來，但並不傲視萬物一樣。

換句話說，此中關鍵，也正是方東美先生所說，「超越」與「超絕」之不同。「超越」精神，代表上下兩界仍能融合一貫，不致二分，但「超絕」則從中絕斷，無法貫通。方先生以「Transcendental」代表「超越」，而以「Transcendent」代表「超絕」，並且指出西方哲學其實多半只停在「超絕」，以致天人之間很難再整合統一，甚至康德所稱「超越」，其中很多是指「超絕」，並未分清兩者不同。此中看似一字之差，其中差別却甚爲重大！

所以我們可以說，莊子不但繼承了老子的超越精神（而非「超絕」），更進一步發揚光大，並且將老子的「有無對反」能夠「和之以天倪」，從而拓展了更爲交攝互融的有機宇宙。他如何拓展呢？首先最明顯的，就是在語言上，大量使用了各種寓言、重言、卮言，以包天蓋地、馳騁無礙的精神氣魄，生動展現出機趣燦溢的意境之美。

因此，今特再將莊子的語言方式，綜合歸納出三項特性，做爲瞭解莊子美學的扼要參考。

第一，莊子的語言特性，並非科學性語言，而是寓言性語言。

莊子認爲，「言辯而不及」，愈是精微的語言，看似有用，其實再怎麼辯，都有不及之處，都不能週全表達眞正心意，尤其不能生動表達宇宙大道的全貌。

因此，莊子在各篇之中，便改換另一種方式，運用各種寓言，以各種比喻來傳達其中耐人尋味的神思。在這些故事之中，各種大人物、小人物、怪人物、動物、植物、林林總總，都大量出現，統統彷彿卡通人物一般，能在超乎現實的筆法下，展現其中超乎世俗的心靈。這些也彷彿伊索寓言，各種飛禽走獸、山川河流都能講人話，而各種情節安排也都饒富哲理深意，很多時候，言在於此，而意在於彼，進而充滿慧心巧思。

換句話說，莊子各篇，通常並不直接破題，點出旨意，而是委婉曲折的巧爲比喻，讓讀者心靈能夠隨其各種生動不羈的筆法，進入玄妙生動的寓言世界——正如同進入充滿童心幻想、却饒富機趣的狄斯耐樂園一樣，然後才能讓讀者自己會心領悟，足以與莊子「相視而笑，莫逆於心」。此時根本不用再發一語，便是深刻知己。

根據莊子，唯有如此，才是眞正的心靈領悟，也才是眞正的精神提昇。所以，莊子如果身爲今天的教師，他絕不會同意塡鴨式的教育，而一定注重啓發式的教育。他出考題，絕不會固守任何一種「標準答案」，而一定注重拓展學生無窮的心靈潛力；他培養學生也絕不會以固定模式硬套，而是從旁提供滋潤，讓學生本身潛力能充份展現。這種生動活潑的方式，就是莊子語言的第一特性。

換句話說，莊子的語言，並非要求精確的科學語言，更非「語言分析」（linguistic analysis）所能適用的對象，不能用西方「一一對應的模式」（One-to-one correspondence）硬套。那樣只用表面單一文字表示單一定義，方東美先生戲稱爲「看圖識字」，用如此單薄呆滯的文字，如何能呈現博大恢宏、綺麗萬變的莊子精神？

這種方式正如莊子所說，看似精確，其實「七竅生，而渾沌死」（應帝王），若要硬求其語意精確，那莊子通體充滿燦溢才情的生命精神，反而會逐漸黯然僵化，萎縮而死。

所以，此中關鍵，一言以蔽之，莊子語言，並非「科學性語言」（Scientific language），而是「寓言性語言」（metaphor language）——先將有限的文字化成寓意深遠的故事，然後才能表達深奧奇妙的宇宙至理。

然而我們也不能因此就認爲莊子精神與科學精神完全不容。因爲，莊子重點雖然並不在精確分析外物，但若以廣義的「科學」精神（Geist Wissenschaft）來看，代表一切井然成理的生命學問，則莊子前述精神，要透過宇宙天地之大美，而通達一切萬物生命之至理，反倒與最高層次的科學境界，很能協然相符，交融互映，只不過不能以「科技」的表層語言加以拘限而已。

至於說，爲什麼莊子特別喜好用寓言的方法？他有一段很深刻的名言，可以充份說明：

> 以指喻指之非指，不若以非指喻指之非指也，以馬喻馬之非馬，不若以非馬喻馬之非馬也。（齊物論）

換句話說，這也正是老子所說「正言若反」的道理——與其從正面講「標準答案」，不如用旁敲側擊，甚至用反話—如「非指」、「非馬」，以激發讀者心中神思。唯有如此，用各種寓言故事或反諷襯托，才能啓迪深遠，發人深省，並且令人印象深刻。莊子在此眞正可以說是一位非常高明的教育心理學家！

第二，莊子的語言特性，並非描繪性語言，而是象徵性語言。

莊子深知，言有盡而意無窮，無論用怎樣精確繁複的語言，都不能眞正完滿的表達語意，因此，莊子才寧可跳脫此一層次，超乎描繪性語言（Descriptive language）的束縛與限制，而昂首雲天，馳情入幻，廣用象徵性語言（symbolic language）。

最著名的例子，便是莊子曾經說過，「天地一指也，萬物也」，這話看似費解，眞實最能代表象徵意義的重要性。正如同釋迦牟尼出生時，相傳上指天，下指地，代表「天地之間，唯我獨尊」。但此時「唯我獨尊」的「我」，並非自我中心的「小我」，更非我執的意思，而是能如莊子般融入天地並生的大我。因而此時的「一指」，就與「天地一指也，萬物也」同樣，代表用「一指」的象徵語言，便能指涉「萬物一體」的道理。

我們唯有通曉莊子這種深刻道理——用「一指」可以象徵所有萬有生命，才能眞正領悟佛陀出生「上指天，下指地」的象徵意義。因爲此時所說的「我」，代表大我，亦即充盈天地之間的萬有生機，這才是佛陀眞義，也才眞正吻合佛陀對小我講眞空、對大我講妙有的道理，並且符合佛陀尊重生命、慈悲爲懷的精神。否則如果認爲「唯我獨尊」代表很霸道，以小我爲自我中心，那便完全與佛理背道而馳了。

由此可見，對莊子象徵語言的領悟，是非常重要的悟道關鍵，否則失之毫釐，便會差之千里！

因而，莊子才自稱其語言爲「無端崖之辭」，就是這道理。正因其所使用的爲象徵性語言，所以才不會有任何限制，也不會有任何範圍——亦即沒有任何「端崖」，所以精神才能上凌縹渺煙霧，來去均無拘束。方東美先生嘗稱莊子爲「無限哲學」，可說深得其中眞義！

這種「無端崖」之辭，如果從表面上看來，便會類似「荒唐之言」「謬悠之說」，然而，只要我們能深入領悟其背後所象徵的哲理，相信不但可以豁然貫通，並且可以一通百通，這正是莊子所提醒我們的：「恢詭譎怪，道通爲一」！

尤其，莊子曾經明白強調：「唯達者知道通爲一」，所以我們研究莊子時，本身精神便必需同樣開濶與豁達，不受任何拘限，並透過其象徵語言能夠勾深致遠，然後才能與莊子共同神遊於高空之中，放曠慧眼，盡吸靈氣，進而親自體悟「道通爲一」的深刻意境！

第三，莊子的語言特性，並非俗成性語言，而是宇宙性語言。

一般人所用語言，多半約定俗成，且有共同指涉意義，筆者認爲，可稱爲「俗成性語言」（conventional language）。但這種語言既係俗成，便會隨世俗的時間空間變遷而不同，也會隨時代與環境的進展而不同，甚至語意有時剛好相反。

換句話說，同一句成語，可能在古代語意甚佳，但到了近代或當代，因爲用法變遷，而意義完全不同。類似例證很多——如「仁至義盡」，在文天祥用時，代表「唯其義盡，所以仁至」，立意甚佳，但到了今日，却隱含一刀兩斷的絕情意味，意思剛好相反。甚至如莊子本身所用的「每下愈況」，當時語意到後來誤用成「每況愈下」，也完全與莊子原意根本不同了。

因此，莊子深知，如果用這種「俗成性」的相對語言，便不足以涵蓋大道之整合性、永恒性、與絕對性，所以根據莊子精神，便不能拘泥於世俗所用的語言。莊子甚至認爲，眞正懂得大道的人，並不用言詮講出，只有不懂或半懂的人，才會急於想用語言詮釋。然而一旦言詮，便將落入俗成的相對語言，反而遠離了絕對的精純大道，這就是莊子所說「知者不言，言者不知」的眞意。

另外，莊子曾經在〈知北遊〉，舉了一段精彩寓言，做爲比喻：

「知」先生準備了三個問題，連續問「無爲」、「狂屈」、及「黃帝」。這三個問題分別是：「何思何慮則知道？何處何服則安道？何從何道則得道？」。

「無爲」先生的答覆，只是三問而「不答」，完全沒有答話。

「狂屈」的答覆，則是「中欲言而忘其所欲言」，想要說，却忘了。

到了黃帝，則明白答覆他：「無思無慮始知道，無處無服始安道，無從無道始得道！」「知」先生本來以爲，黃帝才算眞知。但是莊子却藉黃帝之口，提醒世人：「無爲」才是眞知，因爲他是以行動眞正做到了無，「狂屈」也還不錯，想要說，終未說，只有他與「知」先生，「終不近」，按捺不住，最差勁。

這段對話極爲重要，因爲它充分代表了莊子的語言哲學，是要突破各種世俗的言語，而直入天地宇宙間各種無言之教；因此筆者認爲可稱之爲「宇宙性語言」，我們必需先有眞正超脫高遠的靈性，才能體悟此中至理。

此所以莊子在〈知北遊〉中曾說：「天地有大美而不言，四時有明法而不議，萬物有成理而不說。聖人者，原天地之美而達萬物之理，故至人無爲，大聖不作，觀於天地之謂也。」

我們若看西方大哲史賓諾莎（Spinoza），便知其精神很近乎莊子。他曾有句名言：「貢獻大學於宇宙精神之中」，台大傅斯年校長也常引述此句，時人雖然也常朗朗上口，却並不一定明白其眞諦。

此中最重要啓發，便是要能眞正促使大學青年提神高空，擴大心胸，然後才能氣魄雄渾，器宇恢宏，以無限超昇的靈性與精神，慨然與天地宇宙的精神合而爲一。一個人一旦有了這種胸襟、眼光及器宇，自然足以「和之以天倪」，並且開創雄奇壯濶的生命偉業，而絕不會心地偏狹、憤世嫉俗，或怨天尤人。

大科學家愛因斯坦便是明顯例證，他一方面深具科學研究的熱誠，但二方面同時也深具宗教虔誠的精神。因此他在不斷探討宇宙的奧秘中，絕不以科學發明而自大，反而能以此更體悟到天地宇宙的深奧，從而讚嘆造化力量的神奇偉大，此即其著名的「宇宙宗教感」(Cosmic religious feeling)，這種曠達的精神便與莊子很能相通。

此所以莊子曾經提醒世人：「道未始有封」，「有始也者，有未始有始也者，有未始有夫未始有始也者。有有也者，有無也者，有未始有無也者…」（齊物論）。如果世人只想用封閉的俗成語言來說明道，那不但絕對無法表達眞善美，反而會小化了眞善美，也窄化、甚至僵化了眞正的大道。

此即莊子所說，眞正的大道「不稱」，眞正的大辯「不言」，眞正的大仁「不仁」，眞正的大廉「不嗛」，眞正的大勇「不忮」。如果硬要用世俗語言限定，則「道昭而不道，言辯而不及，仁常而不成，廉清而不信，勇忮而不成」（齊物論）。

莊子這一段話，把「俗成語言」的種種限制與流弊，說得極爲清楚。那麼，如何才能眞正超越呢？用莊子的話說，「執知不言之辯，不道之道？」誰能眞正體悟這種「不言之辯」

與「不道之道」？運用在美學上，我們也可問——誰能瞭解超乎世俗的「不美之美」呢？

根據莊子，唯有眞正無限提昇性靈，冥同天地宇宙，才能做到這境界！此莊子所稱，「洋洋乎大哉！君子不可以不刳心焉。」（天地篇），「若有能知，此之謂天府。」（齊物論）所以，我們要能先瞭解莊子這種「宇宙性語言」特性，才能寄情遙深，並且眞正瞭解莊子對美的看法。否則，莊子所說最高的美，本來就是「無言之美」，「天地有大美而無言」，如果不先瞭解莊子這種與「天地並生」、與「萬物爲一」的精神氣魄，如何能眞正瞭解莊子美學的神妙呢？

一、美是什麼？

根據莊子美學思想，他所認爲的「美」，至少可以歸納成三種型態：

第一、是逍遙之美，也就是特重「空靈性」，這可以用「神人」的精神象徵作代表。

第二、是齊物之美，也就是特重「平等性」，這可以用「至人」的精神象徵作代表。

第三、是樸素之美，也就是特重「純眞性」，這可以用「眞人」的精神象徵作代表。

換句話說，莊子常用神人、至人、眞人的精神，象徵不同的精神之美，這對後來中國畫論詩藝的影響非常深遠。我們甚至可以說，如果不能眞懂莊子的精神，便不能欣賞中國國畫的精神。今特再進一步申論如下：

㈠首先，莊子在〈逍遙遊〉中，先用大鵬展翼的比喻，將精神飄然遠引，翺翔太虛，提昇到九萬里的高空，這就象徵要把人的精神，從平面提高到無限的上空，並且要不斷的提高，甚至要提到與「神」一般高，因而可以稱爲「神人」。

莊子用「神人」的象徵名詞，代表其精神可以提昇到「乘雲氣、御飛龍」的地步，然後在這種高度空靈所展現的美，就是「肌膚若冰雪，淖約若處子。」不但皮膚不染世俗塵紋，連風姿都如同處子一般美好文靜。何以能至此？就是因爲其精神能凝聚集中，並且飄逸高擧，以「向上提昇」爲重要心志，所以能提神太虛，流眄萬物，其馳騁無盡的盎然生機，便足以滋潤萬物，使萬物含春，充滿生意。此即莊子所謂：

> 其神凝，使物不疵厲而年穀熟。（逍遙遊）

在〈逍遙遊〉中，肩吾聽了這話，當然認爲「狂而不信」。殊不知莊子此處使用的乃是種寓言，以象徵語言說明宇宙眞正大美，在於精神靈性不斷提昇後，御氣乘風而行，只要能做到與「神人」一般，「乘天地之正，而御六氣之辯，以遊無窮」，將靈性自由翺翔，縱橫馳騁於無窮空靈的領域，便能盡洗一切塵囂，進入與處子一般的高潔淳美！

莊子比喻此時的精神，不但不役於物，能夠居於精神主宰，「物物而不物於物」，而且物莫之傷，任何外在衝擊都影響不了他，並能以其精神空靈統攝萬物，融爲一體。此即莊子所謂：

之人也，之德也，將磅礡萬物，以為一世蘄乎亂，孰弊弊馬以天下為事！之人也，物莫之傷，大浸稽天而不溺，大旱金石流，土山焦而不熱。是其塵垢粃糠，將猶陶鑄堯舜者也，孰肯以物為事！（消遙遊）

當然，若按照莊子的講法，現實世界中，根本不可能有這樣的人，竟可以在大水災中不溺，或在大旱中根本不覺其熱。這也再次證明，他在此所使用的純粹爲象徵語言。象徵一個人先要提神高空，那才能欣賞眞正的天地之美，形成中心主宰，不受外物影響。

這正如同大鵬神鳥從高空回看地面一樣，遊目騁懷之餘，心胸豁達，原先一切心中煩惱衝擊，此時全都豁然開朗，原先由地面看高空，覺得很美的情境，此時背雲飛負蒼天，再由精神高空俯視地面，更是同樣的美！

此即莊子所謂「天之蒼蒼，其正色邪？其遠而無所至極邪？其視下也，亦若是則已矣。」（逍遙遊）

由此可見，莊子所肯定的美，絕非一般世俗之美，而是一定要能壁立萬仞、放眼萬里的空靈之美，然後才能逍遙遊乎高空之中，以遍歷層層生命境界。

從〈秋水篇〉中，我們可以更清楚的看出，莊子如何比喩這種層層提昇的空靈之美。

他首先提到，秋水時至，景觀雄壯，因爲「百川灌河，涇流之大，兩涘渚崖之間，不辨牛馬。」於是河伯欣然自喜，便以爲「天下之美」盡在此矣。殊不知河外尚有海，天外尚有天，所以莊子又以象徵性筆法指出，當秋水順流到北海，一望無際不見水端，廣濶之至，才不禁望洋而嘆，自慚不如。此時北海之神若便說了一段發人深省的話：

> 井蛙不可以語於海者，拘於虛也，夏蟲不可以語於冰者，篤於時也，曲士不可以語於道者，束於教也。（秋水篇）

換句話說，井底之蛙不能知道大海之美，因爲受拘於空間（「虛」也），夏天之蟲不能體會冰雪之美，則因受制於時間。同樣，一曲之士不能領悟大道，則因受束於僵化的教育。

這一段話，很清楚的提醒我們，要去除偏狹的空間與地域觀念，也要超越短淺的時間與近視觀點，同時更要打破呆板的教育與形式化的束縛。唯有如此，才能「乘雲氣，騎日月，而遊乎四海之外」，眞正以空靈之美領悟天地至理！

到了那時，才能看出，一個個人在天地之間，「猶小石小木之在大山也」，而整個四海在天地之間，也豈「不似礨空之在大澤乎？」甚至整個「中國之在海內，不似稊米之在太倉乎？」進一步再擴而充之，整個地球與太陽系，在茫茫宇宙之中，豈不也正如滄海中之一粟？如此一層一層超昇，就能：「安排而去化，乃入於寥天一！」

莊子此處用「寥天一」，是同樣再用象徵性語言，表示進入了「宇宙終點」。

近代法國哲人德日進（Chardin）在中國曾居住多年，頗受莊子影響，其中文名字「德日進」便係取自莊子。他所提出的宇宙演進論，最後也要進入宇宙終點——他稱之爲「奧米迦點」，其層層超昇的主張，與莊子精神便極爲神似。德日進因其爲天主教信仰，所以將此宇宙終點也稱爲「神」，認爲人應回歸到神，才是歸依最美的永恒境地，其本質也正似莊子所說「神人」的至美境界。

事實上，莊子這種追求無限超昇的空靈之美，對中國歷代畫論影響最爲深遠。以下特舉數例，以明此中重要的精神呼應。

例如宋朝沈括，在《夢溪筆談論畫》中曾說：

> 書畫之妙，當以神會，難可以形器求也。世之觀畫者，多能指摘其間形象位置，彩色瑕疵而已，至於奧理冥造者，罕見其人。

這裡所說的「奧理冥造」，並不是故弄玄虛，歸根結柢，正是莊子所說的空靈之美。正因爲要不斷提昇精神，追求宇宙最高點，所以才能提神太虛，冥與造物者遊，體悟「極高明、致廣大、盡精微」的宇宙奧理，因此也才能眞正「以神會」，超乎形器的滯礙。此中要訣，如果不能深切領悟，便難怪罕見眞正偉大的畫家與畫評家。

事實上，這同樣道理，早在唐代張彥遠，也曾於《歷代名畫記敍論》中明白提到：

> 古之畫，或能移其形似而尚其骨氣，以形似之外求其畫，此難可與俗人道也。今之畫縱得形似，而氣韻不生。以氣韻求其畫，則形似在其間矣。

另如唐代張懷瓘論顧愷之時，說其「襟靈莫測」；「其神氣飄然在煙霄之上，不可以圖畫間求」❸。他論吳道子時，開宗明義也說「吳生之畫，下筆有神」❹。而杜甫論畫馬，更明白說：「韓幹畫馬，筆端有神。」❺凡此種種，都是同樣旨趣，强調「神會」的重要。

換句話說，「氣韻生動」乃是中國自謝赫論畫以來，一向公認最重要的第一要義。而這種生動的氣韻，若以俗人拘泥形似的平面心靈，便根本難以領悟。一定要畫家本身精神能壁立萬仞，提神萬里，眞正從高遠的精神上空，放曠慧眼，流眄萬物之美，那眞正天地之靈氣才能豁然而現。能將這種「神會」融入畫中，才見氣韻生動，那才是眞正好畫，也才是眞正神品！

因此，宋代鄧椿在《畫繼雜說》中，首先「論遠」，就曾淸楚强調：

> 畫之為用大矣哉！盈天地之間者，萬物悉皆含毫運思，曲盡其態，而所以能曲盡者止一法耳。一者何也？曰：『傳神而已矣』。世徒知人之有神，而不知物之有神，此若虛深鄙衆工，謂雖曰畫而非畫者，蓋止能傳其形，不能傳其神也。故畫法以氣韻生動為第一，而若虛獨歸於軒冕巖穴，有以哉！

鄧椿在此將空靈高遠之美，以「論遠」的方式表達出來，極爲中肯。他並明白强調，不但人有神，物也有神，甚至整個天地萬物均有神。因而眞正的美，最重要的，就是要能以高遠的空靈，傳這種萬物含生的神韻，而並不是只從表面形似而已，這對莊子所說「神人」精神，可說已經完全融通於心了。

另如元代趙孟頫《松雪論畫》中，對此講得也很明白：

作畫貴有古意，若無古意，雖工無益。今人但知用筆纖細，傅色濃艷，便自謂能手，殊不知古意既虧，百病橫生，豈可觀也？

此處所稱「古意」，其實便指「生意」，若生意既虧，自然百病橫生。由此可以再次看出，唯有深深把握莊子所說空靈之美，才能從精神高空直透充盈萬物的燦爛生意，那才是天地眞正大美，也才眞正足以通曉萬物的至理。

再如明末石濤論畫，同樣強調「空靈清潤之氣」，他認爲必需先要有此「遠神」才能作畫，此其所謂「寫畫凡未落筆，先以神會。」這種體認可以上接沈括，乃至莊子。另外他也強調：

作書作畫，無論老手後學，先以氣勝得之者，精神燦爛，出之紙上，意嬾則淺薄無神，不能書畫。❻

以我襟含氣度，不在山川林木之內，其精神駕御於山川林木之外……處處通情，處處醒透，處處脫塵而生活，自脫天地牢籠之手，歸於自然矣。❼

石濤這兩段話，同樣很能體認莊子的美學精神，很能將莊子出入六合、遨遊九洲的逍遙氣魄宣暢無遺。正因其精神能與造物者同遊，所以其精神才能駕御山川林木之外，而筆下所見「處處通情」——千山萬水莫非情，也「處處醒透」——一筆一畫皆含生，因此也才能處處超脫各種塵囂與形滯，而足以表達雋永而高遠的天地生命至美了。

再如清朝王原祁也曾明白強調「意在筆先，爲畫中要訣」。他並進一步指出：

「作畫於搦管時，須要安閒恬適，掃盡俗腸，默對素幅，凝神靜氣，看高下，審左右，幅內幅外，來路去路，胸有成竹；然後濡毫吮墨，先定氣勢，次分間架，次布疏密，次別濃淡，轉換敲擊，東呼西應，自然水到渠成，天然湊拍，其爲淋漓盡致無疑矣。」❽

何以王原祁要用「天然湊拍」「淋漓盡致」代表一幅畫之美呢？最主要的，仍然因爲要彰顯全畫的盎然生意與燦然神氣；所以他才會說，作畫第一要訣，便是「意在筆先」！也就是畫家先要能在胸中盡吸天地之靈氣，以此爲中心主宰——這相當於莊子所說的心有「眞君」——以此總持靈性，冥同宇宙大道，然後才能「掃盡俗腸」，進而「凝神靜氣」，並且透過提神太虛，「先定氣勢」，進而用筆若有神，一氣能呵成！

由此可見，從唐宋以降，一直到元、明、清朝，各代大畫家共同肯定的美，都充份在弘揚莊子此地所論的空靈之美。莊子的生命精神，在此堪稱中國藝術精神的最佳代表人物！

近代西哲懷海德（A. N. Whitehead）曾謂，「西方兩千年哲學，基本上皆爲柏拉圖的註脚。」

今天我們或也可說，「中國兩千年國畫，基本上皆爲莊子的註脚！」

莊子本身雖然並不作畫，但正因爲先有莊子美學的精神啓發，才能開啓後來歷代國畫的光輝成果，而歷代豐富的國畫寶藏，也回過頭生動印證了莊子美學的至理，這種學理與實際的親切結合，莫逆於心，眞正堪稱民族文化的一大佳話！

㈡莊子美學，除了特重逍遙之美外，另外也很重視「齊物」之美。也就是從提神太虛的上迴向之後，還要能下迴向，回到平等心；以同情體物的精神，肯定天下萬物無論大小都各有其價值，各適其所適；因而也都各有其本性美，不能任意抹煞，更不能以不同標準加以強求，此其所謂「以不平平，其平也，不平」。這就成爲另一種一往平等的淳厚之美，與前述高遠超拔的風格有所不同。

像西洋近代大哲尼采的精神，在上迴向方面，固然也能力求超昇，因而能超拔俗流，建樹「超人」（Uber-mensch）哲學[9]，並在美學中，能直溯希臘悲劇的起源，強調元氣淋漓的生命精神[10]，這些均與莊子精神頗爲神似。然而，他的病端，却在只能上迴向而不能下迴向，只有超昇心，而無平等心，因而容易成爲目空一切，批判一切。影響所及，不但鄙夷萬物，甚至厚誣衆生，結果自命孤高之餘，終至發瘋而死。歸根結柢，便是因爲缺乏莊子再下迴向人間世的生命厚重之氣。

所以，如果莊子能在靈界碰到尼采，相信當會語重心長的提醒他：閣下能獨與天地精神相往來，誠然與我相契合，然而也應有此胸襟：「不傲倪於萬物，不譴是非，以與世俗處」，否則，雖有空靈之美，却如孤峰峭立，突兀之餘，排斥一切他物，缺乏「休乎天鈞」、「道通爲一」的慧心與同情，終究仍非眞正的大道與大美！

另外，如果老子碰到尼采，相信也會建議他，「和其光，同其塵」，然後方能體悟「天地相合，以降甘露」的境界！

換句話說，根據莊子精神，一定要能深具一顆同情體貼的心靈，才能知道人間萬物各有其尊嚴與價值。因爲，各人頭上一片天，各物頭上也是一片天，在天（大道）的眼光之下，無論再卑微的存在，均自有同樣重要的生命尊嚴，因此萬物含生也含神，不能輕易鄙視。此即莊子所謂「以平也平，其不平也平。」。

唯有以如此廣大的平等心同情萬物，然後才知道這個世界一切萬物都是彼此相濡，交融互攝，形成一個溫馨甜美的「甘露世界」，並沒有任何一人一物可以自命不凡，盛氣駕凌其他萬物之上，否則便會自陷於充滿黑暗的苦水世界。

這不但是極爲重要的民主思想，也是極爲高明的生態哲學，可以將宇宙萬類均看成相互平等、彼此共生的大有機體，因而人類千萬不可任意破壞生態或污染自然，否則到頭來，生態不平衡之下，只有自食其害。唯有如此，將一切萬物均以尊重生命的平等眼光視之，才是眞正大善，也才是眞正大美！

印度佛學入傳中國後，能夠超越小乘，特別發展大乘，道家這種平等心可說是一大關鍵。如果說尼采精神接近於小乘，鄙世厭世而欲離世遺世，那莊子就啓迪了大乘，深深展現了「離開煩惱，便無涅槃」的至理。

此所以道生在大般涅槃經還未譯出前，便肯定人人皆有佛性，甚至對謗佛者也不能排斥。在中國，影響小乘轉成大乘的兩位關鍵學者，一爲道生，一爲僧肇，他們均對中國本身哲學造詣深厚，尤對莊子體悟極深，在此更可以看出平等心的重要性。

另外，由此來看，道家精神不但極爲重視「自由」，也重視「平等」，更因其強調廣大同情，而深具「博愛」精神，因而其生命精神眞可說是民主政治極佳的哲學基礎！換言之，這種平等心所展現的仁恕之美，表現在人格上，便是恢宏風範，表現在政治上，便是民主風度，如果表現在畫風上，便是淳厚之風。

莊子在〈山木篇〉中曾以一項寓言強調，某旅舍主人有妾二人，「其一人美，其一人醜」，但大家均對醜的尊敬，而對美的不好，原因就是「其美者自美，吾不知其美也，其惡者自惡，吾不知其惡也。」可見眞正淳厚的心靈，足以泯除表面的美醜而以平等心待之，這正是更高層次的表現。美，究其根源之一，乃是同情萬物的平等心，這便形成莊子美學另一項重要特色。

所以根據莊子精神，不論「厲與西施」，在其眼中，都同樣用平等心對待。並不因西施容貌很美，就特別尊敬她，而厲長得很醜，就加以鄙視或疏遠。一般人的常情，總難免會有這種心理，但莊子却能因爲提昇精神於高空，在上迴向的曠觀衆生之後，再以下迴向的慧眼，看出任何容貌之美，從長遠來說，均很快會成爲明日黃花；不論美與醜，均將共同歸於寂冥。所以，只有眞正心靈之美，人格之美，才是眞正的美、永恒的美。這就是他透過平等心所肯定的更深一層大美。

因而，莊子也曾如此寫道：

毛嬙麗姬，人之所美也。魚見之深入，鳥見之高飛，麋鹿見之決驟。四者孰知天下之

正色哉?(齊物篇)

換句話說，毛嬙麗姬在人間雖然公認是大美人，但魚一看到却馬上躲入水中，鳥一見到，也立刻飛到高空，鹿兒看到，也會立刻快速四散，對牠們來說，就根本未把「天下之正色」放在眼裏。所以在莊子來看，這種表面容貌之美，人言言殊，更不用說其他生物眼中如何看了。因而眞正普遍永恒的美不能以此爲準，更不能拿如此偏狹的標準，就去輕視其他容貌醜的人。

更何況，這種容貌美隨著時間與空間不同，也有不同看法。在古代的美女—如環肥，或燕瘦，在今人來看，可能都不夠均勻，成爲過猶不及。另外，在西方歐美公認的美女，可能到了非洲，因爲其鼻孔未穿環，當地人還甚覺其醜呢！

所以，莊子有句名言：「恢詭譎怪，道通爲一」，我們在此或者也可說，「恢詭譎怪，美通爲一！」

尤其在莊子文章中，他很多地方都透過各種寓言談到殘障人士—如〈德充符〉中的申徒嘉、叔山無趾等，證明他們看似殘缺，其實身殘而心不殘。反倒身體正常的人因心存成見，在他們面前最後反而會自慚不如。如子產就很慚愧的更正偏見，甚至連孔子也被無趾反諷爲「天刑之」。此外，例如「闉跂、支離、無脤說衞靈公。靈公說之，而視全人，其脰肩肩。」衞靈公此時，反而看正常的人，都覺得是多長了東西。另外〈人間世〉中莊子也提到一位殘疾人士「支離疏者」，在戰亂中反而能夠避亂而全生，因此反而更爲有福，更受羨慕。

莊子舉上述各種類似情形，主要宗旨就在強調：不論美醜福禍，都不能只從表面或眼前來看，只有眞正通達開朗的人，以冥同大道的平等心，才能看破各種表面的差別相，而遊心於萬物平等的大自然，那才是所有衆美的根源。此即其所說的名言：

澹然無極，而衆美從之。（刻意篇）

莊子這種恬淡的自然美，後來更成爲中國田園詩與山水畫中，所共同肯定的美。不論高官，或者乞丐，在莊子來看，都是平等的。所以〈秋水篇〉中曾經提到，有人要請莊子從政做官，莊子便以神龜爲喩，「寧生而曳尾塗中」，也不要爲了虛榮而自毀生命靈性。他在此係用象徵語言，說明一切名利富貴均不足恃，因爲那些旣不眞，也不美，反而在政治生涯中，若有鑽營嘴臉與官僚作風，那才極爲醜陋不堪。

根據莊子看法，眞正偉人，是極爲親切平凡的，旣沒有架子，也不重面子，因此「舉世譽之而不加歡，舉世誇之而不加沮」—他本身能夠神閒氣定，心中自有眞宰，因而大可不必仰仗外在權勢來自抬身價，這種恬淡自適，自然高貴，才是眞正的大美。

像宋朝蘇東坡一生大起大落很多回，得意時位近宰相，失意時曾經流放海南島，而且一生婚姻多變，歷經滄桑，眞正可說看盡了一切官場得失與人生苦樂。所以他不論詩詞或畫論，最成熟的作品均以化絢爛爲平淡爲特性。如其最膾炙人口的「赤壁賦」就很能展現此種胸襟；在「大江東去，浪淘盡，千古風雲人物」的深刻感懷中，自然激發出一種蒼茫浩渺的嗟嘆心境，最後強調「人生如夢，一尊還酹江月」，更是閱盡萬般後，仍然歸爲無限幽靜恬淡的心聲。

另外，正因蘇東坡本身歷經各種得失困厄，所以很能心存仁厚，以平等心爲人着想。他從最早應試的內容中，以「想當然耳」的引述堯曰「宥之」三，申論「刑賞忠厚之至論」，到其後對其政敵仍然絲毫不念舊惡，均可看出，其中精神相當程度都受到道家同情體物的影響。

此所以在蘇東坡畫論中，雖然所傳有限，但在跋宋漢傑畫山中，仍可看出此中強調的厚重之氣：

> 唐人王摩詰李思訓之流，畫山川平陸，自成變態，雖蕭然有出塵之姿，然頗以雲物間之，作浮雲杳靄與孤鴻落照，滅沒於江天之外，舉世宗之，而唐人之典型盡矣。近歲惟范寬稍存古法，然微有俗氣。漢傑此山，不古不今，稍出新意，若為之不已，當作著色山也。⑪

這種「舉世宗之」的美，也就是「唐代典型」的美，一方面蕭然有「出塵之姿」，能讓人自覺怡情適性，纖塵不染，二方面，淡然以「雲物間之」，以顯現「浮雲杳靄與孤鴻落照」，終至「滅沒於江天之外」，完全一幅蒼茫中見恬淡的境界，正可說歸絢爛爲平淡之美，也正是閱盡萬般後，肯定一往平等之美，深值我們體認其中眞諦。

所以，我們若以此仁厚的平等心比較儒道兩家的精神，可說極有相通之處。

像儒家孔子曾說，「仁者樂山」，很有哲理在內。因而蘇東坡在論畫山時，無形中也顯示出一種肯定「淡然」的仁者之風。不過此處說的淡然，並非只是素雅的畫法，而是在畫山時，「頗以雲物間之」，並且「作浮雲杳靄與孤鴻落照，滅沒於江天之外」，其重點在於，以此落日餘暉中的山間浮雲，象徵一種看破人間名利得失的素雅心境，這種素雅背後，代表曾有萬般奔騰的悲情，終而化成沉鬱雄渾的厚重仁心。正因有了這種深厚閱歷，所以才能存心仁厚，遇事處之淡然，而這種成熟美，才是眞正餘韻深沉的大美！

由此可見莊子精神，一方面雖然直承老子，但二方面同時也深得孔子精神。

我們試看其〈天下篇〉中評論的儒家特色，「以天爲宗，以德爲本，以道爲門，兆於變化，謂之聖人。」便知莊子很能把握孔子精神。而他所感嘆「內聖外王之道，闇而不明鬱而不發」，「後世之學者，不幸不見天地之純，古人之大體，道術將爲天下裂。」更可說直承孔孟的憂患意識與文化理想，堪稱儒家難得知己了。

所以，我們如果說，莊子精神，在相當程度上融合了孔子與老子，一點也不爲過。

由此來看，莊子所強調的平等性，與孔子所強調的「人人皆可爲聖賢」，其實均可相通。而莊子所說的虛靜恬淡自然之美，尤其來自歷經滄桑的仁厚之心，這與孔子所強調的仁心厚重，更是完全可以相通的。

明代名畫評家唐志契在《繪事微言》中曾經強調：

> 凡學畫山水者，看真山水極長學問，便脫時人筆下套子，便無作家俗氣。……故畫山水而不親臨極高極深，純摹倣舊人棧道瀑布，終是模糊丘壑，未可便得佳境。

由此可見，眞正的大美，除應「讀萬卷書」、以增蒙養外，尙需「行萬里路」、以近自然。根據莊子精神，有時更需「經萬般愁」，然後方能看破一切，返樸歸眞，回歸眞正自然，這也才能眞正造就恬淡樸拙之大美！

㈢再其次，第三項，莊子所強調的，便是眞誠之美，也就是「眞人」所代表的純眞性。莊子在〈大宗師〉中，曾經明確提道：

> 吾師乎！吾師乎齏萬物而不為義，澤及萬物而不為仁，長於上古而不老，覆載天地，刻雕衆形而不為巧，此所遊已。

這種「刻雕衆形而不爲巧」的看法，便是返璞歸眞、化巧爲拙的最高境界，也是莊子眼中最高的至美。

在〈至樂篇〉中，莊子有句名言：「至樂無樂，至譽無譽。」我們在此或也可說，「至美無美」、「至巧無巧」，因爲，至美返歸平淡，至巧也反歸樸拙了！

所以，莊子曾經提到：

（列子）為其妻爨，食豕如食人，於事無與親，雕琢復朴，塊然獨以其形立，紛而封戎，一以是終。（應帝王）

這段重點，表面在說明列子返鄉的生活，其實眞正宗旨在強調純樸平淡，正因他連伺候豬都能如同伺候人，可見完全由絢爛歸於平淡，眞正做到「雕琢復朴」，因此才得以「一以是終」。莊子在此以非常生活化的比喻，描繪了一幅餘韻無窮的農村之樂與純樸之美，的確發人深省。

實際上，我們若從莊子區分天籟、地籟、人籟的不同境界，也可看出，其所肯定眞正最高之美，仍在於能返璞歸眞。

此所以在〈齊物論〉中，莊子借子綦之口，曾指點子游：

汝聞人籟，而未聞地籟，汝聞地籟而未聞天籟夫！

那麼，這天、地、人三種籟，最大不同在那裡呢：莊子又藉問答之間，說得很淸楚：

地籟則衆竅是已，人籟則比竹是已。

至於天籟，則是「夫吹萬不同，而使其自已也，咸其自取，怒者其誰邪！」

換句話說，「人籟」好比人類吹奏簫竹所發出的聲音，是強而爲之，而「地籟」則是大地衆竅所發出的聲音，自然雄偉，到了「天籟」，則是風吹萬種不同竅孔，不但能發出各種不同聲音，而且又能自行停止的「無聲之聲」。這聲音看似由它們自己發出，其實另有東西促使它們發出聲音，這東西無以名之，便是無形也無聲的「天籟」了。

由此可見，天籟之可貴，並不在顯示其本身有任何一技之長——如同人籟，就算能吹上一口好笛音，畢竟仍非神品；另外，也不像地籟，自己有萬種竅孔可以發聲；而是可以促使天地萬物的本性發出聲音，但又看不出係由其所吹動。歸根結柢，這就是「至音無音」、至巧返拙的重要道理。

所以莊子緊接著便說：

> 大知閑閑，小知間間，大言炎炎，小言詹詹。（齊物論）

此中旨趣，正是同樣道理，小知與小言看來精明，但卻只能急口巧辯，但大知與大言卻能從容沉靜，樸拙悠閒。這種至理不但對生活行爲很有啓發，對作畫論畫更是啓迪深遠。換句話說，莊子在此所肯定的大美，乃肇因於眞誠，不造假、不做作，尤其不雕鑿、不取巧！

所以莊子一直很強調「眞君」、「眞宰」、「眞人」的重要。如果說，莊子美學，可以用一字訣勉強象徵，那就是「眞」字了。

因此他強調：

若有真宰，而特不得真朕。（齊物論）

百骸、九竅、六藏……其有真君存焉？（同上）

在〈天道〉中，莊子更明白指出：

夫明白於天地之德者，此之謂大本大宗，與天和者也；所以均調天下，與人和者也。與人和者，謂之人樂；與天和者，謂之天樂。

樸素而天下莫能與之爭美。

這也就是說，莊子在此強調，要能以大本大宗為回歸的對象，那才是眞正「與天和者」。能「與天和者」，也才是眞正的「天樂」，其他頂多都只是人樂。如何歸於大本大宗呢？一言以蔽之，就是返璞歸眞。

因爲，萬化流行，莫不含生，其胎息淵深，蘊孕一切生命的眞力潛能，所以唯有以自身的眞誠爲根本，闢而弘之，上與天和，才是最美之事，那時，普天之下才莫能與之爭美！

因而莊子在〈漁父〉中，再度以寓言方式，說出眞誠的重要與可貴：

> 真者，精誠之至也。不精不誠，不能動人。故强哭者雖悲不哀，强怒者雖嚴不威，强親者雖笑不和。真悲無聲而哀，真怒未發而威，真親未笑而和。

這也令我們想起，眞正好的演員，不會只以嚎啕大哭來表現悲傷，或只以誇張的大笑來表現快樂，而是以發自內心的眞誠，很自然的表現出來，絕無任何造作。此即莊子緊接所說「眞在內者，神動於外，是所以貴眞也。」

另外，莊子也曾強調：

> 真者，所以受於天也，自然不可易也。故聖人法天貴真，不拘於俗，愚者反此。不能法天而恤於人，不知貴真，祿祿而受變於俗，故不足。（漁父）

這一段所強調的「法天貴眞」，眞正是人人可行、處處可行的美學思想。因爲，最高超處正是最平易處，人人只要能效法天心，表現眞誠，就是美之至也。

事實上，這也正是孟子所說的，「大人者，不失赤子之心」，由此再度可以看出莊子與儒家的相通。〈漁父〉一文以反諷口吻，與孔子對話，可能出自莊門手中，其實若從後兩者最高的哲理而言，完全均能相通，而且交融互攝，絕不衝突。

這種強調眞誠樸拙之美的看法，影響中國藝術極爲深遠。像石濤論畫，便明白指出：「蒼蒼茫茫率天眞。」⑫而白居易更深刻強調：「學無貴師，以眞爲師。」⑬一直到當代大陸著名石刻藝術家王魯桓，仍然明白指出：「世界上最寶貴的就是天眞！」⑭可說均是秉承同樣民族藝術傳統的精義。

因此莊子曾有句名言：「聖人者原天地之美，而達萬物之理」，若問天地之大美到底是什麼？一言以蔽之，正是天地本身最眞誠的表現——那便是生命。所以方東美先生也曾強調：「天地之大美，即在普遍生命之流行變化，創造不息。」⑮

因而，我們若要追溯天地之天美，則最根本之道，就在將本身生命的眞誠，協和宇宙之眞力，相與浹而俱化，以展現同樣的創造精神，盡情宣暢生命勁氣！此中最重要的天人融通橋樑，就在「眞」字要訣，這也正是一切偉大神品中不可或缺的原動力！莊子在此深意，的確深值體認與弘揚！

二、美感經驗如何形成？

因爲莊子所強調的美，是眞正的大美，絕對的大美，與永恒的大美，所以要能體悟這種「美」，其美感經驗便需有一定層次的訓練。

相應於上一節所說的三種「美」——空靈逍遙之美，平等齊物之美，以及眞誠純樸之美，莊子達到這三種境界的途徑，也可分述三種如下：

第一，以沉潛捂風，形成空靈之美，也就是「天人合一」的美感經驗。

第二，以道技相通，形成平等之美，也就是「道技合一」的美感經驗。

第三，以心齋坐忘，形成眞誠之美，也就是「物我合一」的美感經驗。

以下卽分項一一闡述。

(一)首先，就空靈之美而言，莊子首先强調要能大其心：

> 夫道，栽覆萬物者也，洋洋乎大哉！君子不可以不刳心焉。（天地篇）

因此，就眞正高明的美感訓練而言，莊子強調，首先便應效法大道，去除偏狹心態，恢弘胸襟，並且提昇境界，超拔靈性。唯有如此，一層一層向上自提其神，與天相合，然後再從精神高空俯視萬物，遊目騁懷，才能眞正體悟空靈之美與逍遙之樂，達到與天地並生的境地。這過程也才是培養眞正美感經驗的必要訓練。

所以，莊子在〈逍遙遊〉中，用大鵬直冲雲霄象徵提昇精神後，立刻强調：

> 水之積也不厚，則負大舟也無力，置杯水於坳堂之上，則芥為之舟，置杯焉則膠，水淺而舟大也。
>
> 風之積也不厚，則其負大翼也無力。故九萬里，則風斯在下矣，而後乃今培風。

莊子前面一段話，强調水淺而舟大，則無法負大舟，象徵人先要能沉潛學養，先要有深厚學力，然後才能負載大舟，體悟大美。

後面一段話，則同樣象徵人先要能高尚其志，先要有遠大器宇，然後才能負載大翼，廓落長空，進而振翼乘風，浩蕩雲氣，奔向鵬程萬里！

這對培養大畫家的精神氣魄與恢宏胸襟而言，極具啓發意義，對於培養一般人的美感品味與藝術情操，更有莫大的提昇作用。

唐代詩人王之渙的一首詩，極能象徵這種提昇精神氣魄的重要性：「白日依山盡，黃河入海流，欲窮千里目，更上一層樓。」

實際上，唯有一層一層不斷的向上更進，才能更窮千里目、萬里目，乃至於在宇宙大化中能與造化同遊，進而化爲無窮神功！清朝唐岱在《繪事發微》中，對此中至理便申論很詳盡：

胸中具上下千古之思，腕下具縱橫萬里之勢，立身畫林，存心畫中，潑墨揮毫，皆成天趣，讀書之功，焉可少哉！

他在〈讀書〉一章中，更明白引述莊子所說：「知而不學謂之視肉！」然後强調：「未有不學而能得其微妙者，未有不遵古法而自能超越名賢者，彼懶於讀書而以空疏從事者，吾知其不能畫也。」

換句話說，自古以來名家論畫，莫不勸告世人本身先讀萬卷書，善養胸中高趣，然後儘量多看歷代名畫，仔細體悟其中神韻。唯有如此，才能培養眞正高尙的美感情操。

此中深意，正如唐岱同文中所說：

凡臨舊畫，須細閱古人名蹟，先看山之氣勢，次究格法，以用意古雅，筆精墨妙者為尚也。雖摹古人之丘壑梗概，亦必追究其神韻之精神，不可只求形似。

另外，唐岱同文中也强調「浩浩焉，洋洋焉，聰明日生，筆墨日靈。」正是同樣道理。此所以明代唐志契的《繪事微言》，也曾專列一段，强調「畫要讀書」，因爲「胸中富於聞見，便富於丘壑」，否則胸中若了無聞見，焉能作出高明的畫？卽使只想欣賞名畫，也將只如「畫盲」，如何能明瞭其中精彩處？

尤其，如果只是心浮氣躁，既無興趣廣涉群畫，又無定力博覽群書，如此而想急功好利，不論作畫，或者觀畫，都將徒勞無功，頂多只是附庸風雅而已。

另外再如石濤在《苦瓜和尚畫語錄》中，專論「筆墨」的一段，曾經同樣申論此中至理：

古之人，有有筆有墨者，亦有有筆無墨者，亦有有墨無筆者，非山川之限於一偏，而人之賦受不齊也。

所以石濤强調：

墨之濺筆也以靈，筆之運墨也以神，墨非蒙養不靈，筆非生活不神，能受蒙養之靈，而不解生活之神，是有墨無筆也，能受生活之神，而不變蒙養之靈，是有筆無墨也。

這一段論筆墨，很能彰顯莊子所要求的沉潛與掊風。石濤所强調的「蒙養之靈」，基本上必需由深厚學養沉潛而來，而其所謂的「生活之神」，則又必需提昇精神，高尙其志，唯有兩者並俱，方能稱爲「有筆有墨」。否則要不就墨不靈，要不就筆不神，甚至旣無筆又無墨，筆旣不神，墨也不靈！

我們要能知道此中美感品味的高下，才算進入眞正美感經驗之門，也才眞正足以區分優劣高低，而不是僅以世俗的本能做經驗，卽可成就高尙美感。

此所以莊子在〈大宗師〉中，特別藉南伯子葵問女偊的對話，說明如何「聞道」的經驗。這一段正好也可說明如何「聞美」的美感經驗。

根據女偊在這段的講法，此中有不同層次，需一一向上提昇，最後才能眞正心靈安靜，與天合一：

首先就是要能「外天下」，也就是先將天下俗事置之度外；然後要能「外物」，把一切萬物置之度外；然後要能「外生」，將生死置之度外；然後還要能「朝澈」，也就是精神要能如朝陽一樣清澈；其次還要能「見獨」，也就是邁向精神獨立的光明大道；還其次卽要能「無古今」，放曠慧眼，超越各時代的限制；再其次更要能「不死不生」，對萬事萬物不應也不迎，心如靜水，了無窒礙，這叫做「攖寧」，也就是「攖而後成」，能在各種紛亂中仍然保持絕對寧靜的心靈。

這一段話，很能象徵動亂中偉大人格的精神修養，也很可借喻爲美感經驗層層高昇的精神訓練。

那麼，對這種美感經驗，又是如何才能知道，如何才能形成呢？莊子藉女偊之口，說了一段象徵語言，很有啓發意義：

「聞諸副墨之子，副墨之子聞諸洛誦之孫，洛誦之孫聞之瞻明，瞻明聞之聶許，聶許聞之需役，需役聞之於謳，於謳聞之玄冥，玄冥聞之參寥，參寥聞之疑始。」

這段語言中的人名，看似姓名，其實均爲一語雙關的象徵語句，再次證明莊子語言非常生動靈活，不能拘限於一般語言視之。另外，其中順序也饒富語意，深值我們分析探究。因爲，這也正是形成眞正美感經驗最好的程序。

首先，莊子强調：聞諸「副墨之子」，就代表應多讀書籍文字的意思。因爲一切文字書籍均由翰墨所爲，但又並非「道」本身，而是傳道之副，所以稱爲「副墨之子」。另外，「洛誦之孫」，則代表應反覆誦讀先賢古籍，這同樣代表積學深厚的苦功與實力。再其次，「瞻明」代表在飽讀與背誦經典之後，更要心中眞切明瞭，然後才能觸類旁通，心中充滿喜悅。

「聶許」卽代表通悟之後，不禁以附耳竊私語，象徵內心深處的歡欣；進而在生活中化爲行動，身體力行，就是「需役」，甚至手舞脚蹈，欣賞讚嘆，形成「於謳」；等進而更深一層，到了無法言說的境界，便是忘言的「玄冥」；若再更高一層，便是參入「寥天一處」的精神高空最終點，最後更還把此宇宙終極點加以超化，進入無始之始的「疑始」境界，變成能與宇宙最終點——也就是宇宙最起點——並生同遊，完全做到了精神上馳騁無礙的地步！

這般精神翺翔無礙的歷程，到最後層次看似空妙虛幻，不可言說，也不可思議，但剛開始却是人人可以從具體方法下手—先對經典之作盡量飽讀並加背誦，在書畫中，便是對歷代名品盡量飽覽，反覆琢磨。只要能持以恒心，悟以慧心，輔以虛心，久而久之，便能旁通統貫，遊心無碍，然後便可一層層進入無比奇妙的美感經驗化境。

老子曾謂：「天下大事必作於細，天下難事必作於易。」（道德經六十三章），莊子在此的精神歷程，可說與老子相互呼應，一脈相承。只不過老子所說甚簡，到了莊子，才更進一步精緻的加以發揮。

因此，我們若看莊子這段，同樣可知，其高遠玄妙的美感經驗，必能從旣細且易的經驗開始。正因爲能透過一步步的沉潛與揞風，所以才能一層層的向上提昇，神遊無端，終於進入最高的「寥天一處」，屆時自覺馳騁空外，清華滿天，故能融貫天人，陶鎔美感，逍遙於無窮的空靈之美，而與天地同氣並生，這就是對莊子的空靈之美，如何形成美感經驗的重要歷程！

㈡其次要說明的，便是莊子「道技合一」的美感經驗。

莊子在〈養生主〉中，曾經以庖丁解牛的精彩比喩，生動說明了「道」與「技」的關係。「技」在美感經驗中，往往是藝術創作具體的第一步，像希臘的「藝術」一字（tekhne），原先卽與「技術」（technique）相通，代表除了繪畫、音樂、詩歌是「藝術」外，舉凡手工藝、烹調、醫藥、騎射等等，都是「藝術」。這與莊子在此的意義便很接近。換句話說，一旦「技」純然到極點，不論那一行，都可稱之爲「藝術」，「技」那時即可與「道」相通，庖丁解牛便是鮮明的例證。

莊子首先描繪庖丁的解牛，「手之所觸，肩之所倚，足之所履，膝之所踦，砉然嚮然，奏刀騞然，莫不中音」，甚至「合於桑林之舞，乃中經首之會」。因此，文惠君才大爲好奇，問他技術何以能夠如此出神入化，簡直成了一項藝術！

本段問答之間，正是對美感經驗如何形成，極具啓發作用的一段內容。

庖丁針對文惠君的問題，回答如下：

> 臣之所好者道也，進乎技矣。始臣之解牛之時，所見無非牛者。三年之後，未嘗見全牛也。方今之時，臣以神遇而不以目視，官知止而神欲行。依乎天理，批大郤，導大窾，因其固然。技經肯綮之未嘗，而況大軱乎！良庖歲更刀，割也；族庖月更刀，折也。今臣之刀十九年矣。所解數千牛矣，而刀刃若新發於硎。彼節者有閒，而刀刃者無厚，以無厚入有閒，恢恢乎其於遊刃必有餘地矣。是以十九年而刀刃若新發於硎。雖然，每至於族，吾見其難為，怵然為戒，視為止，行為遲，動刀甚微，謋然已解，如土委地。提刀而立，為之四顧，為之躊躇滿志，善刀而藏之。

換句話說，庖丁剛開始，仍然只是以技術性的分別心看牛，因而所見都只是牛。然而三年之後，開始不只用感官看牛，而是以「神會」相遇，並且能因應其本然之性，把握其中神韻，然後再經過長年累月的十九年經驗，反覆不斷磨練的結果，終於能使粗糙的「技」成爲精妙的「道」。此中美感經驗的提昇，能由形會而進入神會，並且眞正做到游刃有餘，終能從中得到精神的成就感，足以馳懷滿志，確實極爲發人深省！

尤其此中深刻道理，對中國山水畫的影響極大。

此所以宋朝沈括在〈夢溪筆談論畫〉中，曾經明白強調：

書畫之妙，當以神會，難可以形器求也。

然後他並指出，眞正最高境界，乃是「得心應手，意到便成，故造理入神，廻得天意，此難可與俗人論也。」

我們若比較此段的「得心應手」、「造理入神」，與庖丁解牛的「遊刃有餘」、由技入道，就藝術精神而言，兩者幾乎都一致了。

尤其沈括曾引述謝赫所論衞協之畫，「雖不該備形妙，而有氣韻，凌跨群雄，曠代絕筆」，此中神氣，竟與庖丁神情極爲相似！

試看那庖丁完成解牛後，將手上的刀先是「提刀而立，爲之四顧，爲之躊躇滿志」，彷佛成爲天下第一刀的「曠代絕刀」，然後「善刀而藏之」時的精神狀態，直如眞力充滿心中，如此「技」與「道」的相通，足以自感勁氣充周，眞力瀰滿，並且足以馳驟揚厲，光華四射，確爲極重要的上乘美感經驗。

明代石濤對此也申論甚詳，他在論「了法障」中就曾明確指出，「規矩者方圓之極則也，天地者規矩之運行也」⑯。然而俗世只知有規矩而不知夫乾旋坤轉之義，此天地之縛人於法，「所以有是法不能了者，反爲法障之也」。

我們在此若以庖丁解牛的例子來看，就是剛開始還必需要有解牛的客觀法則，然而後來「依乎天理」「因其固然」後，則不再拘於法障，等到再進一步熟能生巧，遊刃有餘，便成爲刀從心轉，並且互交爲用，此時的刀與人隱隱然成爲一體，亦即「技」與「道」已經合一，正如石濤所說：「畫可從心，畫從心而障自遠矣」。這正是「了法」的根本意——「無法而爲，乃爲至法」！此時已把原先機械性的法則在自然之中泯除，也正是由技入道的最勝義了。

如果高明的演講也算成一種藝術，此中便是同樣道理。很多人剛開始上台說話時，因爲緊張，總覺對雙手應如何放、兩脚應如何擺，處處滯礙，常常掛念，這就是停滯於外在形迹的初步階段，也就是仍在「技」中摸索的情形。等到經驗漸多，便能一步步整理出頭緒，再等充實內容，而且眞力貫注，便能以理服人，以氣取勝。再等到精神與氣勢足以籠罩全場，「凌跨群雄」時，手勢與脚勢均能無形中與心靈合而爲一；此時全身如同渾然整體，直可進入忘我境界，並與全場聽衆心情也融合爲一，便不會再有任何「法障」的感覺，這就可稱「技」與「道」的合一境界！

清朝唐岱曾論「筆法」，極爲精彩，其中很多道理與庖丁的「刀法」也很神似，深值體認：

用筆之法，在乎心使腕運，要剛中帶柔，能收能放，不為筆使。⑰

此中深意，正如庖丁解牛，恢恢乎遊刃有餘，而又運用自如，能收能放。唐岱也曾引古人名言，強調：

用筆三病，一曰板、二曰刻、三曰結。板者腕弱筆癡，全虧取與，物狀平褊不能圓渾也。刻者運筆中凝，心中相戾，勾畫之際，妄生圭角也。結者欲行不行，當散不散，與物凝礙，不得流暢也。⑱

這三種用筆之病，也正可用在庖丁所稱的「用刀之病」，如果用刀不當，便會折刀，說穿了也正是「技」法之病。我們若能細心體悟，去除這種技法之病，才能如同石濤所說，了法障」，那才是眞正心手合一、「道技合一」，也才是眞正大美的境界。

總之，此中有深意，不但庖丁運刀如此，另外，運畫筆、或運書法都是相通道理，深值我們細心研究，並加弘揚光大，才不會讓中華民族的書法藝術逐漸黯然失色，甚至被日本、韓國所趕上！

莊子在〈天地篇〉中，針對此中道理，曾經言簡而意賅的提過一段名言：「能有所藝者，技也；技兼於事，事兼於義，義兼於德，德兼於道，道兼於天！」

這一段名言，代表了培養一位藝術家，所需循序而進的心路歷程，也代表藝術家應有的精神氣魄。同時很可以說明，莊子對如何才能形成偉大的美感經驗，所特有的恢宏看法。

換句話說，根據莊子看法，能有所專精，具一技之長，是技藝。然而，技藝要能偉大，還須貫通行事的道理；而行事道理要能通達，又須符合高明的義理；義理要能高明，則需貫通大德；大德又須符合大道，而大道，歸根結柢又應冥通上天。

所以這一段話的根本精神，便是眞正偉大的「技」，必需與「道」相通。而「道」更與上天的自然相符。這也正是老子所說的精神：「人法地，地法天，天法道，道法自然！」

這也就是說，不論是創作者或欣賞者，其美感經驗的形成，首先仍應有所法，然而，這些法則不能取法乎下，而要能取法乎上，並且層層上昇，取法乎上天。老子所說的「法」，莊子所說的「兼」，都有相互貫通之意。一旦能夠高尚其志，層層貫通，便知一通百通，等到最高點，自然本身勁氣充周，唯達者知其蘊蓄一種氣象磅礴的力勢，最能啓迪人心神思，化爲美感燦溢的神品！

綜合而言，這段歷程也正是庖丁解牛遊刃有餘、刀隨心轉、而化技爲道的歷程。歸根結柢，仍是由「技」開始而層層通於「道」，終能技道合一的境界。

若以畫論而言，此時的作畫，便不再是畫匠，不再有匠氣，而是能揮灑自如，渾然天成的大畫家。這種美感經驗是造就一位大畫家的必要歷程，也是形成一位大畫評家重要關鍵，更是培養一般人心高尚品味的主要訓練，深值我們共同重視，切實發揚！

㈢再其次，便是心齋坐忘的美感經驗，也就是經由心中恬淡虛靜，「物我合一」所感受的純樸美感經驗。

莊子在〈人間世〉中，曾經用象徵性的寓言，舉孔子與顏回的對話爲例，說明「心齋」的特性：

若一志，無聽之以耳而聽之以心，無聽之以心而聽之以氣。聽止於耳，心止於符。氣也者，虛而待物者也。唯道集虛，虛者，心齋也。

本文整段話的重點，就在強調「氣」的重要。文中並且指出，「氣也者，虛而待物者也。」這一句是很重要的關鍵，對於中國山水畫，尤具莫大的啓發與靈感。任何山水畫的大家，若要能達到這一層美感經驗，首先便要有「心齋」的訓練——也就是不用耳，而用心，不用心，而用氣。

因爲用耳聽，頂多止於耳，用心聽，也頂多止於符，均各有極限，只有用「氣」聽，才能因「虛」而能容納萬物，並以「虛」而表現無窮的韻味。這個「氣」，就成爲山水畫能氣韻生動、躍然有神的最重要根源。

扼要而言，中國山水畫，最重要的美感，即來自能得山水的性情，如何才能得山水的性情呢？此中一切生動變幻，生香活意，皆從「虛而待物」的空間而來。此即中國山水畫特重「佈白」之故，沒有畫的地方，比畫的地方，更重要。

另外，衆所皆知，「氣韻生動」在中國山水畫中，恒爲第一義。若問如何才能氣韻生動？歸根結柢，也就是仰賴此「虛」字訣，而「虛」字訣，又必需由「心齋」做起，由此更可看出「心齋」對眞正美感的重要性。此亦莊子在〈天地篇〉所說「象罔」的重要性。宗日華在〈美學散步〉中曾說：「『象』是境相，『罔』是虛幻，藝術家創造虛幻的境相，以象徵宇宙人生的眞際。」堪稱中肯之論。

明代唐志契在此論「山水性情」也極爲傳神：

> 凡畫山水，最要得山水性情，得其性情，山便得環抱起伏之勢，如跳如坐，如俯仰、如掛脚……自然山性卽我性，山情卽我情，而落筆不生軟矣。水便得濤浪瀠洄之勢，如綺如雲，如奔如怒，如鬼面，自然水性卽我性，水情卽我情，而落筆不板滯矣。⑬

換句話說，若要眞正做到「山性卽我性，水情卽我情」，以及「水性卽我性，水情卽我情」，此中的「我」便絕不能牽拘於任何「有」之中，而應完全呈「虛」的情況，然後才能「虛而待物」，充分展現山水之情。如果一旦「我心」不能「心齋」，而成「心實」，則任何「實」終必有限，那就不能因應無窮，更不能化有限而入無窮了。

此所以唐代大家王維，曾明白強調「凡畫山水，意在筆先」，若要意在筆先，且能馳神無礙，唯一辦法，就是必需「虛靜」。在〈山水訣〉中，他就曾經明白的指出：

夫畫道之中，水墨為最上。肇自然之性，成造化之功。或咫尺之圖，寫千里之景。東西南北，宛爾目前，春夏秋冬，生於筆下。

此中所述「或咫尺之圖，寫千里之景」，就是化有限入無垠，其中妙用，就來自心齋的虛靜，所以才能充分反映「自然之性」，完成無窮「造化之功」。

在明代石濤的〈論山水〉中，也有以下名言：「至平、至淡，至無意，而實有所不能不盡者。佛說凡夫，卽非凡夫，是名凡夫。」⑳其中所引佛理，其實卽源自莊子的「虛靜」，看似至虛至靜，其實反足以至實至動！

另外，清朝張庚也曾強調：「氣韻有發於墨者，有發於筆者，有發於意者，有發於無意者。發於無意者爲上。」㉑何以故呢？因爲唯有如此，才能見虛靜凌空之妙，也才能眞正顯現「天機之勃露」。

宋代米芾〈論山水〉中，也曾藉著評論董源而指出「平淡」「天眞」的可貴，最足以展現生意，形成另一重要例證：「董源平淡天眞多，唐無此品，在畢宏上，近世神品，格高無與比也。峯巒出沒，雲霧顯晦，不裝巧趣，皆得天眞。嵐色鬱蒼，枝幹勁挺，咸有生意」。

莊子在〈大宗師〉中，曾經再度以孔子與顏回的對話，用寓言手法，談到類似的另一種經驗，那就是「坐忘」：

墮枝體，黜聰明，離形去知，同於大道，此謂坐忘。

換句話說，莊子此中深義，乃是要忘掉自以爲是的我執。唯有心中忘掉小我，才能與宇宙大我相通。這與「心齋」一樣，要將小我化成「虛靜」，然後才能「與造物者爲人，而遊乎天地之一氣」，這也正是美感經驗的極致了。

所以莊子在〈大宗師〉內，連續以好幾段的對話，說明幾位知己如何「相視而笑，莫逆於心」，此中共同特性，都在他們心靈得以直正虛靜，化除掉一切外物的沾滯。

此中的層次，首先是能知「生死存亡之一體者」，也就是能看破生死。因爲連生死都能看破，自然能看破一切得失，「安時而處順，哀樂不能入」。其次，要能「相忘以生，無所終窮」，能夠超越時間，遊方之外。能到這種層次，自能以空靈虛靜的竟境，開拓最爲高妙超拔的光明心靈，同時也能展現最爲眞誠自然的心靈。此時「超越性」與「內在性」合而爲一，可說正是另一項深值重視的美感經驗。

換句話說，「心齋」、「坐忘」所形成的美感經驗，也就是渾然忘我的美感經驗，進一步說，也正是「物我合一」、融小我入大我的美感經驗。

另外，莊子曾謂「吾喪我」。這裡說的「喪我」，正是「坐忘」的眞義，代表離形去知、忘掉小我，而冥同大我，同於大道。一言以蔽之，就是達到了「天地與我並生，萬物與我合一」的最高美感經驗。

因此，莊子也曾經特別以反諷的口吻強調，一個人如果總是以自我爲中心，「與物相刄相靡，其行盡如馳，而莫之能止，不亦悲乎！」那種情形，就完全是終身役於物，東奔西逐，如喪家之犬或無頭蒼蠅，「行盡如馳」，而不知所之，不但愚蠢之至，而且可悲之至！此所以莊子認爲：

終身役役而不見其成功，苶然疲役而不知其所歸，可不哀邪！人謂之不死，奚益！其形化，其心與之然，可不謂大哀乎？（齊物論）

所以根據莊子，唯有將小我的形體生命，融入大我的永恒生命，才能永遠保持長久之道。這個大我，在莊子卽指自然萬物。此中哲理猶如史賓諾莎所稱：「實體」（Substance）卽爲「自然」，代表在「能產」（Natura Naturans）的大生命體中，一切「所產」（Natura Naturata）均融入其中。唯有將小我的個體，融入大我的實體中，才是永恒保全之道。

因而，莊子在〈大宗師〉中，也以象徵手法提到一段發人深省的名言：

夫藏舟於壑，藏山於澤，謂之固矣。然而夜半有力者負之而走，昧也不知也。藏小大有宜，猶有所遯。若夫藏天下於天下而不得所遯，是恒物之大情也。

莊子在此提出「藏天下於天下」，並以此爲「恒物之大情」，可說千古名言。這代表應將小我生命寄託於大我生命之中，然後才是永恒長生的至理。否則，除此之外，任何生命，不論寄託於權勢或寄託於財富，均不能永恒，甚至中途還會被其他力量負之而走。所以莊子緊接強調，「故聖人將遊於物之所不得遯而皆存。」正是典型的「物我合一」境界，也正是美感經驗另一項極重要的境界。

事實上，莊子在此所說的物我合一，「藏天下於天下」，不只是美學的象徵意義，還有倫理學的象徵意義，甚至含有政治哲學的象徵意義。

在美學上，這代表融化小我於大自然萬物之中，身心因而可以全然放下塵囂，回歸自然，相與浹而俱化，共同吮吸天地靈氣，這才是美之至！

倫理學的意義，則代表看破得失，盡去私心，因而可以眞正奉獻犧牲，忘却小我以融入大我，這可稱爲善之至。

另外，政治哲學上意義，則更代表將個人生命寄託於國家生命中，才能永恒存在。而且，國家生命絕不能寄託於少數私心之中，或高壓強權之下，否則他們自以爲政權穩固，殊不知民心自會「負之而走，昧者不知也」。因此，唯有「藏天下於天下」，將整體國家命脈寄託於全體民心，才是眞正永恒之道。從現代眼光看來，這更是最爲民主的哲理，看到這段，誰能說中國文化沒有民主思想呢？

若從畫論來看，則莊子這種「物我合一」的美感經驗，對中國的山水畫及書法，影響均極爲深遠。

像清代唐岱在〈繪事發微〉中，談到「傳授」之道，便曾如此強調：

古人丘壑，融會胸中，自得六法三品之妙。落筆腕下眼底一片空明，山高水長，氣韻

> 生動矣。學至此所謂有可以神會，而不可以言傳者也。今之學人誤於旁蹊邪徑，專以工細為能，敷彩暄目，一入時蹊，終身不能自拔，豈不惜哉？

這段授畫的道理，充分可以說明，何爲眞正高雅的美感經驗，也正可說明，何爲物我合一的境界，然後才能「腕下眼底一片空明，……山高水長，氣韻生動。」如果斤斤計較於小我之技能，以工細爲能事，那反而會呆滯拘泥，充滿匠氣，用色俗氣，了無靈性，以致「終身不能自拔」！

由此更可看出，「自拔」之道，正是「自忘」之道，唯有如此，超拔忘我，去除一切匠氣，才能回歸自然眞性，進而渾然達到物我合一的境界！這正是莊子美學中，極重要的第三種美感經驗。

三、藝術創作的原動力

根據莊子的藝術精神，藝術家的創造動力，應該源於「神人」、「至人」、「眞人」的精神啓發。也就是說，眞正的大藝術家，必能效法神人、至人，與眞人的精神風範，並同時成爲本身創作的無窮動力。

爲什麼呢？

第一，因爲能效法「神人」，所以能提神高空，冥同上天，透過無限上昇的空靈之美，放曠慧眼，發爲雄奇瑰偉的藝術神品。

第二，因爲能效法「至人」，所以能同情萬有，曲成萬物，透過細心體貼的淳厚之美，善解萬類，發爲趣機燦溢的藝術珍品。

第三，因爲能效法「眞人」，所以能眞率純樸，勁氣充周，透過眞力瀰漫的樸拙之美，返璞歸眞，發爲渾然天成的藝術神品。

唯有如此，以神人、至人、眞人爲師，才能成爲眞正的藝術大家，也才能培養偉大藝術的創作動力。這種看法，影響中國畫論尤爲重大。今特舉莊子原典與歷代相關畫論，相互印證如下。

㈠首先，就追求神人的精神器宇來說，莊子曾經強調「若然者，騰雲齊明，遊乎四海之外」，若能與天地神韻同遊，那自然能化爲筆端無限神奇的氣韻。方東美先生稱莊子爲「無限哲學」，並稱此種精神爲「自提其神於太虛而俯之」，確有至理在內。另外，方東美先生曾有一段精彩語句，很可以形容大藝術家放眼曠觀人世，如何完成偉大作品的心路歷程，其中也可看出效法「神人」，浹而俱化的重要性：

> 其始也，若有無端哀怨，棖觸於萬不得已；迨後聚精會神以全副心身深入乎其中，相與浹而俱化，漸覺一切離奇顛倒的環境，正是醞釀性靈、觸發生機的佳地。苟能沈潛濡染於其中，久之自然鬱積浩渺奇情，鎔鑄泱漭深意，一旦盎然充實，渾脫流露，便

如倒瀉洪濛，淋漓滿志。●

莊子在〈大宗師〉中，藉著子貢與孔子的問答，強調唯有效法「神人」，才能醞釀沉雄性靈，陶鎔高尚美感，觸發無限生機：

子貢問：「敢問畸人？」

孔子說：「畸（奇）人者，畸於人而侔於天。故曰，天之小人，人之君子，人之君子，天之小人」。

莊子用這段對話，襯托出眞正「神」人或「奇」人——在書畫上則可稱氣韻「神奇」的神品——不必拘泥於形式俗套，因而看似異於世人，但只要能以天爲師，效法天之曠達，即可宣暢浩渺奇情，鎔鑄泱漭深意，成就偉大神品！

那麼何謂效法天呢？就是能「與造物者爲人，而遊乎天地之一氣」，此其所謂「魚相忘乎江湖，人相忘乎道術」（大宗師），唯有如此，才能夠看破世俗名利，進而放曠胸襟，神韻與天一般高遠。

方先生稱此爲「忘我、忘物、忘道、『忘忘』」，象徵生命的層層超昇，確爲中肯至論。換句話說，根據莊子看法，藝術家應當先有「以天爲師」的胸襟，然後才能創造氣勢磅礴的偉大作品，此即「神人」重要的精神風範所在。

例如，明代莫是龍在《畫說》中便曾強調：「畫家以古爲師，已自上乘，進而當以天地爲師」，這也正是莊子所說「侔於天」，以天爲師的深意。

清朝沈宗騫在《芥舟學畫編》中，曾專論「會意」，也甚得莊子此中旨趣。他並曾引莊子「夏蟲語冰」的警語，提醒藝術家們，應以胸襟開濶爲第一義：

> 意趣之高下難以數計，有攻之者窮年皓首，反不及高人韻士，偶爾托興之作。蓋筆墨本是寫人之胸襟，胸襟旣開濶，則立意自無凡。近試思古人傳者皆是何等人品學問，而庸庸者不過拾其唾餘，此中大意全未理會，便欲妄擬前賢，何異夏蟲之語冰哉！

因此，他建議創作國畫畫者，能夠眞正做到下述修養：

> 莫若虛心以玩往蹟，澄懷以參名理，時有所會而日有得，斷除襲取，獨出靈裁，不悅時目，常懷自勘，若此下手，庶幾有望耳。

這裡所說的「下手」，正是本段所說的創作動力，其中強調「虛心」、「澄懷」、「斷除襲取」、「獨出靈裁」等等，歸根結柢，均有賴於自提其神、以天爲師，這些都最能吻合莊子所述「神人」的精神特色，深值體認與力行！

另外，沈宗騫在《芥舟學畫編》中也曾說：

> 人有是心，爲天地間最靈之物，苟能無所錮蔽，將日引生，無有窮盡。故得筆動機隨，

脫腕而出，一如天地靈氣所成，而絕無隔碍，雖一藝乎而實有與天地同其造化者，夫豈淺薄固執之夫所能領會其故哉！

由此更可印證，莊子強調沉潛掊風，以奮力提神太虛的重要性，歸根結柢，均以天地爲師，所以可稱爲「神人」。

此外，清朝鄭績所著《夢幻居畫學簡明》也深得此中精義，他在「論意」一段中，也曾特別強調：

作畫須必立意，若先不能立意而遽然下筆，則胸無主宰，手心相錯，斷無足取。夫意者筆之意也，先立其意而後落筆，所謂意在筆先也。然筆意亦無他焉，在品格取韻而已。

所謂品格取韻，也就是胸中品味要高要雅，然後神韻才能飄逸奇妙。所以他緊接著說「胸有眞譜，乃有眞畫，興到時以奇別之筆，……若非人事所能成者，乃臻奇妙。故用筆之道，須神而明之」。

這段眞諦，所謂「若非人事所能成者，乃臻奇妙」，幾乎完全在弘揚莊子「畸（奇）於人而侔於天」的精神，其根本的動力，仍然來自「胸有眞譜」，也就是胸中能夠以天爲師，直正做到「神而明之」，然後才能不落俗套！

所以鄭績在此更進一步強調：

> 固泥成法謂之板，硜守規習謂之俗，然俗即板，板即俗也。古人云『寧作不通，勿作庸庸，板俗之病，甚於狂誕』。

這段精神，把莊子寧可狂誕（自諷荒誕之言），也不願板俗的特色，可說表現得極為中肯。

要之，歷來重要畫論均曾一再警告，藝術創作最重要的就在能「避俗」。至於如何避俗，一言以蔽之，就要能「以天爲師」，效法「神人」精神。唯有如此，才能高遠雅緻，機趣環生，進而積健爲雄，妙造意境，這正是莊子心目中，藝術創作的第一項原動力！

㈡根據莊子，第二項創作動力，就是能同情體物，曲成萬物，「無微不至」，這正是「至人」的重要精神風範。

所以，莊子在此所描述的「至人」，可說是最能尊重生命的自然生態保護者，也是最能體貼至微的野生動物保護者。在「至人」的眼中，不但所有人類均充滿生機，所有動物、植物、一切萬物也都充滿天機，不但絕不能任意斲喪，而且均應充分實現潛能，這就成爲其第二項重要的創作動力。

像民初文學家與漫畫家豐子愷專門著有《護生畫集》，內容就是以樸拙的漫畫筆法，委婉曲折的寫盡各種大小生物的生命型態，他曾自述其對描畫對象是「熱愛」的，是「親近」

的，是深入「理解」的，是「設身處地」地體驗的。因此他強調對一切自然萬物均應「護生」，不可任意摧殘。其信仰看似近乎佛教，其實根本精神仍源自莊子。

另外，再如印度詩哲泰戈爾，向來以親近自然、尊重生命爲其作品特色。他所獲諾貝爾文學獎的作品，也正是以呼籲世人愛護生命、尊重自然爲宗旨，雖然他並不一定源自莊子，但正可說各地聖哲，人同此心，不謀而合，因而均能開創眞正不朽的作品。

至於「非洲之父」史懷特（Albert Schweitzer），不辭辛勞，遠至不毛之地，他在蠻荒看到野生河馬群居時，各種親切的自然景象，心中大受感動。所以用實際行動在非洲行醫，以呼籲世人「尊重生命」（Reverence for life）、「悲天憫人」（Compassion for pain），這本身更是令人感動的風範，也正可稱爲莊子所說的「至人」精神[23]！我們若再看莊子本身作品，更可證明，他在很多地方，均曾一再強調這種同情萬物的至人精神。

然而，若要能同情萬物，首先就要去除形累，其次也要去除小知。

因而在〈德充符〉中，莊子曾經多次提及「至人」這種精神特性。他曾特別借孔子與季常的討論，談到對一位殘障人士王駘的看法，孔子不但非常推崇他，而且進一步指出：「自其異視之，肝膽猶吳越也；自其同者視之，萬物皆一也」。

換一句話說，至人的精神就是要能「棄小知，絕形累」。所謂「棄小知」，就是不能斤斤計較於小異，而要能大其心，以冥同無限大道。所謂「絕形累」，尤在能重內在神韻，不受形迹所累。這兩者對中國畫影響均極大：正因要「棄小知」，所以不以描繪精神爲能事，正因「絕形累」，才能超形似而入神會。

另外，在〈列禦寇〉中，莊子也說「彼至人者，歸精神乎無始，而甘冥乎無何有之鄉」，這就是精神要絕形累，進入無始無終、絕對無限的神會世界，否則「小夫之知……迷惑於宇宙形累，不知太初」。這是同樣警惕世人，如果只是小知，便會迷惑於形累，而終不能創造出偉大神品。

在〈田子方〉中，老子自稱「吾遊於物之初」，並且強調「夫得是，至美至樂，謂之至人。」在〈達生〉中，列子指出「至人潛行不窒，蹈火不熱，行乎萬物之上而不慄。」這種至人的精神，便是能夠冥同造物者之初的境界，亦即能歸於宇宙最初點，視一切貴賤均尚無差別分際，其精神氣度均足以上天下地，此所謂：「夫至人者，上闚青天，下潛黃泉，揮斥八極，神氣不變。」（田子方），正因能以一往平等的胸襟同情萬物，所以才能得至美而遊乎而樂，這正是「至人」的重要特性。

換句話說，如果凡事只重小知，只重差異，那麼，即使本身的內臟肝膽，也都像楚越一般不同，甚至自己都會內心充滿矛盾，自我衝突。然而，我們若能用廣大同情的眼光來看萬物，那麼整個宇宙萬物，其實也都交融互攝，彼是相因，渾然成爲一體。

所以，若能由此來看，才知「且不知耳目之所宜，而遊心乎德之和，物視其所一而不見其所喪，視喪其足猶遺土也」。

也就是說，凡事若都能以整體沖和的眼光來看，那就可以發現人生充滿足以感恩之處，絕不會心懷自卑或仇恨，此時就算曾經斷一脚，猶「遺土」也，只如同喪失一塊土而已。

後來，莊子更用寓言方式，描述一位缺脚的人無趾去見孔子。孔子對其因刑而斷脚略帶感喟，結果馬上引起無趾的正色答覆，先是強調「天無不覆，地無不覆，吾以夫子爲天地，安知夫子之猶若是也。」然後再告訴老子說，「孔丘之於至人，其未邪？」。

這裡所說的「天無不覆，地無不覆」，代表至人心胸，足以同情萬物，無所不包，更何況因刑而殘障呢？當然，這是段寓言，並不代表眞有其事，不過却可看出，在莊子心目中，「至人」地位如何的崇高偉大。

正因「至人」並不會以一般世俗眼光決定心中好惡，而能把「諔詭幻怪之名聞」統統看成應該超化的形象，所以才能以包天含地的「至人」精神，同情一切，看破一切，眼中無分貴賤，進而均能擁抱一切！此時正如佛教法師或神父眼中，一切貴賤皆平等，便不再只是倫理學上的意義，更是充滿宗教情操的意義了。

根據莊子，唯有如此，才能「使之和豫，通而不失於兌。使日夜無郤，而與物爲春，是接而生時於心者也。是之謂才全。」（德充府）

莊子並曾透過哀公之口，稱此爲「至人」之言。由此可知，唯有「至人」，才能因通達仁厚，看盡各種人生閱歷，而能保持同情瞭解。所以心中絕無優越感，並且能長保心中和諧悅樂，如同日夜交替一般，通暢無礙，進而更能以此態度與萬物相處，絕不破壞生態，並足以共生共榮，和諧但進。

此卽莊子所謂：「入無窮之門，以遊無極之野，與日月爭光，與天地爲常」，並能「守其一，以處其和」（在宥）。這種「才全」的精神最足以保存天然的本質，並且眞正「與物爲春」、「以處其和」，正是今天我們最需要的精神風範。如此既可保全自然生命，展現自然生機，而且又絕不居功，正是莊子所說「至人無已，神人無功，聖人無名」的境界，在此可稱爲第二種藝術創作的動力。

宋代鄧椿在《畫繼雜說》中，便曾特別提醒世人：「畫之爲用大矣」！因爲盈天地之間者，一切萬物莫不含生，也莫不含神，不但人有神，物也有神，便是充分領悟莊子「至人」廣大體物的精神。另如清代沈宗騫在《芥舟學畫編》中，也曾特別提到「作法」，很能契合莊子此中深意：

凡物得天地以氣以成者，莫不各有其神，欲以筆墨肖之，當不惟其形，惟其神也。

這一段宗旨，肯定萬物均「莫不各有其神」，因而雖頑石小草，亦自其有神韻，不能視同呆板死物。此中心靈，正是「至人」的精神，足以曲盡其能，以同情瞭解的精神，深體萬物盎然的生機。這種精神，代表了對萬物同其情的體貼，更代表將整體宇宙視同渾然大生命體，故以最厚重的廣大同情，尊重萬物生命。因而筆下所見，一切萬物，不論大小，均無貴賤，均能一視同仁，此時心中充滿了燦溢生機與光耀美感，這才是眞正大道！也正是莊子在〈秋水篇〉所強調：

以道觀之，物無貴賤，以物觀之，自貴而相賤。

實際上，這種體悟也正是培養美感經驗的另一要件，這種平等心，也才是眞正的一往平等；否則「以不平平，其平也不平」，便並非至人應有的同情精神了。所以清朝錢杜在《松壺畫憶》中，也曾強調：

明詩畫多宗右丞北苑二家，蓋取其高深渾厚，極古人盤礴氣象。」董香光云：「有唐人之致去其纖，有北宗之雄去其獷，則得之矣。

此中兩項強調重點，都在高深渾厚，尤其後項強調「致而去纖」，能夠宣暢生意淋漓盡致，而又不會流於纖細，「雄而去獷」，能夠宣暢壯美積健爲雄，而又不會流於粗獷，其中深意，就在能以至人之心善與物同，進而「與物爲春」，所以能洋溢一片燦爛生機！另如明代石濤在《苦瓜和尚畫語錄》中，也有一段「尊受章」極能傳達此中神韻：

古今至明之士，藉其識而發其所受，知其受而發其所識，不過一事之能。其小受小識也，未能識一畫之權擴而大之也。夫一畫含萬物於中。畫受墨，墨受筆，筆受腕，腕受心。如天之造生，地之造成，此其所以受也。然貴乎人能尊得其受而不尊自棄也。

本段強調作畫一切根源均受自心，「如天之造生，地之造成」，能有此美感，堪稱至爲明達之士，這也正是莊子「至人」的重要寫照。莊子所謂「至人之用心若鏡，不將不返，應而不藏，故能勝物而不傷。」（應帝王）正是此中深意。

另外石濤在「脫俗章」中，也特別指出「至人不能不達，不能不明。達則變，明別化……尺幅管天地山川萬物，而心淡若無者，愚去智生，俗除清至也。」由此同樣可見「至人」的精神特色，深值我們體認。

㈢根據莊子美學，形成第三種眞正美感經驗的方法，即是效法「眞人」的精神，也就是以追求純樸、自然、眞率爲美感經驗。

對於「眞人」，〈大宗師〉內說明得很詳盡：

古之真人，其寢不夢，其覺無憂，其食不甘，其息深深。

古之真人，不逆寡，不雄成，不謩（謀）士。

古之真人，不知說生，不知惡死。不忘其所始，不求其所終，受而喜之，忘而復之，是之謂不以心捐道，不以人助天，是之謂真人。

古之真人，其狀義而不朋，若不足而不承；與乎其觚而不堅也，張乎其虛而不華也，邴邴乎其似喜乎！

……故其好之也一，其弗好之也一，其一也一，其不一也一。其一與天為徒，其不一與人為徒。天與人不相勝也，是之謂真人。

所有上述對「眞人」的描述中，有一項共同特性，一言以蔽之，便是「眞誠」。正因以眞誠爲中心主宰，形之於外，便能展示出上述形形色色的表現。這種種表現，看似矛盾，其實背後都有一貫的根據，看似玄妙，其實都代表一致的主張，此中的一字訣，就是「眞」！——因爲「眞」，所以心安理得，坦然無憂，睡覺都很深沉不夢。因爲「眞」，所以一切操之在己，不會患得患失，更不必低聲下氣的去求人（不謀士）。因爲「眞」，所以既不樂生，也並不怕死，而是自有內心眞宰，與宇宙大道冥同。因爲「眞」，所以遨遊於無始無終的大道之中，不用機心去斲傷大道，不用人爲去贊助天道。因爲「眞」，所以容貌清朗，不卑不亢，永遠看來神清氣爽！

另外，因爲「眞」，所以能廻心向上，視天人爲合一，這是能和天作伴同遊，然而也能廻心向下，和普通人作伴同遊，如此不把天人相成對立抗爭，而能悉聽自然，就叫做眞人！

在〈秋水篇〉中，莊子也曾特別透過北海若的口中強調：

> 牛馬四足是謂天，落馬首，穿牛鼻，是謂人。故曰：無以人滅天，無以故滅命，無以得徇名。謹守而勿失，是謂反其真。

這段話明白提醒世人，只有順乎牛馬的自然天性，不要以人爲眼光絡馬頭與穿牛鼻，才能算「眞」。因此，他呼籲大家，不要以人爲毀滅天機，不要以貪得犧牲聲名，若能謹守這些，不要失去本性，才叫做返本歸眞。

這種「眞」理，擴充運用在畫論上，就是貴乎眞誠，不受世俗誘惑所染。這就是莊子在〈漁父篇〉中所說，「法天貴眞，不拘於俗」。

所以，在〈漁父篇〉中，莊子也透過孔子與客的對話，特別指出：

真者，精誠之至也，不精不誠，不能動人。真者，所以受於天也，自然不可易也。

換言之，「眞人」的精神，在於自然天成，不虛矯，不造作，精誠之至，所以才能感人，也才能眞正以自然之美打動人心！

值得重視的是，〈天下篇〉中又曾明白強調：「不離於精，謂之神人。不離於眞謂之美。」由此充份可見，在莊子心目中，「神人」、「至人」、「眞人」，都能彼此相通，而其中最重要的共同基礎，便是「眞」這一字訣！

因而〈田子方〉中曾記載「宋元君將畫圖，衆史皆至，受揖而立，舐筆和紙，在外者半。有一史後至者，儃儃然不趨，受揖不立，因之舍。公使人視之，則解衣般礴臝。君曰，「可矣，是眞畫者矣」。

這是莊子以作畫比喻大道很著名的一段故事。這位畫者，不願奉承，也不願俗套，更不願裝模作樣，而能完全以眞率見人，所以君稱之「眞畫者」。由此可見，莊子認爲，「畫如其人」，畫要能眞，人先要眞，這種眞率自然的精神，才是眞正美感經驗的重要來源。

事實上，中國早在唐朝張璪，在《文通論畫》中，就已強調兩句千古名言：

外師造化，中得心源。

這兩句名言——外則以天爲師，中則以心爲創作動力，均需要發乎眞誠，才能眞正發揮大用。此中不能有任何虛僞，也不能有任何矯揉做作，否則便會旣違天性，也背人心。

這句名言，奠定了中國畫論千古不滅的根本精神，也道出了莊子精神的大本大源，同時更爲後人的美感經驗，提供了最佳的提昇方法。

因此，唐代白居易在〈畫記〉中，便曾清楚闡揚此中「眞」理。他曾舉張氏子的畫爲例，強調其畫「得天之和，心之術，積爲行，習爲藝，藝尤者其畫歟！」然後進一步指出「學無常師，以眞爲師」，這句是極重要的關鍵語。所以他稱「張但得於心，傳於手，亦不自知其然而然也。」能夠如此自然而然的作品，才最能燦然流露眞誠，閃爍天機，所以白居易才對其推崇備至，由此同樣可看出傳承於莊子的重大影響。

到了明代石濤論畫，也曾特別強調同樣「眞性情」的重要：

> 詩中畫，性情中來者也，則畫不是可擬張擬李而後作詩。
> 畫中詩，境趣時生者也，則詩不是便生吞活剝而後作畫。㉔

換句話說，石濤極爲反對詩畫完全泥古不化或一味摹仿他人，因爲如此一來，便會無眞我之存在。所以他認爲：

> 夫畫，天下變通之大法也，山川形勢之精英也，古今造物之陶冶也，陰陽氣度之流行

也，借筆墨以寫天地萬物而陶泳乎我也。㉕

因此，石濤最強調的，便是「我自發我之肺腑」，然後就算「有時觸著某家，是某家就我也，非我故爲某家也。」因爲「天然授之也，我于古何師而不化之有。」這一段充份也可見石濤強調眞誠的重要，必需發自肺腑深處，才是眞正美感經驗的提昇。

值得注意的是，唯有將「天然授之」的眞誠自然宣暢，才是「眞我」的表現，也才是眞正的大美，由此可見，此地所說眞我並非世俗小我，而是以「眞」直通自然大道的大我。此中旨趣，也明顯受莊子影響。

另如清代王昱在《東莊論畫》中，也曾進一步申論畫品與人品的關聯：

學畫者先貴立品，立品之人，筆墨外自有一種正大光明之概，否則畫雖可觀，却有一種不正之氣，隱躍毛端。文如其人，畫亦有然。

這種看法，與西洋畫論便大不相同，然而却影響中國極爲深遠。歸根結柢，就是必以「眞誠」爲重要的創作動力，然後才能眞正作到畫如其人，能從畫品中，展現人品的特色。此所以王昱又稱：

畫中理氣二字，人所共知，亦人所共忽。其要在修養心性，則理正氣清，胸中自發浩蕩之思，腕底乃生奇逸之趣，然後可稱名作。

由此可見，心中必需眞誠，才能脫盡塵凡，廓淸一切俗念與雜思，然後胸中才能清朗，腕底也才能靈活。究其本源，仍在於莊子所說「不眞不誠，不能感人」的至理。

凡此種種，充分證明，以「眞誠」激發藝術創作，才能激發酣暢飽滿的盎然生機，這是莊子另一項極重要的主張，深知我們體認與力行！

此所以莊子在〈天道篇〉中也曾明白強調：「樸素而天下莫能與之爭美」，何以故呢？就因本身能因樸素而眞、而誠，而最動人！看似「無」，其實「大有」，所以莊子才又說「夫虛靜恬淡，寂漠無爲者，萬物之本也」。

正因眞人能以虛靜去除一切煩惱，以恬淡去除一切俗塵，並以寂漠去除一切物欲浮躁，所以才能其心如水，其心如靜。藝術家唯有效法如此精神，在寧靜之中深思，並在寧靜之中構圖，然後才能眞正善運陶然天機，揮洒自然天成的神品！

此所以莊子強調：

水靜猶明，而況精神！聖人之心靜乎，天地之鑒也，萬物之鏡也！（天道篇）

這裡所說聖人，乃與「眞人」相通之意，代表能以至情至性的眞誠爲創作動力，自然可以暉麗萬物而明鑒天地，既能明鑒天地，自能濟潤焦枯，育和天下，此卽莊子所說的光明境界：

古之真人其備乎，配神明，醇天地，育萬物，和天下，澤及百姓，明於本數，係於末度，六通四辟，小大精粗，其運無乎不在！（天下篇）

此中至理，確實深值我們體認，化爲至情至性的中心眞宰，切實加以弘揚，然後才能展現豐富生機，無所不在的運乎天地之中，也無所不在的運乎畫幅之中！

四、審美的標準

根據前述莊子所論「什麼是美」，以及相關各段內容，如今我們若問，莊子審美的標準爲何？同樣可以相應的列舉三項重要標準如下：

——第一、意境是否高遠，深具空靈之美？

——第二、氣韻是否生動，深傳自然之美？

——第三、創作是否眞誠，深符樸素之美？

㈠首先第一項審美標準，便是看意境品味是否高妙曠遠，深具空靈之美。

宋朝鄧椿在《畫繼雜說》中，曾經對鑑賞標準有深刻的分析，究其精神，多半仍傳承莊子美學思想。

> 自昔鑒賞家分品有三，曰神、曰妙、曰能，獨唐朱景真撰唐賢畫錄，三品之外，更增逸品。其後黃休復作益州名畫記，乃以逸為先，而以神妙能次之。景真雖云：『逸格不拘常法，用表賢愚』，然逸之高，豈得附於三品之外，未若休復首推之為當也。

鄧椿這段畫論，首次把審美的四項要件明白點出：「神、妙、能、逸」，後代所不同者，頂多只在順序而已，但均以這四項為審美標準則仍然相同。

如清代夏文彥即曾謂：「氣運生動，出於天成，人莫窺其巧者，謂之神品，筆墨超絕，傳染得宜，意趣有餘者，謂之妙品。得其形似而不失規矩者，謂之能品。」㉖

上述的標準，說穿了，均承自莊子美學，而有直接關係。

正因為莊子非常重視提「神」太虛，放曠慧眼，所以影響所及，中國畫論之中首先都注重傳「神」。雖然有的以「逸」為首，但根本旨趣仍在強調意境之美；只是「神」重神韻，「逸」重飄逸，一者深遠，一者灑脫，風格略有不同，但均需胸中虛靜，以壁立萬仞之慨，傳大化流行之神，否則全畫不能傳其神，筆法亦必呆滯，無以激發靈性，提昇美感。

所以，若就整體而言，這四項評畫的分品，最重要的，其實有一個共同來源，那就是「空靈」。畫中若能展現空靈之美，引人提神太虛，則神韻自出，妙趣亦生，不但可以「神」遊無端，也能馳騁「妙」思，曲盡其「能」，一切飄「逸」品味莫不由此而生。此等高超精神在莊子《消遙遊》中就已經明白的指出：

> 若夫乘天地之正，而御六氣之辯，以遊無窮者，彼且惡乎待哉！故曰，至人無已，神人無功、聖人無名。

這裡所說的「無」，正如畫論中的「空靈」，唯有充分體認此中大用，才能掌握天地間的樞紐，以精神氣魄駕御六氣變化，遨遊無窮宇宙之中。因此莊子認爲，一定要能先把握「道樞」，以應無窮，那才是眞正好的神品。

像元朝楊維楨在《圖繪寶鑑序》中也曾強調：

> 論畫之高下，有傳形、有傳神。傳神者氣韻生動是也。如畫貓者張臂而絕鼠，大士者渡海而滅風，翊聖眞武者叩之而響應，寫眞人者卽能得其精神，若此者，豈非氣韻生動，機奪造化者乎？

換句話說，若畫一隻貓竟然傳神到可以嚇阻老鼠，可見其中功夫之神妙。張彥遠也曾在《歷代名畫記》中記載，孫權請曹不與繪屏風，曹誤落筆點，便將錯就錯，畫成蒼蠅，結果孫權進來，竟眞以爲是蠅，擧手彈之。這也正是能夠「傳神」的因素，連畫貓與畫蠅都需傳神，更何況畫眞人呢？

所以，趙孟頫在《松雪論畫》同樣也提到，「舜擧作著色花，妙處正在生意浮動耳。」充分可見，能否展現生意，化爲妙趣，以此傳神，才是眞正的審美標準。此中精神，顯然最早仍來自莊子的影響。

到了明朝，王紱也曾明白強調：

> 高人曠士，用以寄其閒情，學士大夫，亦時彰其絕業。凡此皆外師造化，未嘗定為何法何法也！內得心源，不言得之某氏某氏也。唯品高故寄託自遠，由學富故揮灑不凡，畫之足貴，有由然耳。㉗

由此可見，王紱同樣以「品高」爲作畫的最大關鍵。至於如何才能品高？要領就在「外師造化」、「內得心源」，而這兩者均需來自空靈精神，可說仍然來自莊子的重要啓發！

到清朝王原祁，同樣在《雨窗漫筆》中指出：

> 作畫以理、氣、趣，兼到為重，非是三者，不入精妙神逸之品，故必於平中求奇，綿裡有鍼，虛實相生。㉘

這一段更清楚來自道家靈感。其中「平中求奇，綿裡有鍼，虛實相生」，明顯承自老子「有無相生」道理，而莊子所強調生動活潑精神，表面上看似「謬悠之言，荒唐之辭」，其實正能「虛實相生」，而且「平中求奇」，甚至軟中見硬，「綿裡有鍼」。歸根結柢，這些仍然源於老莊一脈相傳的空靈審美觀。

㈡除此之外，莊子第二項審美標準，則在看氣韻神采是否活躍生動，深傳自然之美。例如，在〈養生主〉中，莊子曾經提到：

> 澤雉十步一啄，百步一飲，不蘄畜乎樊中。神雖王，不善也。

澤旁的雉鷄，每十步才能啄到食物，每百步才能喝到水，但仰俯之間，悠然自在，自有一種恬淡自然之美在其中。因此牠們並不希望被關在籠子裡養，雖然那樣不用辛勞覓食，看來神氣如王，其實飽受束縛，心中並不喜歡。

莊子在此是以擬人化的象徵手法指出，「自然」，才是最美最樂的源泉，除去自然，表面再神氣，仍然是處處滯礙，神韻全失。

此所以莊子在〈馬蹄篇〉中，曾經同樣提到保存自然本性的可貴。

> 馬，蹄可以踐霜雪，毛可以禦風寒，齕草飲水，翹足而陸，此馬之真性也。雖有義臺路寢，無所用之。及至伯樂，曰『我善治馬』，燒之、剔之、刻之、雒之，連之以羈馽，編之以皁棧，馬之死者十二三矣；飢之、渴之、馳之、驟之、整之、齊之，前有橛飾之患，而後有鞭筴之威，而馬之死者已過半矣。

換句話說，根據莊子，如果畫馬，一定要能順乎馬的本性，自然發揮，才能展現眞正自然飽滿之美。因此，評鑑一幅畫，必定要看其能否善體萬物的本性，勾深致遠，才算眞正好畫。

像杜甫〈畫馬贊〉中所稱頌的韓幹畫馬，便完全是能盡得馬的本性與天趣：

> 韓幹畫馬，筆端有神。驊騮老大，騕褭清新。魚目瘦腦，龍文長身。……

> 逸態蕭疏，高驤縱姿，四蹄雷雹，一日天地。御者閑敏，來何難易，愚夫乘騎，動必顚躓，瞻彼駿骨，實惟龍媒。㉙

在此值得强調的是，眞正能認淸馬本性的御者，才能悠然閑敏，「來何難易」，能完全做到人馬融成一體。然而若有「愚夫」乘騎，反馬本性，則「動必顚躓」。杜甫在同一畫論中，以對比的手法，顯示悠閒御者與愚夫乘騎的不同，此中眞意，言在畫外，就在能否把握馬的本性與自然之美，然後才能眞正做到「筆端有神」！

由杜甫這一段生動的欣賞感言，可以明白看出，不但韓幹是位上乘的創作者，杜甫也是一位上乘的評鑑者。唐明皇原先曾令韓幹師奉陳閎畫馬，但韓幹不奉詔，並且說道：

> 臣自有師，今陛下廐馬，皆臣師也。

方東美先生認爲，此中所指精義，正是以衆馬自然活躍的生命，作爲繪畫師法的對象，的確非常中肯。正因韓幹能將馬本身活躍創造的自然生命力充分宣暢，所以才能成爲畫馬的神品。

唐代詩人蘇東坡，善畫墨竹，而且往往從地一筆到頂，米芾曾問他，「何不逐節分？」他答道，「生竹時何嘗逐節生？」此中眞諦，也正是同樣能深體此中自然生趣之故。此所以蘇東坡曾說：

> 竹之始生，一寸之萌耳，而節葉具焉。自蜩蝮蛇蚹，以至於劍拔十尋者，生而有之也。今畫者乃節節而為之，葉葉而累之，豈復有竹乎？[30]

因此，蘇東坡爲了充分表達竹「生而有之」的自然生意，曾經特別强調：

> 故畫竹必先得成竹於胸中，執筆熟視，乃見其所欲畫者，急起從之，振筆直遂，以追其所見，如兎起鶻落，少縱則逝矣。[31]

另如元朝倪雲林亦然，他的畫竹，在「寫胸中逸氣」，並不在計較「似與非，葉之繁與疏，技之斜與直」[32]。

凡此種種，均可看出，我們對國畫中，不論人物、動物或植物的欣賞標準，主要均應看能否自然傳神，以寫「胸中逸氣」，而並非以形似爲標準。

再如蘇東坡在〈文與可畫篔簹谷偃竹記〉中又曾提到，子由爲墨竹賦以遺與可，曰：

庖丁解牛者也，而養生者取之，輪扁斵輪者也，而讀書者與之。今夫夫子之托於斯竹也，而予以為有道者，則非邪？

子由這一段話明白舉出莊子中「庖丁解牛」的寓言，而蘇東坡再加引述，充分可見均受莊子影響之深遠。子由自認已甚得莊子之意，但蘇東坡仍認不足，而更稱子由本身未嘗作畫，所以只是得其意而已。「若予者豈獨得其意，並得其法。」代表像他既是鑑賞家，也是創作者，所以不只能得其意，而且更能得其法，而眞正達到「道」與「技」的合一。

換句話說，蘇東坡所說此中之「法」，就是與萬物的生意能合而爲一，這種道與技的合一，關鍵就在能否順乎萬物本性，表現自然生意與盎然機趣，正如同庖丁解牛，能順乎牛骨空間本有之性，所以才能眞正游刃而有餘。

蘇東坡此中至理，一言以蔽之，仍在發揮莊子重視自然的大美，由此更可看出莊子影響中國畫之深遠，不僅對山水畫如此，對一般花木鳥獸的國畫，亦復如此，以上種種實例，均爲明顯證明。

㈢根據莊子美學，第三項審美標準，乃在看創作心靈是否眞摯誠懇，深符樸素之美。

莊子在〈馬蹄篇〉中曾明白指出：

同乎無欲，是謂素樸。素樸而民性得美。

澶漫為樂，摘辟為禮，而天下始分矣。故純樸不殘，孰為犧尊！白玉不毀，孰為珪璋！

道德不廢，安取仁義！性情不離，安用禮樂！五色不亂，孰為文采！五聲不亂，孰應六律！夫殘樸以為器，工匠之罪也，毀道德以為仁義，聖人之過也。

上述整段內容，主要精神，就在呼籲恢復萬物本來的眞誠性情，否則徒飾表面仁義禮樂，而內在眞情却已失，那反而會大爲不美！

然後，莊子更進一步以衆馬群居的野生形態爲喻，說明其本來：「陸居則食草飲水，喜則交項相靡，怒則分背相踶」，這是眞率自然的生態之美！然而一旦被自以爲是的人類「加之以衡扼，齊之以月題」，馬開始變成用睥睨來怒睜，並用齧轡來反抗，這就大煞風景，不但大爲不美，而且正是「伯樂之過」了。

因此，根據莊子精神，眞誠太重要了，不但創作需要，對審美或評鑑都很重要。莊子在＜人間世＞中就曾特別强調，不能有「溢美之言」或「溢惡之言」。他緊接又說「凡溢之類妄，妄則其信之也莫」。因爲，一旦「溢美」就代表並非眞誠，不論溢美或溢惡，都不能成爲公正持平的評論家。唯有心懷眞誠，並以平常心論本然性，那才是最重要的審美標準。藝術評論往往影響藝術創作，因此，藝評能否眞誠，確爲今後深值我們共同努力的重要共識。

另如，清王昱在＜東莊論畫＞中，也曾明確認爲「畫有邪正」：

筆力直透紙背，形貌古樸，神彩煥發，有高視濶步、旁若無人之概，斯為正派大家。

若格外好奇，詭僻狂怪，徒教驚心炫目，輒謂自立門戶，實乃邪魔外道也。初學見識不定，誤入其中，莫可救藥，可不愼哉！

換句話說，本句前半段所謂正派，主要在於能夠古樸眞誠，所以看似高視濶步，實因無欲乃剛。另外所謂「邪道」，則因詭僻取巧，不能眞誠，所以看似炫目，其實虛矯不實，不足爲訓！

王昱在此甚至以「正邪」評論書畫，可見其語重心長。此中至理仍在突顯「古樸眞誠」的重要性，他以此爲評鑑標準，清楚可見，用心與旨趣仍然直承莊子，也是深值重視的畫論傳統。

另外，王昱並曾强調：

有一種畫，初入眼時粗服亂頭，不守繩墨，細視之則氣韻生動，尋味無窮，是為非法之法。唯其天資高邁，學力精到，乃能透化至此，正所謂『清水出芙蓉，天然去雕飾』，淺學焉能夢到！

這一段畫論，很能象徵樸拙的審美觀，看似粗拙，但細視之却能「尋味無窮」。猶如《菜根譚》一般，看似粗菜，餘味無窮。究其根本，乃因「清水出芙蓉，天然去雕飾」，此中深意，正是莊子在〈胠篋篇〉中所說「大巧若拙」的眞諦。

像清代邵梅臣在《畫耕偶錄論畫》中，也有同樣體認如下：

> 畫筆寧拙毋巧，作寫意畫，尤不可以南北宗派橫於胸中，致墮惡道。

另外他評論當時詩壇，也曾經特別強調：

> 畫好時防俗手題。因為古人佳畫往往被俗手題壞，真大恨事。

衆所皆知，中國現存歷代國畫中，所見最大「俗手」，即爲乾隆「御」題，邵梅臣用「眞大恨事」一語，的確道盡多少心聲！然而這種「俗手」，可能還自認爲很巧，結果反成狗尾續貂，盡失原先渾然天成之美！由此更可襯托出樸拙之美的雋永可貴。

另外，邵梅臣又曾說：「畫法最忌甜，甜則俗，甜則軟，俗已難耐，況軟耶？」

此處所稱的「甜」，正近似「巧」的意思，代表書畫筆法中最忌取巧，最忌賣弄，取巧賣弄，看似討好，其實不但俗氣，而且最無骨氣（即所謂「軟」），俗氣已經難耐，更況沒有骨氣？這眞是不朽名言！

此外，邵梅臣也曾强調一個重要觀念：「一望即了，畫法所忌，花卉人物家最易犯此病。然所以不了者，其訣在趣味深長，精神完固，非細密之謂也。山水家秘寶，止此『不了』兩字。」[45]

事實上，這「不了」二字，完全承自莊子，的確發人深省。所謂一望即了，就是只知逞其精巧，細則細矣，却了無餘韻。如郎世寧畫馬，雖然精巧鮮艷，看似工筆纖細，其實「一望即了」，因爲純由西洋宮廷畫筆法入手，所以才會只得形似，不能神會。我們要能深懂眞正國畫的欣賞標準，才能眞正看出此中評論關鍵。

我們若再以國花——梅花的入畫來看，早從宋代釋仲仁，就在〈華光梅譜〉中强調，應以弘揚本性傳神有力爲要領：「梅傳口訣本性使然，下筆有力，最莫遷延」。而且，「枝多花少，言其氣之全也。枝老而花大，言其氣之壯也」[34]，同樣均以氣韻爲重，並不以形似爲主。到了明朝宋濂〈論畫梅〉中，更明白以「精神雅逸」、「飄然不群」爲貴[35]，亦可看出用心在於寫意，而非寫實。等清朝查禮在〈題畫梅〉中就更特別指出：

> 畫家寫意必須有意到筆不到處，方稱逸品。畫梅者若枝枝相連，朶朶相連，墨蹟沾紙，筆筆送到，則刻實板滯，無足取矣。[36]

所以莊子所强調的樸拙之美，看似簡單，其實餘韻無窮，趣味深長，不能只以表面形似來看。這尤其對後代禪畫的風格，影響至爲深遠，不能不知。

綜上所論，莊子所强調的審美標準，乃以空靈爲美、以自然爲美、以樸拙爲美。清黃鉞曾仿司空圖「詩品」，而作二十四「畫品」，今特取其「超脫」、「神奇」、「樸拙」三首，做爲象徵語言，以表上述莊子審美標準的三項特性，並表言有盡而意無窮的深長餘韻㊲：

——超 脫：

胸有古人，機無留停。
意趣高妙，縱其性靈。
峨峨天宮，巖巖仙扃。
置身空虛，誰為戶庭。
遇物白肖，設象自形。
如意姿肆，如境冥冥。

——神 妙：

雲蒸龍變，春交樹花，
造化在我，心邪手邪？
驅役衆美，不名一家，
工似工意，爾衆無譁。
偶然得之，夫復何加？
學徒皓首，茫無津涯。

——樸拙：

大巧若拙，歸璞返真。

草衣卉服，如三代人。
相遇殊野，相言彌親。
寓顯於晦，寄心於身。
譬彼冬嚴，乃和於春。
如雄守雌，聚精會神。

五、藝術的社會功能

莊子的藝術精神，本來並不能從「社會功能」的實用眼光去看，甚至相反，他很可能會以「無用之用」來看藝術。然而，這種無用之用，如今却是歪打正着，對今天功利化社會正有莫大的用處。看似「虛」，其實最能充「實」精神生活，進而轉化成爲社會更加進步的動力。

這裡所講的「虛」並不是空洞的意思，而是空靈的意思。因爲整個莊子精神，基本上正是一種空靈的藝術精神。對於終日陷於事務性工作的人，很有提昇眼界、培養前瞻性眼光的作用。對於經濟建設看似無關，其實也最能解決經濟建設中的副作用問題—用現代術語說，就是最能解決「後工業化社會」的各種流弊問題。具體而言，諸如「庸俗化」、「物質化」、「疏離化」等重大問題，均可從莊子精神中，得到很多解決之道。

換句話說，莊子藝術精神所提供的貢獻，除了影響中國千古不朽的藝術成果外，對於促進現代人提昇靈性，以及充實精神，都有莫大的功能，這些都正能針對時弊一一加以對治。

尤其，長期以來，很多人只注重經濟建設，忽略文化建設，只看到物質建設，未注意精神建設，以致目前風氣極爲功利現實，不但投機之風盛行，甚至色情、暴力問題更加惡化。歸根結柢，多因精神空洞，品味低俗。這些均非科技或經濟所能解決，因此莊子藝術精神，更可顯出其大用，很有正本清源之功，以下特分別申論。

㈠消除「庸俗化」

所有受莊子精神薰陶的藝術心靈，都有一項重要的通性，那就是「避俗」。何謂俗呢？就是只見名利，不見靈氣。莊子在很多篇均強調，一定要能去除這種庸俗的低級趣味，才能提昇靈性生活。

如何去除呢？就在於能提昇精神到高空，猶如大鵬鳥的高飛上空，以及太空艙的直上雲霄，「以天爲師」；然後再從高空俯視人間，看到各種鈎心鬥角、變化無常的起伏，便知一切是非得失轉成空，一切身外名利也均是假的。

換句話說，唯有自己充分寄情宇宙大道，盡吸天地之靈氣，精神才能有無比的悅樂與充實。這才是操之在己的自由與曠達。有了心靈的自由，才有眞正的「自在」。否則終身役於外物，東奔西逐，南衝北突，完全身不由己，到後來不但靈性腐損殆盡，而且更會迷失自我，那才是世上最可悲的事情。如今有很多人「大惑者終身不解」，那就更加需要效法莊子精神。

莊子在《秋水篇》中，曾經特別舉一段對話，談到楚王使大夫二人找他從政。莊子正釣魚，「持竿不顧」，然後問二位大夫，以神龜爲比喻，「寧其死爲留骨而貴乎？寧其生而曳尾於塗中乎？」二大夫當然回答，「寧生而曳尾塗中。」莊子因此立刻請他們回去，並強調他也寧可拖著尾巴在泥塗中，自由自在的走，也不願只爲了表面虛榮富貴，却喪失生命與靈性！

神龜在此的象徵，重點就在其神韻與靈氣。有些人在未從政作官時，頗有靈秀之氣，一旦做官，落入宦海，就靈氣盡失，只剩僚氣。這樣雖生如死，正如同神龜，只留一副空殼子，表面再怎麼貴也是徒然。

所以莊子〈在宥篇〉也提到，眞正的「至貴」，乃是「獨有之人」。也就是精神人格能卓然獨立於天地之間，可以獨來獨往、完滿自足的人：

出入六合，遊乎九州，獨來獨往，是謂獨有。獨有之人，是之謂至貴。

根據莊子，這種精神上的至貴，遠比有些人憑藉奉承鑽營、靠著出賣靈性而成的「貴人」，眞不知要尊嚴幾多！

因此，當宋國有個曹商從秦王處回來，炫耀其得到百乘車輛時，莊子就用諷刺的口吻告訴他，聽說秦王身上長了很多膿毒，誰能用舌頭舔破，就給他車子，而且舔的部位愈下，給車子愈多。然後問：難道你是替秦王專舔痔瘡嗎？怎麼得到如此多車子呢？

這一段話，聽來雖然刻薄，挖苦也極深，但本質上，却道盡宦海之中有些人前恭後倨、只看上不看下的嘴臉。因此莊子才呼籲大家，以跳脫世俗的精神，放曠慧眼，暢遊太虛，看遍大千世界各種千奇百怪，然後才能做各時代的通人，慨然把眼前一切的名位勢利，完全淡然，一笑置之。

我們若能體悟莊子這種精神，對於培養生活氣質，修持高雅靈性，才能有極大的幫助。尤其欣賞中國山水畫，更需具備莊子這種逍遙飄逸的精神。

像屠隆在《畫箋》中便說：「畫品全法氣韻生動，不求物趣，以得天趣爲高。」這種能得「天趣」的心靈，才能深符莊子精神，唯有如此的心靈，才能清逸高妙，靈性深邃。

另如清王昱在《東莊論畫》中，也說得極爲中肯：

> 學畫所以養性情……昔人謂山水家多壽，蓋烟雲供養，眼前無非生機。

同樣道理，我們可說，學莊子亦所以養性情，因爲能效法大鵬的精神，逍遙於九萬里高空之上，自然也能體認「眼前無非生機」，更能看開一切虛妄得失，如此自能超脫一切庸俗毛病。

莊子這種精神，足以提昇人心，淨化風氣，更足以充實靈性，促進祥和，此中「無用之用」，眞正可說是極爲重要的大用。若能以此藝術性心靈，配合現代化社會應有的科學性心靈、民主性心靈、與倫理性心靈，那才是眞正高明的理想社會！

所以，在〈應帝王〉中，莊子曾用一段寓言，借「無名人」的口，答覆「天根」的問題。天根當時所問，本爲政治性問題：「如何治天下」？但無名人却斥爲鄙俗，然後強調他正要與造物者同遊，以出六極之外，而遊「無何有」之鄉，並處壙垠之野，他何以竟問如此俗氣問題？

「天根」倒也不死心，繼續再問。「無名人」乃悠然答覆，「汝遊心於淡，合氣於漠，順暢自然而無容私焉，而天下治矣。」

換句話說，任何政治如果不能清明，均因「私心」自用，對一己私利未能超脫，因而天下不能大治。由此來看，莊子所說的藝術精神，不只是可以幫助本身豁達，更可以去除偏狹私心，廓清政治風氣，確實深值大力弘揚！

尤其，在上文寓言中，「無名人」本來也並未答覆，而是以行動做到了「遊心於淡，合氣於漠」，到了第二次被問時，才點出答案。但前者是以「無爲」的行動眞正做到了無爲，此中至理，正如同《知北遊》中，「無爲」的反應好似未回答，其實乃以行動做到了「無爲」，因而層次更高於狂屈與黃帝。

由此來看，可以再次證明，莊子對語言的生動運用，很能表達超拔飄逸的精神。這種藝術精神對拯救當今的「庸俗病」，實在至爲重要，亟須世人能普遍體認，切實力行！

㈡其次，莊子特別重視精神生活，因而針對社會的「物質化」問題，深具重大對治作用。

所謂「物質化」，就是一切以追求物質享受爲生活重心，並以崇拜金錢利潤爲生活目標。久而久之，便會形成現代資本主義與拜金主義的典型弊病，在物慾無限橫流之下，人心就會變成只向「錢」看。甚至評價一個人，也只以其金錢所得做標準，不是看他讀什麼書，做什麼事，而是看他坐什麼車。

一個社會一旦到了這種地步，竟以「物質」爲標準，評量一個人的身分與人格時，這就會成爲一種墮落的「商品拜物教」，馬克思主義之流便會因運而生，結果就會把社會導向另一個極端——「專政拜權教」。

針對這種弊病與問題，經濟手段或科技手段均無法加以解決——因爲此弊病，本來正是因爲經濟繁榮與科技發展所帶來的副作用，如果仍然只重經濟或科技，不能平衡發展人文藝術，便根本如同揚湯止沸，不僅無效，而且沸會益盛。

所以，此時根本之道，便應大力加強文化建設，充實精神生活，然後才能與物質生活平衡並進。此時不能再任由投機心理與暴戾風氣腐蝕人心精神，更不能任由低俗趣味與粗鄙作風斲喪靈性人性。否則原先的物質建設成果便會日益瓦解，經濟發展的副作用反而會回過頭來，腐蝕原有勤奮建設的精神動力！今天台灣風氣病根正是如此！

因而，我們此時若能充分研究與發揚莊子精神，便極具重大的時代意義。一方面，足以將橫流的物欲轉化爲超昇的精神動力，二方面更能將沉迷於低俗的人心，淨化爲高尚其志的靈魂。由今天眼光來看，莊子很多篇章看似傻人傻語，但其中的「傻氣」，足以促進人心平衡，促使大家不投機、不取巧，寧拙不巧，寧可安分守己，心安理得，也絕不鑽營名利，以私害公。凡此種種，都正是今天我們社會最需要的傻勁與幹勁！

方東美先生也曾強調，中國藝術的「傳神」問題極爲重要，幾乎難以言傳，但若勉強用反面來說，便是「化除滯礙，不以描繪精確爲能事。換句話說，就是對物質性的超昇與否定」㊴。

對物質性的超昇與否定，影響到人生態度，便是能夠精神恬淡，看破物慾。影響到社會風氣，更是能夠提昇國民精神，培養高尙品味，不會只知物質享受，甚至將股票投機視爲「全民運動」！

蔡元培先生有句名言，極具智慧，那就是主張「以美育代宗教」，其根本宗旨就是以藝術情操代替宗教情操。因爲兩者很能相通，都在提昇人心靈性，充實精神生活。在中國國情中，宗教情操不若西方濃烈，但是藝術傳統却極爲深遠，所以若能大力因勢利導，提昇美學研究與藝術品味，對社會風氣將有極大的提昇作用！

例如，宋朝沈括在《夢溪筆談》中，便曾強調：

書畫之妙，當以神會，難可以形器求也。

一個人若能深深體悟這種書畫之妙道，代表已經很能提昇靈性，以神會通，所以就能超拔於形器物象之外。如此一來，其精神生活便能充滿機趣，非常豐富。一旦這樣的國民增多，高超品味蔚然成風，我們才不致變成一個「精神貧乏的富裕社會。」

莊子在《齊物論》中，曾經特別以莊子夢蝴蝶的故事，象徵「周與胡蝶，則必有分矣。」最後並強調「此之謂物化」。

這裡說的「物化」，並非「物質化」，而是物形現象的變化。因爲根據莊子的看法，精神與物質可以互通，精神生活與物質生活也應交融互攝，互相輝映。在他看來，甚至夢境與現實兩者也難分難解，此其所謂「不知周之夢爲胡蝶與，胡蝶之夢爲周與？」代表莊周與蝴蝶看似截然二分，兩者完全不同，其實一旦馳神入幻，心物兩忘，那就根本分不出孰爲物，孰爲我，這才能眞正渾然忘我，一往平等。此中「齊物論」的根本意旨，也可以說是最早「心物合一論」的卓見。

這種卓見對我們的啓發，最重要的，就是不要沾滯於物質世界。如同沈括在畫論中所說，不要拘泥於「形器」世界，而要能以不斷上廻向的心靈，追求精神生活的提昇。等到了最高境界時，又能廻心向下，同情萬物，因而並不會粗糙的將物質與精神二分，而是眞正能做到「上下雙廻向」，物我合一，亦即心物合一、共同提昇的境界。

這種精神氣魄，既不陷入乾枯的唯物論，也不偏執蹈空的唯心論，而是能以大鵬神鳥振翼高飛的精神，提神太虛，超越一切物質表象，因而不致沉溺於物慾之流。如此先能達到精神的飽滿超昇，然後再流眄衆生萬物，才能以充滿同情平等的心境珍惜萬物，進而將一切萬物也看成有情生命，更將一切萬物也都提昇爲各有尊嚴的生命體！

唯有如此，透過「以道觀之」的眼光，也就是以冥同大道的生命精神與藝術情調玄覽萬物，然後才知千山萬水皆含情，草木頑石均含生，此時原先的內在煩惱矛盾便可一掃而空，成爲足以包容萬物、自適適人的豁達心靈，這才能以精神光芒燦然照亮了生命意義，同時也以精神活力盎然充實了生命幹勁，眞正做到濟潤焦枯，整體社會也才能充滿光輝的生命意義與價值。這才是對治現代人心充滿焦慮的良方，也才是救濟現代社會枯燥生活的寶典，的確深值我們盡力體認，功實加以弘揚！

㈢莊子精神的第三項社會功能，則在以「眞」字訣超化疏離現象，進而促使人與自然能和諧，人與人能和諧，人與天能和諧，並且人與自我能和諧。

這種廣大和諧，在莊子即稱爲「和之以天倪」。

根據莊子看法，很多人的心靈，都因各執一面之辭，自以爲是，自以爲方，而相互攻訐，所謂「以是其所非而非其所是」，以致於是是非非，經常糾纏不清。

這種情形，久而久之，用現代語言來說，人心就會產生「疏離感」。總認爲自己與他人或整個社會，都有隔閡，格格不入；旣怨嘆別人不瞭解自己，也感慨自己無法與他人融和，因而心靈更加空洞憤怒，不但覺得人與社會疏離，人與人疏離，人與天疏離，甚至人與自我也會疏離。

針對這種現代病，應如何處理呢？莊子曾用猴子的寓言，指出「朝三暮四」，則衆猴皆怒，但說「朝四而暮三」，衆猴皆悅。這說明「名實未虧而喜怒爲用，亦因是也。」兩者實質仍一樣，但因爲後者能順應猴子本性心理，所以就能化怒爲喜，化阻力爲助力。

因此莊子在結論中強調，眞正聖人能以超然眼光面對是非，並用同情瞭解，加以調和。所以能用無分彼此的平等心去平息是非疏離，這就叫「聖人和之以是非，而休乎天鈞，是之謂兩行。」（齊物論）

此所以莊子曾強調：「方生方死，方死方生，方可方不可，方不可方可」，很多表面一時的是非，均因時間空間而會改變，原先不可的，隔一陣以後卽可了，原來爲非的，後來又是了，「因是因非，因非因是」，所以都不能只用狹小眼光去判斷，而需要超乎其上，放曠慧眼，以無私無我的超然眞誠相待，才能眞正調和融通。

因此根據莊子主張，處理是非問題與疏離現象，最重要的，要能拿出「眞」字訣，以誠心與公平服人，而不能只被片面的偏執誤導，本身陷入是非漩渦，反而遭到滅頂。

這個「眞」字訣乃是根本核心，正是莊子所說的「道樞」。惟有從最根本處表現眞誠，能以眞誠待衆人，一切但求眞誠爲本，才能直接切中核心，也才能因應無窮變化的社會，此卽莊子所謂「樞始得其環中，以應無窮！」

這種精神運用於藝術創作與藝術欣賞上，更有深刻的啓發。

因爲，根據莊子藝術精神，凡能眞正善體其藝術精神，必能返樸歸眞，以眞誠見人，也以眞誠待人。因而就能以此眞誠化除一切鈎心鬥角所產生的疏離現象，又因「精誠所至金石爲開」，一切冷漠、孤獨與對立，也均可因精誠所至而融於無形，這才是解決疏離問題的根本之道！

例如，欣賞名畫便需拿出「眞」的精神，以生命整體去欣賞，不能只用分別心割裂的來看。否則便成了木是木，石是石，雲是雲，水是水，互不相通，整幅充滿生香活意的畫意，就被看成呆滯刻板的死畫。尤其，眞正名畫的完成，必定「意在筆先」，也就是創作者必定胸中先有丘壑，然後凝神專精，眞力瀰漫，才能渾然一氣呵成。

所以，眞正偉大的藝術心靈，不論欣賞者或創作者，均需以「眞」字爲本。兩者若要心心相印，莫逆於心，也要透過「眞」字相通。唯有如此，彼此才不會有任何疏離感。

換句話說，任何眞正偉大的藝術欣賞者，必須首先回到自己眞誠的心靈，能以眞性情去會通創作者本來眞誠的心靈。唯有如此，才能共同契合，交融互攝，所以「眞誠」在此便成爲最重要的結合點，「不精不誠，不能動人」，正是此意！

這種「眞誠」心靈，運用於待人接物上，便成爲解決現代人疏離問題的基本「道樞」。因爲唯有待人以眞，處人以誠，才能將爾虞我詐的世俗流弊撥雲見日，一掃而空；也唯有以至情至性，立身處世，才能將鉤心鬥角的風氣撥亂反正，明心見性。「眞誠」的精神，在今天看似迂腐，但一個人如果閱歷夠豐富，智慧夠成熟，便可知道，諸多表象皆虛僞，唯有眞誠最可貴！眞誠仍是最好的立身政策，「眞」字訣也仍然是最永恒、也最可靠的處世良方。

所以說，唯有眞誠，才能促進溝通，以應無窮。此即莊子所謂：「和之以天倪，因之以曼衍。」人與人的疏離，因爲眞誠才能化解。人與自然的隔開，也因眞誠之心可以同情體物，尊重萬有生命，所以才可以化除人與自然的疏離。

另外，因爲人能透過「眞」字立身而誠，不斷自謙自省，所以也才可以化除本身的自大自傲，克服最大的敵人——自己。能以這種神光內蘊，就能以「葆光」的精神泯除人與「自我」的疏離，並且可以提昇小我，冥同大我；更以法天貴眞的精神，除有限而入無窮，那就可以化除人與天的疏離，翺翔於無垠無邊的精神高空，此即莊子所謂「天府」。

能夠有了這種種體認，才能眞正從根本處泯除一切疏離感，而欣然在精神上充滿歸屬感與成就感，這就是根本解決現代社會疏離問題的不二法門！

六、中西比較研究

㈠莊子與孔子美學之比較：

扼要而論，孔子強調人文之美，莊子則強調自然之美。

根據孔子看法，「郁郁乎，文矣哉，吾從周」，他嚮往周公制禮作樂所展現的文化高雅之美。但莊子反將此視爲人爲的束縛，認爲這是「侔於人」，而他則要「侔於天」，以天爲師，追求豁達高曠之美。所以，孔子強調的是人文精神，以溫文儒雅爲特色，而莊子強調的則是超昇精神，以自由灑脫爲特性。

另外，孔子深悟周易生生的創造精神，因而在美學上展現爲剛健進取之美。方東美先生曾稱儒家爲「時際人」，代表能在時間之流中，特重文化的使命感，深體時代脈動，因而展現爲慨然以天下爲己任的「聖之時者」，影響中國人文心靈至深。

莊子於此風格則不同，莊子深悟大鵬展翼、橫空拓展的超昇精神，因而在美學上展現成一種馳情入幻，遨遊太空的生命情調。方東美先生稱道家爲「太空人」，代表在精神高空能提神太虛，吮吸神光，然後再流眄萬物，耀露神采。所以特重藝術的空靈感，足以超拔俗流，變化氣質，進而陶鑄衆美，以慧眼神思展現氣韻生動的神妙世界，因此影響中國藝術心靈至深。

孔子與莊子，兩者展現的生命風格雖不同，貢獻於民族文化的重點也不同，但兩者均共同肯定「生命」瀰漫於宇宙之中，也均肯定在藝術創作中，應盡情宣暢這種氣韻生動的宇宙生機，並且共同肯定「畫由心作」，心的作用最爲重要，因而均能透過藝術薰陶氣質，提昇靈性。不論孔子提倡的「詩教」，或莊子影響的「畫論」，在此大方向均可說殊途而同歸，並無任何二致！

因此，如果我們並不斤斤計較於兩者的小異，而能如莊子所說，放曠慧眼，「以道觀之」，則就大同來看，那孔子與莊子兩位極能會通，莫逆於心。

事實上，在莊子各篇所虛擬的孔子與門生對話，看似「卮言」或「重言」，但其背後終極旨趣對孔子也並不一定反對，孔子若天上能有知，很可能莞爾一笑，撫掌哂之。因爲，兩者精神的最高統會處，未來就是很能互通而相得益彰。至於兩家末流，如果失去大道精神，變成見小不見大，只重形似，不重神會，自然容易爭議紛擾，缺乏「道通爲一」、「和之以天倪」的胸襟；但那並不代表原本的不和，實在並不足掛齒。

尤其，我們後人若從整體中華民族的文化豐富遺產來看，則兩家哲學傳統均各有其精神風範，其哲學慧命共通之處，尤能構成整體民族文化的重要典範。所以若就研究中華民族整體道統而言，並不能排斥任何一方，而應同時發揚兩家精神，並收相輔相成之效。

特別是，若從力行的角度而言，則兩位哲人的風範典型，均已形成民族精神的重要傳統。孔子在倫理上影響至深，莊子則在藝術上啓迪至遠，均已共同融入民族文化的生命而無礙。今後我們身爲華夏子孫，若能既傳承孔子的文化使命感，亦發揚莊子的藝術空靈心，那兩者不但並不衝突，更可收相得益彰之功。相信，以這種胸襟，超乎小異而冥同大道，才更能吻合兩位哲人原本的通達慧心！

㈡莊子與孟子之比較：

孟子堪稱中國哲人中，氣勢最壯的一位，莊子則可稱爲中國哲人中，氣魄最大的一位。兩位同樣重視「氣」，但氣的內容不同，因而展現的精神氣象也不同。

孟子強調的，是善養「浩然之氣」，因而可以化爲生命勁氣，成爲雄赳赳「大丈夫」的精神動力，並勇於據此挺身而出，「正人心，息邪說」，深具激濁揚清、「捨我其誰」的雄偉氣概，所以渾身充滿剛勁正氣，生命氣象也以道德勇氣爲主。在藝術影響上，則是表現成一種勁氣充周的陽剛之美，足以馳驟眞力，瀰漫六合，上下與天地同其流，令人讚嘆其生命通體充實雄健之美，並欽佩其將宇宙大化流衍之勁美，與精神人格頂天立地之壯美，能夠合而爲一，融通而無礙！

莊子美感則有所不同。他強調的是空靈之氣，是「虛以待物」的飄逸之氣，並不是勇往直前的道德勇氣。因此，其用心重點不在方內，而在方外，不是以浩然精神上下與天地同其流，而是以陶然精神同與天地造物者遊。所以兩者到最高點均能相通，但中途的歷程却有所不同。

換句話說，孟子的慧眼，是以開創性的「貞觀」面對事物，因而所見一切萬物莫非勁氣，莫非生意，並且可以將無情點化成爲有性。而莊子的慧眼，則可說是以提昇性的「玄覽」俯視萬物，因而所見一切萬物莫非玄妙，莫非高遠，並且可以將有限點化成爲無窮。兩者途徑雖然不同，但是最後效果仍然相通，那時所看一切山水頑石，均能盎然含生，一切卑微存在通過神思，也都能成爲充滿生機的美麗新世界！

因而，我們同樣可以說，孟子與莊子精神肯定的宇宙本質均爲「生命」，亦卽方東美先生在英文本《中國人的人生觀》所說：「天地之美寄於生命，在於盎然生意與燦然活力，而生命之美形於創造，在於浩然生氣與酣然創意。」㊴只不過兩者所經的途徑不同，方法不同而已。

在孟子而言，是透過人格之美發憤圖強，奮鬥不懈，以展現生命的浩然正氣與宇宙的燦然生機。在莊子而言，則是透過空靈之美，絜情入幻，馳騁無礙，以展現生命的怡然靈氣與宇宙的陶然趣機。兩者均以朗朗心靈彌綸天地，因而在精神生活上均能充滿生生不息的動力，據以馳驟奔放，便形成孟子雄奇的豪傑生命，以及莊子綺麗的詩藝生命。毫無疑問，他們兩位精神均爲中華民族的瑰偉寶藏，共同深值我們深入體認！

換句話說，不論孟子或莊子，他們共同開拓了機趣璨溢的「生命美學」，並且能以雄渾的氣勢（孟子）與磅礴的氣魄（莊子），包天含地，共同形成浩蕩充周的生命氣象。這些啓發，對於今後我們精神生活的提昇，以及民族心靈的振奮，均至爲重要，深值中華兒女所有有志之士，共同切實效法與弘揚！

相信，如果今後能有更多仁人志士，兼具孟子的道德勇氣，以及莊子的通達靈性，精誠團結，奮發圖強，那就必能在此衰世中，透過恢宏胸襟，共同承擔大任，因而及早開拓民族新機，加速復興民族生命！

㈢莊子與老子之比較：

莊子的美學精神承自老子，但扼要而論，其中相同者有三，不同者也有三。

相同者第一，兩人均重「空無」，也就是均強調空靈虛靜，因此可以流眄萬物，寧靜致遠，尤其在提神太虛後，馳情入幻，更足以開創各種綺麗雄偉的神品，對中國詩藝與山水畫影響至爲深遠。

第二，兩人均重「自然」，因而老子強調歸根復命，精神要復歸于嬰兒，而莊子也強調，返璞歸眞，宣揚樸拙之美。這些都影響中國後來的禪畫，一切均以自然樸素爲依歸，不但極能耐人尋味，而且更加餘韻無窮。

第三，兩人均重「眞誠」，因而莊子稱老子爲博大「眞人」，老子也以人間最眞誠的母子親情，比喻生命與大道的親切關係，莊子更明白強調「眞者，精誠之至也」，並且「不精不誠，不能動人」。後來中國藝術論畫品與人品，均特別推崇眞性情，以至情至性爲至珍至貴，受此影響極爲重大。

然而，莊子與老子畢竟仍有三點不同。

第一，老子在「有」與「無」之間，仍然比較重「無」，但莊子在「有」與「無」之間，則明顯增加了「有」的程度。究其原因，莊子也受到孔子影響，當爲主要因素。

此所以莊子在文中，曾大量借重孔子爲寓言，雖然其中很多是反諷手法，但字裏行間仍可看出對孔子的心儀與尊重。而孔子在「有」「無」之中，顯然是強調「大有」的淑世精神。因此莊子，除〈逍遙遊〉、〈齊物論〉等特重「無」之外，如〈人間世〉、〈應帝王〉、〈大宗師〉等，可說文如其題，相當具有淑世精神。而且莊子在人間還頗多知己軼事，比起老子相傳只留下五千言，即飄然遺世的出世傳奇，畢竟並不完全相同。

第二，老子所傳五千言，固然言簡意賅，寓意深遠，但畢竟文字過簡，留下不少「解老」的紛紜問題。然而這些問題，到了莊子，都經由莊子才情橫溢的手筆，更加顯豁與清朗，這是另一不同之處。因此，若論對中國藝術的影響，則莊子明顯更重於老子。換句話說，莊子固然也明白，「知者不言，言者不知」，但爲行方便計，他仍然宣暢了更多的空靈玄理，所以對於啓迪後世的藝術精神，明顯比老子更有影響。

第三，老子將整體宇宙生命的始點，歸於「無」（「萬物生於有，有生於無」），這對藝術精神來說，固然也有向上超昇的作用，但畢竟仍有可能執著於「無」字，並停滯於靜態的「無」，成爲另一種「法執」。但到了莊子，則特重空靈超化的動態歷程，因而其所提宇宙終點要「化」入「寥天一」，甚至還要「疑始」，這就並不只是停滯於「無」，而是能夠馳神無礙於「無有」亦「無無」之鄉。運用在書畫上，便是能神思無礙，充分展現出神入化的氣韻，尤其他所强調「和之以天倪」、「彼是相因」、「休乎天鈞」、「萬物無成與敗，道通爲一」等等，更能融和老子原先所留「有無對反」以及「變常對反」的問題。這對促進中國書畫中的祥和神韻，尤其影響很大。

㈣莊子與柏拉圖美學之比較：

莊子藝術精神，與柏拉圖相形之下，既有神似的會通處，也有很大的不同處。

兩者可以會通之處，首先，第一點，在於兩者均强調「超昇解脫」的重要。柏拉圖所提

「超昇」（Uplift），最明白的比喻是要從「地窖」之中，把生命意境一層一層向上提，進而由現實界提昇到理型界，以追求宇宙終極絕對的眞、善、美。因此柏拉圖一再反對庸俗的相對美，這種精神，與莊子極爲神似。若化爲政治學，即爲追求高尙理想，若化爲美學，即爲追求高尙靈性，兩者在此均很能相通。

另外第二點，莊子所說的「眞君」，透過「法天貴眞」，化除了一切世俗偏私，成爲足以融通一切萬有的普遍精神，這與柏拉圖很接近。方東美先生認爲這如同柏拉圖的「精神靈光」（exhilarating light）[40]，此時已經貫徹一切層級生命，而照耀成普遍眞理，的確非常中肯。

像柏拉圖在〈饗宴篇〉（Symposium）中，便曾經對第一等的愛智者與愛美者，有以下生動精彩的說明：

> 這時他憑臨美的汪洋大海，凝神觀照，心中起無限欣喜，於是孕育無數量優美崇高的思想語言，得到豐富的哲學收穫。如此精力瀰漫之後，他終於一旦豁然貫通唯一的涵蓋一切的學問，以美為對象的學問。[41]

由此可知，根據柏拉圖哲學，最高的「美」，即「眞」亦「善」。必須「凝神觀照」才能體認，這與莊子強調必需提神太虛，「法天貴眞」，是同樣的道理。

此外，第三點，根據柏拉圖，天下第一等人，就是「愛智者、愛美者、詩神和愛神的頂禮者」。此中精神的嚮往，與莊子所稱「神人、至人、眞人」均極能相通而互映。

不過，他們兩者之中，仍然還有極大不同。

首先，第一點，莊子雖然也力求精神超昇，但並未將宇宙劈成上下兩截，彼此不能相通。柏拉圖哲學固然體大思精，但却有此二元論的中斷問題，難以解決，所以最後只能勉強在理論上產生一個「造物者」（Demiurge），但又並未清楚說明如何溝通上下二界，尤其無法和諧融合「人」與「造物者」的關係。

但在莊子，却相當圓熟的解決了此一問題。他不但展現出「道通爲一」的圓融宇宙觀，也透過「彼是相因」的機體觀融貫了天人之際。更重要的，其精神超昇到極致，根本就足以「與造物者同遊」，兩者合而爲一。所以其精神氣魄很可以「與天地並生，與萬物合一」，不但足以飄然跳出二元論的困境，解決西方哲學根本的難題，而且其所强調「休乎天鈞」、廣大和諧的體機宇宙觀，更直接影響千古以來中國人的人生觀與藝術觀，形成與西方哲學極爲不同的精神風格。

其次，第二點，柏拉圖與莊子對待詩人與藝人的態度也明顯不同。

柏拉圖因爲心中有高妙主宰，所以常用此橫睨現實萬物，在他傲視之下，現實界一切萬物均缺乏高超價值，說穿了僅爲上界的「摹仿」。詩藝對他而言，更只是對現實界的再摹仿，如此成爲「摹仿的摹仿」，「影子的影子」，便成了「和眞理隔三層」，自然評價更低。所以他把「詩人和其他摹仿的藝術家」，視爲第六等人，認爲會使精神靈性墮落，因而在理想國中還統統要驅逐出境。

然而就莊子來講，他若在天上碰到柏拉圖，必定會提醒他，這就成了「空虛却以毀萬物爲實」，不足爲訓。

因爲在莊子看來，固然他也追求精神的超昇，然而並不以此來傲視自然現實界，反而認爲自然一切萬類均有神，一切萬物均含生。只要我們本身心靈不要沾滯於形似，就可點化一切現實萬物，成爲生機盎然的光輝世界。

此所以莊子的空靈精神，既有「超越性」(transcendental)，也有內在性(immanent)，而後者對內在心靈的妙用，不但可以化咫尺畫幅爲氣象萬千，更能夠破有限而入無窮。而且更重要的，因爲他深具同情萬有的心靈，因而深具雍然胸襟與一往平等的精神，這就不是柏拉圖所能及了。

另外，第三點，根據柏拉圖美學，他深信文藝創作乃天生「靈感」之說。偉大神品，或因神靈附於文藝作家身上，或因對前身不朽靈魂的「回憶」而成，所以根本無法學起，也不必費心去學。

但莊子却不同，雖然莊子藝術精神的表現特重「神韻」與「神會」，不重形似，但基本上却肯定人人能學，都能從最低層次一步步提神太虛，逍遙騁懷，經過無限修爲而成。這不但是可以學，而且是必須學的過程。除了天份才情，只要透過讀萬卷書、或行萬里路、或看萬幅畫，便能胸中有丘壑，揮灑而成藝術珍品。

我們由此關鍵，也可看出何以柏拉圖對上下二界的難題，無法融通，但在莊子却因自成一個相融交攝的機體宇宙觀，所以能夠消弭此問題於無形。

(五)莊子與馬克思美學之比較：

馬克思主義美學，特重在政治鬥爭與社會實踐中，運用藝術功能。他認爲，個人若離開了階級社會，便沒有美感可言，這種歷史唯物論下的美學，與莊子有極大的不同。

根據莊子，眞正能夠欣賞氣韻生動，能以「神會」的人，若稱之爲「神人」，代表可以提神太虛至無限，從而寄情於山水，感受整個天地之大美。但在馬克思主義者眼中，這很可能會被視爲不折不扣的「唯心論」，「遠離現實社會」，而大加攻訐。

另外，莊子所稱的「至人」，強調要能與大自然同時呼吸，因而可以肯定萬物含生，「與物爲春」。但在馬克思主義者眼中，則更可能將他扣一頂帽子，稱其爲「麻痺階級仇恨意識」，「漠視社會剝削現實」，至於莊子所強調的自由超脫精神，更有可能被稱爲「精神污染」而遭整肅批判。

再其次，莊子所稱的「眞人」，必以眞誠純樸爲衆美之原，然後才能以肺腑的眞性情，開創千古不朽神品。然而，在馬克思主義者來看，一切文藝作品均應爲政治鬥爭而服務，在此一大前提下，任何文藝均應爲了階級鬥爭而作，如此一來，不但高貴人性受到扭曲，創作自由受到斲喪，更嚴重的，便是眞誠性情受到無情的摧殘。試看大陸淪陷四十年以來，幾乎人人不願講眞話，凡事不敢講眞話，文藝作品更多半徒具形式，這種作品豈能感人動人？

若從莊子來看，馬克思主義這種美學，並不是「美學」，而是「醜學」。因爲這不但正是典型的「以自爲方」，極霸道的自以爲是，再加上以暴力堅持專政，以中共教條箝制一切創作自由，如此天機完全被窒息，生機也完全被扼殺，所能表現的，那裡有美？只剩醜了！

所以，針對馬克思及其信徒，他們自認爲是「聖人」之徒，自認爲在代天行道，卻害盡天下蒼生，毀盡天地靈氣，莊子若再世，相信必會大喝：「『聖人』不死，大盜不止！」

根據莊子美學，一切美，莫不從體悟生命的偉大處而來，而生命的偉大，必先要有自由空氣才能體悟，也必先要有「尊重生命」的理念才能體認。但若以馬克思及其信徒而言，動輒以「階級敵人」罪名箝制創作自由，並以階級仇恨意識吞噬「尊生」觀念，如此既不能蒙養人性，又不能陶冶靈性，反而在僵硬的「黨性」下斲喪人性與靈性，那有可能產生眞正偉大神品？

此所以中共盤據大陸四十年來，放眼藝文界，幾乎沒有眞正永恒的偉大作品。其中一些「革命樣板戲」固不足論，即使充滿才情的一些前輩作家，也在天機閉塞與靈性阻絕之下，受盡折磨迫害！其他剩下作品，頂多是爲政治宣傳或呆滯的工筆畫，雖有細筆，却全無神韻，眞正令人思之可痛！

近年以來，大陸知識界受東歐影響，逐漸要求去除僵化的馬克思教條主義，認爲應從馬克思「青年手稿」重新理解馬克思，其中又以馬克思所說的「異化論」受到廣泛重視，認爲以此可以重新認識馬克思的人性論，恢復零碎的一些人道色彩。

殊不知，青年馬克思所說「異化論」，雖然並未明白主張專政與暴力鬥爭，但其主張仍然以廢棄私有制爲核心，因而也必然會導致後來馬克思主義種種非人道的結果[42]。以此而想恢復人道主義，不但並無可能，反而會延長更多的痛苦，因此導致更多摧殘衆生靈性的悲劇下場。

因此，爲今之計，必需根本推翻馬克思主義的專政，眞正讓人性得到尊重，讓精神得到自由，並讓靈性得到提昇！所有這些呼聲，均爲當今大陸人心的眞切需要，我們從莊子的藝術精神中，更能充分發現這些重大功能。尤其莊子影響中國文藝極爲深遠，而文藝作品又最能感動人心，振奮國魂，所以今後如何大力弘揚莊子藝術精神，以此提振自由精神，黜解馬列冰封，將是極爲重要的當務之急！

綜上所言，我們充分可見，研究莊子美學精神，不但對提昇復興基地的精神生活很有幫助，對於提振大陸神州的衆生靈性，尤有重要功能，實在深値我們發揚光大！

尤其，中共開口閉口自稱「解放」，其實，眞正需要「解放」的就是共產地區！而最能發揮「精神解放」功能的利器，就藝術而言，首推莊子的美學思想！所以，我們一旦明瞭了此中深遠道理，還能不趕緊振奮心志、以加強發揮莊子美學精神嗎⁉

附註

❶ 方東美先生：《原始儒家道家哲學》，台北黎明公司，民國七十二年初版，頁二六九～二七三。

❷ 同上，頁二四五。

❸ 唐代張懷瓘：〈畫斷〉，見《中國畫論類編》，俞劍華編著，大陸人民藝術出版社，民國七十六年二版上卷，頁四〇二。

❹ 同上，頁四〇三。

❺ 同上，卷下，頁一〇一六。

❻ 明末石濤論畫，見前書，頁一六五。

❼ 同上，頁一六八。

❽ 清朝王原祁：〈雨窗漫筆〉，同上，頁一六九。

❾ F. Nietzsche, "Also Spoke Zarathustra" 特別第一章。

❿ F. Nietzsche, "The Birth of Tragedy" 特別第五節。

⓫ 蘇東坡跋宋漢傑畫山，見《中國畫論類編》，頁六二九～六三〇。

⓬ 石濤論畫，見《中國畫論類編》，頁一六六。

⓭ 白居易，同上，頁廿五。

⓮ 民國七十八年十二月廿三日，台灣電視公司，「八千里路雲和月」，訪問王魯桓節目內容。王魯桓人在大陸仍特別強調「天眞」的重要，特別指出他「不喜歡虛榮，更不喜歡裝模作樣」，充份可見中華文化藝術精神的眞諦，並非中共暴政所能完全泯滅。

⓯ 方東美先生：《中國人的人生觀》（The Chinese View of Life），馮滬祥中譯本，台北幼獅書局印行，民國七十一年三版，頁一二六。

⑯ 石濤：《苦瓜和尚畫語錄》，見《中國畫論類編》，頁一四八。

⑰ 唐岱：〈繪事發微〉，同上書，頁四八六。

⑱ 同上，頁四八六～四八五。

⑲ 唐志契：〈繪事微言〉，同上書，頁七三八。

⑳ 道生論畫山水，同上書，頁七六九。

㉑ 清代張庚：〈浦山論畫〉，同上，頁二二五。

㉒ 方東美先生：〈生生之德〉，台北黎明公司，民國七十六年四版，頁五九。

㉓ A. Schweitzer, "The Philosophy of Civilization" 特別第六章。

㉔ 明石濤論畫，見〈中國畫論類編〉，頁六四。

㉕ 石濤：〈苦瓜和尚畫語錄〉，同上書，頁一〇八。

㉖ 夏文彥，同上書，頁一七六。

㉗ 明王紱，同上書，頁九九。

㉘ 清王原祁：〈雨窗漫筆〉，同上書，頁一七二。

㉙ 唐杜甫：〈畫馬贊〉，同上書，頁一〇一六。

㉚ 宋蘇軾，同上書，頁一〇二六。

㉛ 同上。

㉜ 轉引自方東美先生：〈中國人的人生觀〉，頁一三九。

㉝ 郡梅臣，〈畫耕偶錄論畫〉，見《中國畫論類編》，頁二八五。

㉞ 宋釋仲仁：〈華光梅譜〉，同上書，頁一〇四一、一〇四六。

㉟ 明宋濂：〈論畫梅〉，同上書，頁一〇六七。

㊱ 清查禮：〈題畫梅〉，同上書，頁一一六三。

㊲ 清黃鉞：〈二十四畫品〉，同上書，頁四三九、四四一。

㊳ 方東美先生：《中國人的人生觀》，同上書，頁一四一。

㊴ 同上，頁一二六。

㊵ 方東美先生：《原始儒家道家哲學》，台北黎明公司，民國七十四年再版，頁二六五。

㊶ 中譯引自朱光潛：《西方美學史》上卷，台北漢京文化公司，民國七十一年版，頁二四。

㊷ 詳見馮滬祥著：《新馬克斯主義批判》，台北黎明公司，民國七十年初版，特別第四章。

附錄

評李澤厚等著《中國美學史》

一、前　言

人人都愛美，歷來中外哲學家，也都談到美，但「美學」成爲一門有系統的獨立學問，却是從十八世紀德國哲學家鮑嘉敦（A. G. Baumgarten 1714—1726 ）才開始。

鮑氏是德國理性主義哲學家沃爾夫（Chirstian Wollf，1679—1754 ）的學生，更是德國著名理性主義大師萊布尼茲（Leibniz，1646—1716）的再傳弟子。因此很清楚，鮑氏是以理性主義的精神分析美學，一七五〇年他正式出版「美學」（Aesthetica ）一書，從此奠定了美學研究系統的先河。

根據鮑氏的主張，他希望以「美學」一詞來稱呼「感性的知識」❶，以別於從前通常用「邏輯」一詞來稱呼「理性的知識」。正因爲感性的知識更能夠深入群衆，感動人心，所以當很多人對「哲學」感覺枯燥艱澀時，却對美學能夠興緻盎然的接受，因而西方有句諺語：「美學是哲學的皇冠」，主要就代表其耀眼奪目，更能結合人心。

然而，美學在西方，終究是從認識論出發的產物，其長處是論證精細，體系井然，但短處却是仍顯生硬晦澀，不夠親切貼心。相形之下，中國哲學雖然並不長於認識論，但却很擅長於人生論與價值論，所以很能展現宇宙人生的盎然機趣，因而很能補濟西方的短處，並收互相切磋、互通有無之效。

問題是，美學研究在中國的發展很遲，不僅在臺灣的成果極有限，在大陸老前輩中，眞正大師也寥寥可數。尤其自從朱光潛先生、宗白華先生等老成凋零後，更是後繼乏人，因此今後如何大力推動中國美學的研究風氣，據此以提昇民族的審美品味，進而復與民族的生命精神，並且弘揚中國美學於世界，實在是一件極爲重要的當務之急。

值得重視的是，近十年來大陸學界開始盛行中國美學的研究風氣，各種有關的通俗作品與學術著作琳琅滿目，甚至如同雨後春筍般比比皆是，很值得注意。究其原因，可能因爲「美學」最能直接影響文藝作品，而文藝作品又能直接發抒感情，宣洩苦悶，因此更加可能引起廣大共鳴。如今很多大陸的美學作品紛紛也在臺灣出現了翻印本，而且很明顯的開始在大學校園中流行，所以很值得我們選取其中的代表作加以評論。因爲，其中很多作品固然也有其創意與優點，但也有很多缺點與誤解，尤其諸多歷史唯物論下的扭曲，必須經過釐清，此地青年與讀者才不致被誤導。

本文所要評論的《中國美學史》一書便是典型例證。本書是由大陸中年一代知名學者李澤厚與劉綱紀等人所著作❷，並由大陸「中國社會科學院出版」。全書採集體創作的方式，所以頗有代表性。本書預訂將中國美學的思想，從先秦開始加以申論，一直分析到當代，並已在一九八四年出版了第一卷，討論先秦部份，可說是大陸目前爲止，對中國美學第一部比較有系統的研究，在規模上比葉朗的《中國美學史大綱》要詳盡❸，在內容上也比林同華的「中國美學史論集」要豐富❹，所以不但在大陸上很風行，近年來在臺灣翻印也很多，甚至還有好幾種版本。相信今後對海峽兩岸的青年不論正面與負面，都很有影響，所以個人認爲，應該特別加以分析與評論❺。

二、研究方法

任何學術著作，不論在開始立論前，或分析評論時，首應注意其研究方法是否正確與貼切，因而對於本書，我們也應由此開始評論。

本書因爲屬於美學「史」的著作，與歷史有關，因而在方法論上，很明顯的受到歷史唯物論的影響，很多地方剛開始就容易造成誤導。

根據馬克思歷史唯物論的看法，人類歷史均被生硬的分成五段：一是原始共產社會，二是奴隸社會，三是封建社會，四是資本主義社會，然後再由其社會主義過渡到第五項共產主義社會❻。

事實上，馬克思這種論斷，只把「生產力」的改變，視爲決定「生產關係」的主要動力，即使在西方，也早已被批評爲偏狹的「經濟決定論」（Economic determinism）。事實眞相是，歷史絕不是任何單一元素所能決定的，而是由多重因素互動的結果，所以不應是一元的決定論，而應是多元的「互動論」（Interactionism）。所以如今西方著名的史學思想家，都莫不把歷史視爲整全的生命有機體，並認爲影響歷史的因素應屬多元論，而經濟生產因素僅爲其中之一而已，絕不應當作「唯一」的決定因素。

像史賓格勒（O·Spengler）在《西方的沒落》（The Decline of the West）一書所持的「歷史生命說」，便曾明指「人類歷史，乃是強有力的生命歷史總和」❼。另外，湯恩比（Toynbee）在《歷史研究》（A Study of History）的大部頭著作中，也一再強調「挑戰與回應」說❽，絕不把歷史化約爲一成不變的呆滯體。至於柯林烏（Collin-wood）所持的「人文史觀」❾，以及德國大哲雅士培（K·Jaspers）在「實存史觀」中所強調的歷史整體性❿，都是把歷史看成由多元因素所形成的有機生命體，因而都不贊成馬克思過份的簡化與教條化，只用單一的經濟因素，便勉強將歷史割裂成五分法。

換句話說，馬克思這套歷史五分法就算硬架在西方歷史上，就已有「簡單定位」以及「以偏蓋全」的謬誤，更何況他從未研究過中國歷史，對中國文字更完全不懂；若硬要把這套歷史五分法拿來割裂中國歷史，那不僅完全不倫不類，遠離史實，而且根本會變成削足適履——削中國歷史之足，以圖適馬克思主義之履！這本身便是一項足以殘害學術生命與民族生命的血淋淋悲劇。

不幸的是，中共自統治大陸以來，一直企圖以這項歷史唯物論與歷史五分法，蠻橫強加在各項人文社會研究領域。因此放眼看去，中共所出版的有關著作中，常見周代被醜化成「奴隸社會」，孔子也被醜化成「維護奴隸主統治階級」，整個中國歷史發展的基調，也常被生硬的簡化爲「統治者與被統治者」的關係或「剝削者與被剝削者的鬥爭」，乃至於「唯心與唯物兩條路線的鬥爭」，對這種著作看多之後，實在不能令人不掩卷長嘆！

個人先師方東美先生對此現象一直深感悲痛，因而晚年更以弘揚中國哲學爲已任。他早從「少年中國學會」起，就與中共頭頭們認識，所以深知他們的心態與作風。筆者曾親自聽到他指出，中共政權卅多年所有的暴行，歸根結柢，便是想貫徹馬克思在《共產黨宣言》中的一句話：

> 所謂共產革命，就是要與一切傳統觀念作最徹底的決裂！⑪

因而，中共想透過上述的歷史五分法，把中國豐富浩瀚的歷史，硬生生的割裂成面部全非，並想透過上述的歷史五分法，硬把中國感人的各代歷史人物，醜化成非常怪異的各種罪名，然後藉此與一切中國傳統觀念「作最徹底的決裂！」也以此把中國傳統文化從根本上拔除，「作最徹底的決裂！」

中國文化中很早就有句名言：「滅人國者，先滅其史！」從這句話來看，中共長期以來用歷史唯物論曲解中國歷史，眞正是令人悲慨痛切，必須特別警惕才行！

由此來看本書，我們首先必須評論的，便是因爲「歷史唯物論」所扭曲的研究方法。

例如，從本書說明「中國美學史的研究方法」中，我們很明顯的可以看出，文中正是盲目在採用歷史唯物論的基本方法。

> 社會實踐是認識某一歷史時代的審美意識和美學理論的最終根據。但社會實踐包含著許多不同的領域，其中起著最後的決定性作用的領域，是物質生產實踐。⑫

這句話本身正是典型的馬克思歷史唯物論教條。本書既未分析，也無論證，便遽然以此斷語，做爲全書的根本方法，顯然是將馬克思主義視爲「理所當然」的正確眞理，不用證明。這種態度，明顯不夠科學，與本書所自稱的「科學方法」基本上就不能符合。這種方法，也顯然並不是「純學術」，與本書所標榜的「純學術」更是完全違背。

我們如果持平的以純學術眼光研究，便知歷史上有太多的反證，足以證明一個時代的「物質生產實踐」，並不能對審美意識與審美理論「起着最後的決定性作用」。

西方最明顯的例證，便是文藝復興時代的佛羅倫斯（Florence—徐志摩中譯爲「冷翠翡」）。當時這個小城若只從社會的「物質生產實踐」來看，根本非常艱困與貧窮，然而客觀的歷史事實却說明，這個小城在美學領域中大大的綻放異彩，成爲整個文藝復興的搖籃，並且產生了米開蘭基羅（Michelengelo）、達芬奇（da Vinci）等多位藝術的天王巨星！他們在藝術史上的輝煌成就，與「物質生產實踐」根本毫無關聯，與「統治者」的「剝削」更扯不上關係，反倒是與傳統濃烈的宗教情操很有關係。所以如果硬要先與傳統觀念「徹底決裂」，便完全無法解釋。只此一例，便足以深刻的的粉碎馬克思上述的論斷。

另外，中國很明顯的例證，便是先秦時代。從春秋到戰國，若只從社會上的「物質生產」來看，那正是極爲兵荒馬亂、民生凋疲的時代。然而，先秦時代不論在哲學思想、美學思想或政治思想，都反而是中國歷史上最爲光輝豐收的「黃金時代」。梁漱溟先生稱之爲「早熟文化」，的確很有道理。由此也可以再次成爲有力的反證，足以推翻馬克思上述歷史唯物論的錯誤論斷。

尤其，值得鄭重說明的是，中國歷史中，並沒有像馬克思所說的「奴隸社會」——中國歷史固然有個別的「奴隸」，但並沒有整體的「奴隸社會」！這一關鍵，應該特別說明。也就是說，中國古代因爲戰俘、犯罪、或飢荒等等個別現象，而有個別的奴隸，但並不像希臘羅馬時期有套整體嚴密的奴隸制度，世世代代均不得自由。中國這種個別的「奴隸」與西方整套的「奴隸制度」以及「奴隸社會」大不相同，因而更不能用馬克思所說的「奴隸社會」硬套，這是我們不能不首先澄清的重要關鍵。

另外，中國歷史中所謂的「封建」，也只是以宗法社會爲本質，與馬克思所說西方階級制度森嚴的「封建社會」也不大相同。事實上，在中國的宗法制度中，充份允許民間布衣可以爲卿相。從社會學觀點說，就是索羅金（Sorokin）所說的「社會流動力」（Social mobility）很大，只要自己肯努力，貧寒子弟照樣可以出人頭地。這種例證在中國歷史中比比皆是。所以馬克思所說的西方「封建制度」根本不能勉強拿來硬套。如今因爲中共長期以來，動輒以「封建」爲由稱別人「頑固」「落伍」，因而「封建」成了壞名詞，殊不知「封建」在中國根本與「剝削階級」、「階級制度」等等無關，頂多只是個中性名詞，所以在此也不能不持平的分析與澄清。

我們如果能先明瞭上述根本的關鍵後，便知本書在處理中國美學史的方法上，實在充斥着很多歷史唯物論的錯誤，不能不先釐清。

當然，本書或許因爲作者本身仍有一定學養，或者因爲大陸學界目前已經逐漸開放，所以作者自己也承認如果把物質生產與「美學理論」「直接地簡單地聯係在一起，就將犯庸俗社會學的重大錯誤」⑬；然而歸根結柢，本書仍認爲「不論物質生產的發展看起來同審美意識和美學理論是離得多麼遙遠，它又終究是審美意識和美學理論發展演變的第一推動力」⑭。換句話說，本書明明知道兩者的關係離得極爲「遙遠」，但仍不容分說的論斷「終究」是「第一推動力」；由此可見，本書雖然也企圖撇開以往過份簡化與教條化的形象，但畢竟無法在根本上作到。此中或因另有苦衷，那就另當別論，但我們對於被扭曲的部份，仍應本着「學術眞誠」(intellectual honesty)原則，先還出其本來面貌才行。

此外，本書作者又獨斷的認爲：

> 許多美學史家由於不承認實物質生產最終決定人類歷史發展這個歷史形下哲學的定理，否認物質生產的發展是人類審美意識和美學理論發展的最後的物質動因，因而也就不可能對審美意識和美學理論的發展作出眞正徹底的科學的說明。⑮

如前所述，物質生產到底是否終極決定美學理論的動因，必須根據歷史的各種事實加以分析，這才是符合「科學的」方法。如果一昧只把馬克思歷史唯物論看成先天的眞理，引述馬克思幾句話之後就以其當作根據與後盾，而絲毫不顧各種大量的客觀反證，這本身才顯然不可能「作出眞正徹底的科學的說明。」

正因爲如此，所以本書作者到後來自己也不能不承認，實際上本書並無法用上述方法具體說明中國美學。由此可知，連其本身也不能不承認，這種歷史唯物論已經不合用，只不過本書說得很技巧，形成「抽象的肯定，具體的否定」。本書作者是如此說的：

> 由於中國社會歷史發展的特殊複雜性，由於我們對中國社會歷史發展的規律、特別是中國社會經濟的研究還很不夠，因此本書暫時也很難做到根據對社會物質生活條件的分析，去科學地和深入地說明中國美學的發展。⑯

由此可見，本書作者也深知硬要以歷史唯物論來說明中國美學發展，根本行不通，只不過可能迫於形勢，而不能不空洞抽象的說，「從原則上提出和強調這個我們認爲是正確的方法」，但在實際上仍然將之「暫時」擺在一邊。我們由此倒可以充份看出此中的弦外之音，因而對於大陸學者的苦衷與處境，以及本書這種矛盾現象，應該深致同情之忱。

尤其，本書作者到後來，自己也強調，希望能儘量做到「純學術立場」，而努力避免「簡化」與「敎條化」：

> 如果我們對純學術研究美學的了解是簡單化的，敎條主義的，那我們就會對本來是具有豐富深刻內容的中國美學作出一種簡化的、敎條式的解釋。這種現象在過去是常常

可以看到的，本書願意努力加以避免。⑰

這段文字本身倒是很好的自我期許，尤其最後一句指出這種「簡化」與「教條化」是過去「常常可以看到的」，更已經中肯的指出以往的病根，對這種希望能「努力避免」的心志精神與道德勇氣，我們應該公平的加以肯定與讚揚。

當然，上段話的自我期許，或因事實上執行仍有困難，或因作者長期在中共桎梏下的影響，因而不自覺地仍常出現「簡化」與「教條化」的論斷，對於這種情形，我們除了同情之外，仍應以眞正「純學術」的立場加以超越與釐清，讀者們才不致因而被誤導。

例如本書在提到黑格爾時，先強調要「除去了黑格爾對哲學發展的唯心主義的了解」⑱，然後才能肯定其有關論點是對的。事實上，黑格爾的哲學體大思精，推論嚴謹，不能只以一句話「唯心主義」便將之抹煞，否則這本身顯然就會成爲「簡化」與「教條化」。

另外，本書內文在談到先秦的美學背景時，仍然不斷以「奴隸社會」來說明，並認爲儒家代表一種「奴隸主意識型態」⑲，認爲孔子是在「肯定奴隸制社會的物質和精神文明」，老子是在「批評奴隸制社會的物質和精神文明」，莊子則是企圖「維護早期奴隸社會的存在」，然後對近代西方美學仍口口聲聲一律稱爲「資本階級美學」⑳，這些例證很多，不勝枚舉，顯然都是在歷史唯物論影響下的「簡化」與「教條化」，大大減損了本書原有的學術性與原創性，殊爲可惜。我們也都應該充份加以釐清與超越才行。

最後，我們必須指出，中共控制下的人文領域著作，以往通常總以「唯心」與「唯物」

兩條路線的鬥爭貫徹全書，如馮友蘭被迫數度易稿的「中國哲學史」便是明顯例證。本書作者對此已有警惕，並且明白表示並不贊同，本書作者能有這種認知已經很不容易，我們也應公平的予以肯定：

「過去，我們常常以唯物論和唯心論的歧異作爲貫串中國美學的基本線索，硬性地把各種不同的美學思想列分爲唯物論和唯心兩大類，並且以爲唯物論的才是進步的、正確的，唯心論的美學則必定是反動的，錯誤的。本書認爲，這是一種簡單化的方法，不可能正確認識中國美學的發展。」㉑

本書能有這種慧見，知道應該跳出中共「唯心」「唯物」的硬性二分法，已經殊爲難得，只不過內文中後來擧例時又稱「王充是唯物論者」，「司空圖是唯心論者」㉒，便又自己掉入唯心與唯物的簡單二分法中。雖然本書並未以此二分法論述全書，但在個別說明時又不自覺的使用這種過時的簡化名詞，顯然形成自相矛盾。這又再次說明了，要不就是「形勢比人強」，本書作者仍然不能不應付中共的壓力，要不就是本書作者用這種二分法已經習以爲常，很難立刻跳脫出原先的窠臼。

平心而論，上述現象無論屬於那種情形，都屬於整體民族的悲劇與大陸學界的悲哀，因而我們都應以「哀矜而毋喜」的心情來看，並從純學術的立場幫助他們及早擺脫中共以往的教條束縛，那才是整個民族學術之幸。相信，以中華民族的優秀，只要大陸學者能及早去除簡化與教條化，未來就必能發揚眞正光輝燦爛的學術成果，那才是整個民族生命之福！

三、美學問題

上述第一部份，是我們從最重要的方法論來看，對本書應首先評論的部份。從這一部份，可以看出，中共控制下的學界，要不因迫於形勢與政治壓力，要不因長期囿於歷史唯物論的框框，在人文與社會研究上很難作出純學術的成果，思之令人可痛。另外，大陸的學界因與世界學界脫節太久，因而對客觀的世界思潮，以及重要的學術問題，也往往難以跟上。這種情形直接影響了本書對「美學問題」的掌握，我們也不能不深入分析。本文這一部份，就在以此爲評論重點。

簡單的說，本書在論述「中國美學史的對象和任務」中，本應客觀分析美學在西方發展的經過，並從中歸納出各重要美學家所處理的核心問題，然後以這些共同的重要美學問題做爲借鏡與基本架構，來論述中國美學中相關的思想內容。唯有如此，才能充份將中國美學內隱而未顯的思想精神整理出體系，並且勾深致遠，弘揚光大，也才能在世界學術的交流中跟上時代，並與西洋美學互補互濟，相切相磋，眞正做到本書所自我期許的：「我們要努力使世界了解中國美學的發展過程及其特點和貢獻，同時又要努力地吸取世界各國的美學思想，以豐富和發展我國的美學思想。」㉓

然而，本書自己也承認，在美學的範圍內，因爲中外美學思想的交流「長期被割斷了」㉔，以致很多世界學界已經討論的成果在本書均未能吸收，甚至未能提到，至爲可惜。最嚴重的，便是本書對西方美學家所共同重視的美學問題完全未能掌握，以致整本書所論述的中國美學思想經常形成閉門造車，支離瑣碎，頂多只能就相關文獻中，零散的申論一些相關字句。就整體而言，結構很鬆懈，仍然未能整理出完備的體系，也仍然無法與世界美學界在相通的架構上交流互補，形成莊子所說的毛病：「譬如耳目鼻口，皆有所明，不能相通。」(天下篇)

因而，本書在論析中國美學史的「對象」，只能籠統地又用簡單二分法將美學史分成「廣義的研究」與「狹義的研究」，然後認爲前者就是「不限於研究已經多少取得理論型態的美學思想，而對於表現在各個歷史時代的文學、藝術，以至社會風尚中的審美意識，進行全面的考察，分析其中所包含的美學思想的實質，並對它的演變發展作出科學的說明」[25]。後者則爲「以哲學家、文藝家或文學理論批評著作中，已經多少形成系統的美學理論或觀點，作爲主要研究對象」[26]。本書接著籠統指出係採取後者「狹義的研究」，但對本書到底是以那些重要「問題」爲研究對象，則始終未見觸及。以致雖然本書作者自知應深入研究「多少形成系統的美學理論或觀點」，但一直未能提出足以「形成系統」的重要美學問題。因而本書很多論述便形同隔靴搔癢，架空而談。由此也充份可以看出，大陸與世界學術思潮「長期割斷」的影響確實很嚴重。

那麼，研究美學思想，到底有那些重要的基本問題應該列爲對象呢？

根據西方美學家從希臘以降的美學思想，我們在分析研究之後，歸納起來，至少有下列五大問題必須面對：

1. 美是什麼？

2. 美感經驗如何形成？
3. 藝術創作的原動力是什麼？
4. 審美的標準是什麼？
5. 藝術的社會功能是什麼？

科學哲學家柯恩（Thomas Kuhn）說得很好：「一門科學若要能進步發展，首先應該提出中肯的問題，然後再鍥而不舍的尋求答案。」㉗我們可說，美學也是如此。事實上，上列五項問題，並不僅是屬於那一學派的個別意見——當然也不是那一個人的一已之見，而是歸納整個西方美學史，凡是具有完整體系的美學家，都必須要面對處理的五大共同問題。所以，我們一定要能充份面對這五大問題，才能深入掌握西方美學家的重要體系。同樣，唯有根據這五大問題，我們也才能有條有理的整理出中國美學家的主要體系，並且進而以此共同的五大問題爲基本架構，與西方美學家比較研究，並且互通交流。否則的話，本書所謂「整理中國美學體系」，將會成爲空話，而其所謂「進而與世界美學交流」，更將形同「雞與鴨講」，全無共同語言，根本無從交流，遑論效果可言。

那麼，我們何以能確認這五項問題，乃是西方美學的基本問題呢？我們僅試舉一些具體例證，便很清楚。

因爲篇幅所限，本文僅就第一項問題，「美是什麼」爲例，提出中西美學家的有關答案。根據這些不同的答案，我們便可清楚的對照出中西美學家的不同特性，從而可看出此一問題的重要性。

例如在古希臘，畢達哥拉斯（Pythagoras）認爲「身體美是各部份之間的對稱和適當的比例」㉘，而赫拉克利特（Heracleitos，約540－480 B.C.）則認爲「美在於和諧，和諧則在於對立的統一」㉙。到柏拉圖（Plato, 427－347 B.C.）則主張「美是永恒的」㉚，亦卽在上界的理型中才存在，他也認爲「心靈美與身體美的諧和一致，是最美的境界」㉛。亞里士多德（Aristotle，384－322 B.C.）則認爲「美是一種善，其所以引起快感正因爲它是善」㉜。到中世紀的聖奧古斯汀（St.Augustinus 354－430）則強調「美在上帝」㉝，而聖多瑪（St. Thomas, 1226－1274）更認爲「美的三要素爲：完整，和諧，鮮明」㉞。

到了近代哲學之父笛卡兒，（Descartes, 1596－1650）則認爲「美是一種恰到好處的協調和適中」㉟，史賓諾沙（Spinoza, 1633－1671）則強調「美是對象作用於神經所感到的舒適」㊱，經驗主義中休謨（D.Hume, 1711－1776）卻主張「美並不是事物本身的一種屬性，它只存在於觀照事物者的心靈」㊲。到了西方「美學之父」鮑嘉敦（A.G.Baumgarten, 1714－1762）則強調美是「感性知識的完善」㊳，他主要強調「美不是藉概念而普遍令人愉快的對象」，「美是一對象合目的性的形式」㊴。大文豪歌德（J.W.Goethe, 1749－1832）則認爲美是一種本原現象，「事物的構造符合它目的，才顯得美」㊵。席勒（J.C.F. Schiller, 1959－1905）卻主張「美是遊戲衝動的對象，活的形象」㊶。到黑格爾（G.W.F.Hegel, 1770－1831）則認爲「美是理念的感性顯現」㊷。文學家雨果（V.Hugo, 1802－1885）主張「美是一種和諧完整的形式」㊸，桑他耶納（G.Santayana, 1863—1952)却認爲美「是一種價值，是客觀化的快感」㊹，克羅齊(B. Croce, 1866—1952)則強調「直覺卽表現，美是成功的表現」㊺。

從上述種種不同的答案，我們充份可以看出，如果問題很中肯，便能牽引出不同美學家的中心思想，也很能以此問題爲根據，比較研究西方重要美學家的不同體系，從而對照顯現各自不同的風格與主張，並進一步對整個西方美學史的發展，有一種整體而清晰的掌握與瞭解。

那麼，針對同樣這項問題，中國的美學思想，答案又是什麼呢？

我們試以孔子、孟子，與老子、莊子爲例，便知同樣可以透過「美是什麼？」這共同問題，很有條理的整理出他們相關的美學思想。

今先以孔子來說，他的答案便可分析成三項：

⑴要符合「仁」才算美。此孔子所謂「里仁爲美」(里仁)，「人而不仁，如禮何，人而不仁，如樂何？」(八佾)這些明顯證明，孔子美學乃以其仁學爲基礎。

⑵要符合「善」才算美。此孔子所謂「尊五美，屛四惡」(堯曰)，此處五「美」其實卽指五「善」，又如君子「成人之美，不成人之惡」(顏淵)，此中「美」與「善」顯然也是同義字。充份可見，孔子講「美」，一定要能符合「善」才行。(主要指「致中和」。)

⑶要符合「眞」才算美。此孔子所以稱讚曾點的志向：「浴乎沂，風乎舞雩，詠而歸」。(先進)正因曾點所說的意境最眞摯，最親切自然，所以最美。由此也可見孔子講的「美」，很多與「眞」相通。

同樣問題，如果以孟子來說，也可分析出三項答案：

(1)「充實之謂美」（盡心下），也就是說，孟子特別注重人格之美與精神之美。他尤其特重眼神，因爲胸中若能光明正大，眼神才能明亮有神，所以他強調「觀其眸子，人焉廋哉？」這對中國畫論的講究「傳神」，與「畫龍點睛」，影響極大。

(2)「浩然之氣」之謂美，（公孫丑上）這代表孟子特別注重「配義與道」的養氣工夫，因爲浩然之氣能至大至剛，「雖千萬人吾往矣」，所以很能發揮一種雄偉之美，進而展現大無畏的精神氣勢！

(3)「大丈夫」之謂美，這尤其代表孟子注重陽剛之美，因而威武不能屈，富貴不能淫，貧賤不能移，所以正能代表一種頂天立地的軒昂之美，這對中國整個美學風格特重雄健進取與奮發之美極有關係。

除此之外，我們如果再看道家對此同一問題的看法，便很清楚其中的不同特性。

根據老莊看法，對於「什麼是美？」，明顯可分析出三種答案：

(1)空靈之謂美。因爲老子認爲美是相對的，所以強調世人應不斷提神太虛，馳情入幻，以空靈玄覽來超越庸俗的審美觀。此所以老子強調：「天下皆知美之爲美，斯不美矣。」（道德經第二章）進而主張「玄之又玄，衆妙之門」（第二章），此處所說的「玄」就是超越與提昇的意思，也就是以烘托法，點出「空靈」之美。到莊子甚至要遨遊到「寥天一處」，要能「獨與天地精神相往來」（天下），他並曾指出「得意而忘言」（外物），「言無言。終身言，未嘗言，終身不言，未嘗不言」，同樣在強調「無言之美」，另如「澹然無極（無爲），而衆美從之」（刻意）都在強調空靈之美。這對中國山水畫中的佈白傳統，「無之以爲用」（老子十一章），影響極爲深遠。

(2)自然之謂美。老子最反對虛僞與矯情，他不是反對道德，（否則不可能稱爲《道德經》），而是反對虛僞的道德，也不是反對藝術，而是反對矯情的藝術。此所以他強調「歸根復命」（四十一章），「道法自然」（四十五章），要世人體認「天地相合，以降甘露」的燦爛生機，因而他極力主張回歸自然。到莊子也強調「天地有大美而不言」，所以「聖人原天地之美而達萬物之理」（知北遊），並且「唯達者知道通爲一」（齊物論）。這些都在提醒世人要協和自然，相與浹而俱化，然後才能「與物爲春」（德充符），以領悟「天地與我並生，萬物與我合一」的意境，這對中國歷來的田園詩與農莊樂更是影響非常大。

(3)眞誠之謂美。老子極爲重視「復歸於嬰兒」，（廿八章），這與尼采精神類似。尼采在各種批判超昇後，肯定精神三變由駱駝、獅子，最後仍復歸於「嬰兒」，因爲嬰兒最眞、最誠、最純，因而也最美！此所以老子在藝術上非常強調「大巧若拙」、「見素抱扑」之意。他非常重視樸拙之美，看似樸拙，其實有大巧，看似無爲，其實無不爲。到了莊子同樣強調應「返其性情而復其初」（繕性），並應「法天貴眞」（刻意），因爲「天地刻雕衆形而不爲巧」（大宗師），所以莊子認爲「虛靜恬淡……素樸而天下莫能爲之爭美」（天道），凡此種種，都是同樣的精神特色。

所以，從以上同一個問題，我們不但可以清楚的整理出儒家與道家的審美觀，也可以透過同一架構，而比較出中西美學家的異同。唯有如此，先有「共同語言」，才能切實產生互補交流之效。有關其他四項重要美學問題亦然，相關申論請參酌筆者在《中國古代美學思想》正文各章，本文因篇幅關係不再贅述。

總之，我們唯有透過共同的重要美學問題，才能眞正整理出中國美學的體系，從而放在世界美學共同架構上相互討論。但細觀本書在討論儒家、道家以及其他諸子美學思想時，對上述幾項重大美學問題幾乎完全未能掌握，以致常常支離割裂，未見大體，確爲重大缺憾。究其原因，當係與世界思潮脫節太久，以致於對上述重要的美學問題均未能意識到，終致對本身原先的期望多半落空，深需今後打開眼界，拓展心胸，才能積極的加以補救。

另外，也正因爲本書未能掌握重要的美學問題，因而對中國美學的學派區分也很不貼切。如本書李澤厚把源遠流長的中國美學只粗分爲四種思潮：「儒家美學、道家美學、楚騷美學、與禪宗美學。」[46]其實上述前三派均產生於先秦，以致在歷史上形成頭重脚輕，從先秦到現在的兩千年左右美學，本書只以「禪宗」一項爲代表，顯然很不週延。更況禪宗之外，佛學中至少不能忽略華嚴宗，因其肯定華嚴世界，進而開展出莊嚴輝煌的藝術風格與美學思潮，與禪宗強調「不落言詮」的樸拙風格，很不相同，但影響中國藝術風貌也很大，不能不提。除此之外，佛教藝術更還包羅萬象，一語難盡，因此個人認爲，本項根本應該擴充成爲「佛家美學」，而不應僅指禪宗一家而已。

此外，中國哲學除了儒、道、釋三家爲主流外，也不能忽略宋明新儒家的影響。因爲新儒家上承孔孟儒學，並且吸收道家精華，然後在中國歷史上挺身因應佛學的入傳，其本身思想大有可觀者，更況其美學思想含有極豐富的內容，如果只籠統併入「儒家」並不合適，尤其不論程朱或者陸王，都各有其獨特的思想內容與時代精神，因而亟應另成單獨一項，始稱完備。

就美學而言，除了中國哲學的「儒、道、釋、新儒家」外，另外加上「楚騷」的確應該，然而本書却忽略了《文心雕龍》，顯然爲一大疏漏。因爲《文心雕龍》從原道、宗經、到強調風骨、氣韻，深具豐富的美學思想，堪稱中國最偉大的文藝理論與文藝批評鉅作，影響後世卽深且遠，但本書對之幾乎完全略而不提，令人不可思議，實爲重大缺失。

總之，本書所提到的四項中國美學學派，雖有創意，但很不週全，至少應該擴充爲六項傳統「儒家美學、道家美學、楚騷美學、文心雕龍美學、佛家美學、與新儒家美學」，然後才能完整把握中國美學的精神風貌，也才能眞正掌握住中國美學史的發展脈動。本書因爲首先未能掌握住重要美學問題，加上疏漏甚多，所以深值今後大力增補與充實。

四、中國美學的基本特徵

本書在論述「中國美學的基本特徵」時，曾經列擧以下六項重點，做爲重要特徵。這六項標題基本上均還算中肯，值得肯定：

1. 高度強調美與善的統一。
2. 強調情與理的統一。
3. 強調認知與直覺的統一。

4.強調人與自然的統一。

5.富於古代人道主義的精神。

6.以審美境界爲人生的最高境界。

不過，這六項重點，標題雖稱正確，但是，在中論的各項內容中，却因仍然夾雜大量的馬克思主義教條與扭曲，以致學術價値大爲遜色，殊爲可惜。

例如，本書在相關內容強調：「中國美學所具有的特點，來源於中國的奴隸社會和封建社會共同具有的某些基本特點。」[47]這話本身顯然又只是將歷史唯物論五分法硬扣在中國歷史上，旣無論證，又無根據，尤其完全無法將「奴隸社會和封建社會」與上述的六項「特色」連結在一起，充份說明其內容只是應付性的門面話，反而大大減損上述六項特色「純學術性」的價値。

其次，本書大概也明知上述門面話太牽強，所以本身也主動指出中國古代與希臘古代社會並不相同，而且拐彎抹角中也提到中國「雖然社會已進入奴隸社會，人與人的關係已變成統治與被統治、剝削與被剝削的關係，但這種關係又仍然同基於氏族血緣的宗法關係緊緊地結合在一起……使得在中國奴隸社會以致封建社會中，人與人之間的倫理道德關係起着極爲重要的作用」[48]。

這整段文字的前半段，把先秦豐富的文化內涵，化約成只是「統治與被統治」、「剝削與被剝削」的關係，不折不扣成爲本書自己原先所反對的「簡單化」與「教條化」。不過後半段提到，因爲氏族血緣的宗法關係，所以仍應肯定倫理道德的重要作用，總算很辛苦的保留了一些純淨的學術眞相。本書中類似例證很多，値得讀者們多加小心，也値得本書作者今後儘量警覺，避免這種簡化與教條化的情形。

除此通病之外，另外本段還有幾項相關的謬誤，也應一併指出：

1.本書雖然正確的提到，中國美學第一特色，在於高度強調「美與善的統一」，然而，內文中却又錯誤的將這種美與善講成只是狹隘的符合「統治階層利益」，認爲「由於中國統治階層把審美限制在符合於統治階層利益的狹隘的倫理範圍之內，這又經常束縛著人的個性和社會審美意識的自由發展」[49]。

事實上，不論儒家與道家，他們所肯定的美與善，都是以提昇全民的精神靈性與人文理想爲宗旨，與「統治階層狹隘的利益」完全無關。像儒家所強調的「盡性」「參贊化育」，以及道家強調的「與天地並生」，「與萬物合一」，都是充份在追求自我實現，以提昇精神靈性到與大道合一，何嘗有半點「束縛人的個性與社會審美的自由發展」？由此再度可見，本書仍大量受到馬克思主義簡化與教條化的影響與扭曲。

2.本書雖然正確的提到，中國美學特色之二，在於「強調情與理的統一」，然而，內文中又再次誤指「由於中國美學所主張的表現，長期被束縛在奴隸社會、封建社會的倫理道德之內，這又使得中國藝術對廣大外部世界的觀察和描寫受到了限制，所表現的情感也常常顯得相當狹窄」[50]。

這段中間的內容，顯然與事實根本不符。例如孔子所說作詩的動力與功能，在於「可以興，可以觀，可以群，可以怨。」其中至少可以「觀」便是可以對廣大的民情與民隱充份觀察，而可以「怨」更是可以代民請命，宣洩民怨，如何能謂長期受到「奴隸社會、封建社會」的束縛與限制？再如孟子挺身而出，肯定「民爲貴」的精神，更是可敬可佩，尤其他強調「說大人則藐之」的精神風骨，與「上下與天地同其流」的精神風範，鏗鏘有聲，足以頂天立地，怎麼可能如本段所說表現「相當狹窄」？另外再如老子的提神太虛，批評現實俗世，莊子的曠觀通達，足以「獨與天地精神相往來」，而「與造物者同遊」，更非本書上段內容所能抹煞。

反觀大陸文藝界在中共的長期束縛下，反倒才是「所表現的情感常常顯得狹窄」，很多地方顯得吞吞吐吐，欲語還休。即如「傷痕文學」、「悲劇文學」與「社會寫實文藝」等等，頂多只能順應鄧派政策，將病因點到四人幫爲止。對於共黨的根本制度，完全無法「觀」、更無法「怨」——用本書的話來說，正是「在大膽揭露社會生活中各種尖銳劇烈的矛盾衝突上，在現實感的強烈逼眞上，在無顧忌地抒寫個性和表達情感上，在深沉的悲劇感上」[51]完全身不由主，無法有表達自由！那才遠不及自由世界，這才是我們更值得反省、反映、與深思的根本關鍵！

3.本書雖然也正確的提到，中國美學特色之三，在於「強調認知與直覺的統一」，但同樣在內文中，再次以馬克思歷史唯物論的教條，扭曲西方近代與現代美學均爲「資產階級美學」，並認爲都是「脫離和否定理性，去強調直覺和情感」[52]，這些顯然又是一項事實的錯誤。

不錯，中國美學一方面重視認知，另一方面也重視直覺，因而孔子強調「小子何不學詩？」孟子也強調，應先從內心自省開始，逐步從「可欲之謂善，有諸己之謂信，充實之謂美」，提昇到「美而有光輝之謂大，大而化之謂之聖」，乃至於「聖而不可知之謂神」，也就是同時強調了認知與直覺。另外在道家老子強調「善行者無轍迹」，「大巧若拙」，莊子則從庖丁解牛，游刃有餘，強調「道」「技」的「相通」，並且還指出「至樂無樂」（至樂），以及「得意而忘言」（外物），禪宗則強調「不落言詮」，這些都進入了直覺的化境。從這些來看，本書所論確有根據。然而，我們却不能否認，西方近代與現代美學中，也有同時不少注重理性與直覺，並沒有「脫離和否定理性」。

此所以克羅齊曾經明白強調審美中「直覺與概念」應統一，「概念不能脫離直覺」[53]。歌德更清楚的指出「欣賞美的作品，要運用理解力」，也就是明白肯定理性的「認知能力」[54]。康德在《判斷力批判》中更分明認爲「美是一對象的合目的性的形式」，審美的標準，只以此爲根據，「不依存於刺激和感情」[55]，也就是說，康德反而肯定理性超過了情感，與本書所說剛好相反。

凡此種種，只要略舉數條，便知如康德、歌德、克羅齊等，一方面絕不能任意被扭曲成「資產階級美學家」，二方面他們在審美中肯定理性的程度，充份證明本書文中所扭曲的內容根本錯誤，由此更再次可證明，本書對西方近代與現代美學的認知相當貧乏與簡化。

4.本書雖然也正確的提到，中國美學特色之四，在於「強調人與自然的統一」，然而在內文中，同樣犯了前述類似的錯誤，把「天命」觀念說成是「統治階層用以恐嚇鎮壓」[56]，並再次引述馬克思歷史唯物論所說的「原始公社制度」，認爲這「對中國哲學中天人合一觀念的形成有決定性影響」[57]。

殊不知儒家所強調的：「天命之謂性，率性之謂道」，此中「天命」的觀念與「統治者鎮壓」完全無關。它一方面代表人心來自天心，所以具有善根，因而必需充份弘揚此天命之性，以達到「天人合德」的大人境界；二方面儒家肯定「天聽自我民聽，天視自我民視。」，因此「天命」發展到後來，反而是用來嚇阻「統治階層」不得爲非作歹，進而以此作爲「天道」的根據，無論如何，都不可能扭曲成「統治者」的「鎮壓」工具。

至於天人合一之說，更代表人應效法天行健的創造精神，從效天法地，到頂天立地，以共同參贊化育，這根本與馬克思說的什麼「原始公社制度」完全無關，由此再次可以證明本書中「簡單化」與「教條化」的錯誤，實在多不勝擧，讀者確應仔細分辨才行。

另外，本書又認爲中國哲學的天人合一，「忽視了人對自然的實際的變革改造，因而又使得中國藝術常常忽視了現實社會中劇烈複雜的矛盾岐異，偏於表現個體內在心靈與自然和諧的統一的美」[58]。這段內容也並不正確。

因爲，中國所說的天人合一，同時也代表人應效法天「開物成務」「首出庶物」的創造精神，這本身就含有生生不息、創造不已的精神在內，更有日新又新、不斷革新的氣勢在內，所以對於大力改革現世、全力提昇現實，都具有很大的幫助。另外「天人合一」也代表並不是盲目的以征服自然爲能事，而是強調人與自然應該和諧並進，共同促進宇宙人生的雄健發展。因而中國藝術以此爲最高境界，不論在那一方面，都很注重改良社會的教化功能，並常以提昇風氣、淨化社會、與振興人心爲宗旨，深具遠大的救世胸懷與高尚理想，並不像本書認爲只以「個體內在心靈與自然和諧」爲美。由此也可以看出，本書對中國美學的社會功能體認也很有限，有待大力充實與加強。

5.本書雖然也正確的提到，中國美學特性之五，在「富於古代人道主義的精神」，但在內文中却又再度扭曲孔子與孟子「毫不含糊地維護着階級社會等級制的嚴格區分和剝削階級的統治」㊾，並認爲中國古代的人道主義有「嚴重束縛人的個性充分發揮的一面，不同於西方近代的人道主義」，這中間顯然也有嚴重錯誤。

首先，對於孔子與孟子的扭曲，本文基本上是遵循中共「批林批孔」時期的謬論，文中所謂孔子與孟子是「毫不含糊」地維護階級社會等級制和剝削階級統治，這與中共楊榮國在批孔第一槍的標題中，稱孔子爲「頑固地」維護奴隸主實在並無二致。但如本文前面所說，中國古代並無奴隸社會，也無馬克思所說的等級制度，根本談不上什麼「毫不含糊」地維護。

例如孔子所說的「君君、臣臣、父父、子子」，乃是指相互敬重的用意，代表君要像個君、臣要像個臣，彼此都應各守其分，各盡其責，這是倫理學上的意義，而不是社會學上的意義，不能硬性曲解成階級森嚴的「等級制」。尤其到了孟子更清楚地強調「民爲貴，社稷次之，君爲輕」，甚至必要時可以把暴君推翻掉，此所謂聞誅一「獨夫」，未聞「弑君」，明顯代表了重要的民主精神，何來半點「毫不含糊」地維護「剝削階級的統治」？

再說，中國古代的人道主義，不只要充份完成人之所以爲人的潛能與尊嚴，更明白肯定人本與天地一般大，所以要不斷提高人的價值，一直到與天地合德才可稱「大人」，這更何曾有半點「嚴重束縛人的個性充分發展」？尤其中國的人道主義不但動機很人道，而且強調方法必須也要很人道（此孟子所謂「行一不義而得天下，不爲也」，「不仁而得天下，未之有也」），這遠比西方馬克思主義自稱的人道主義高明很多，尤其不能不明辨。

因爲根據近年來大陸對馬克思人性論的探討，頗有一些文章從青年馬克思的「巴黎手稿」中，肯定馬克思爲「人道主義者」，本書此段所指「西方近代的人道主義」，便很可能也指此意，然後再硬稱中國的人道主義不及馬克思，其實這根本也是項錯誤。因爲馬克思縱然在青年手稿中討論了「異化勞動」（alienated labour），有其人道動機，但其手稿中，以及後來所主張消除異化的方法中，都主張「廢棄私有制」，因而必定會走上專政、鬥爭、以及暴力之路，而這些方法根本都是反人道的！所以他就算動機人道，但方法却並不人道，這就不能稱爲眞正的人道主義[60]。由此更可以看出，唯有肯定中國純正的人道主義——不論動機與方法，都能共同符合人道，那才是眞正值得大力提倡的人道主義！

6.本書雖然也正確的提到，中國美學特性之六，在於「以審美境界爲人生的最高境界」，但同樣內文中，却又認爲宗教只是「到虛幻的世界中去尋找解脫」，並扭曲宗教乃是「渲染哀嘆死亡恐怖的思想」[61]，這些論斷充分證明本書對眞正宗教的精神瞭解非常有限，而且明顯是受馬克思主義視「宗教爲鴉片」的偏見所影響，讀者也不能不明辨。

實際上，本書將中國哲學最高境界稱爲「天人合一」雖然正確，但文中把「天人合一」斷然認爲只是「審美境界」，而完全排斥可能的宗教情操，却顯然並不妥當。因爲，此處所稱「天人合一」，如果像本書所稱是「符合自然而又超越自然」，則「天」主要乃指「自然」而言，若僅指「自然」則已並非「天人合一」中眞正所指的義理天，因而其解釋本身顯然已經窄化，有所偏失。另外，如果本書所指的天同時也指「超自然」，便顯然已經包含了宗教境界在內，如何可以斷然否定其中宗教的精神？

當然，中國哲學所講的「天」、「神」、與「上帝」，並不能等同於西方形式宗教的同樣內容，但也不能斷然將一切中外宗教均簡化爲只是「到虛幻的世界中尋求解脫」。如中國的大乘佛教，可說既是哲學也是宗教，其所肯定「煩惱卽菩提」、「離開煩惱，便無涅槃」，明顯並不是只「到虛幻的世界尋求解脫」，而正好相反，是要以奉獻犧牲的入世精神，在此世拯救人間。實際上，卽使在西方宗教思想史中，也不乏這種「建天堂於地上」（Heaven on Earth）的積極觀念，不能一概抹煞。

至於生死的觀念，西方很多純正的宗教往往肯定人之過世只是「回到上界」、「蒙神召喚」，因而反倒能夠視死如歸，化除哀痛。所以剛好與本書所說相反，根本不會「渲染哀嘆死亡恐怖」。凡此種種，都再次證明，本書作者對世界宗教的瞭解十分有限。究其原因，恐仍因長期受馬克思主義反宗教的片面之辭所影響，所以不僅缺乏現代學術認知，也缺乏客觀的論證過程。凡此種種，再次證明今後亟待開放心胸，擴充眼界，先要能充分開放學術自由與言論自由，才能眞正做到放眼世界，促進交流！

除此之外，值得強調的是，中國豐富的美學特色，並不僅限於上述六項，更何況上述六項頂多也只停留在形式上的意義，而尙未深入到中國美學內涵的生命精神。我們若深一層分析，但知中國美學眞正感動人心、氣勢宏偉的原因，乃在其充份能體貼宇宙生命的偉大精神，所以能表現出活躍創造的盎然生意。但本書論述中國美學的特色，却嚴重忽略這「生命精神」的最大特色，不能說不是重大缺憾，其根本原因可能仍因長期囿於唯物史觀的影響，容易變成只注形式與外緣，而忽略實質內涵的生命精神。

所以，以此來看，方東美先生在其英文著作《中國人的人生觀》中，所特別強調中國藝術的特色，便極爲重要[62]。

1.玄學性重於科學性。也就是中國藝術家擅於馳騁玄思，在藝術創造中宣暢氣韻生動的宇宙機趣。

因爲中國藝術家與「匠」不同，不會只透過科學某些一隅之見來看生命與宇宙，而是能以慧心融通宇宙普遍生命之美，因而足以放曠慧眼，玄覽萬物，透過藝術而頌揚宇宙永恒神奇的生命精神。

2.象徵性重於描繪性，很難言傳。也就是中國藝術注重全體宇宙生命所瀰漫的燦然仁心與暢然生機，因而與希臘雕刻的描繪性更大異其趣。

如中國的饕餮，其脈如龍紋，其形如虎，便在象徵雄偉無盡的生命威力，商周鐘鼎常雕的象、蛹、蟬，也取其象鼻如龍，生命力豐富，蛹則綿綿不絕，象徵永生，蟬則取其蛻化，象徵再生，這些都充分代表生生不息的活力與生意。

3.中國藝術貴在表現事物的生香活態，最能參悟大化生機而渾然合一，所以足以參贊化育，振奮才情，而創造美妙藝術。如李白所說：「攬彼造化力，持爲我神通」，便是明顯例證。另外中國藝術注重「傳神」，不以描繪精確爲能手，而能化除滯礙，超昇物質性，透過神思創造而天趣自成，也深值重視。

4.中國藝術妙契人文主義的精神。尤因深悟宇宙生命廣大和諧之道，所以絕不以惡性二分法來看自然萬物，而能以盎然生機點化一切，此所謂「超以象外」、「得其環中」，所以能冥同萬物，以愛悅之情充份展現宇宙生意與人文生機。

總之，以上各項特色，都在從不同角度，共同闡述中國藝術中特重生命精神的美學思想。這些都是深入到偉大藝術作品中，直透其心靈神思的結論，也是眞正足以表現中國美學與西洋不同的特性。可惜在李澤厚本書中幾乎全未抓住此一重點。凡此種種，也深值今後充份增補與充實，然後才不致將中國美學活躍創造的生命精神說成窄化、簡化、或呆板化的情形。

五、結論

本文在前言中曾提到，西洋有句諺語：「美學是哲學的皇冠。」代表美學因爲是從感性經驗出發，所以最能動人心弦，感人肺腑，也最能振興民風，影響深遠。然而，西洋哲學長於認識論，却拙於人生論與價值論，因而其美學雖擅長思辨論析，却拙於宏揚宇宙人生的生命精神。相形之下，中國美學便很能以靈活生動的方法，表現宇宙人生的雄健精神與燦然生意，所以也更能耀眼奪目，光芒萬丈——如果說，「美學是哲學的皇冠」，那麼中國美學，直可稱爲「皇冠上的金剛鑽」[63]！

因此，對「中國美學史」的研究，本應像挖寶一般的精彩工作，若能不斷的深入探討與琢磨切磋，有關「中國美學史」的研究成果，也正應像巨型金鋼鑽一般，充滿亮麗的光輝與動人的內容。如果由此一動機來看，大陸李澤厚等人所著《中國美學史》一書，能開風氣之先，在種種艱困的條件之下，結合一批學者，首先出版第一本中國美學史的著作，這種精神與心志是應該加以肯定的[64]。

可惜的是，李澤厚等人處理「中國美學史」這顆金鋼鑽，却因深受中共僵化意識型態的影響，很多地方可以明顯看出簡單化與教條化的毛病。本書作者雖然也自覺到應該儘量避免，但或因仍有壓力，或因習焉不察，以致仍然諸多扭曲與誤導，本書因而形同一顆「蒙塵的金鋼鑽」。

另外，由於大陸學術界長期與世界思潮脫節與隔閡，以致對西方美學的長處多半均未能吸收，終致在整理中國美學的過程中，對西方成功的經驗未能參考。其結果便是對重要的美學問題均未能掌握，以致所論中國各美學家的思想便往往顯得支離散漫，未能整理出完備的體系，因而未能琢磨出金鋼鑽所應有的光芒。所以中國美學在本書中，不只是蒙塵的金鋼鑽，也是一顆切割很不完備，而且很多瑕疵的金鋼鑽，令人深感可惜！深值原作者在今後出版的各續集中，能儘量加以改進，俾能大力提昇品質。

不過，整體而言，身爲中華民族學術界的一份子，我們仍應肯定本書作者力圖振興中國美學的心志，對於書中不足之處以及因中共教條而不能不扭曲之處，我們也應寄以深沉的同情。雖然本書從目前看，只是一顆頗有瑕疵的「蒙塵的金鋼鑽」；然而金鋼鑽畢竟仍是金鋼鑽，「中國美學」畢竟仍然是一門充滿光明潛力的學問，只要我們能以不斷的信心與決心加強研究，並且以深厚的同胞愛幫助大陸學者跳出中共教條束縛，以大力去除馬列的灰塵，相信以中華民族的聰明與才能，不需多久，便必能早日促使中國美學這顆金鋼鑽大放異彩，並且進而以此感動民族的心靈，振奮民族的生命，眞正成爲復興民族、再造中華的最大動力與熱力！

相信到了那時，將絕不僅是一國一族之幸而已，而更是整個人類與世界文明之福了！

附註

❶ A·G·Baumgarten，早在一九三五年“Philosophical Thoughts on Matters Connected With Poetry”一書中便已持此說，並已正式使用「美學」(Aesthetics)此一名詞。

❷ 本書《中國美學史》第一卷，係大陸「中國社會科學院」在一九八四年出版。由李澤厚與劉綱紀等人合作，基調仍根據李澤厚的觀點。如區分中國美學思潮爲儒家、道家、楚騷、與禪宗即是。

李澤厚生於一九三〇年，湖南人，北大哲學系畢業，現任大陸「中國社會科學院」哲學研究所研究員。根據其自述，少年期一九四五年曾「選擇了馬克思主義」，但到後來也強調「不喜歡人云亦云的東西」。在一九五六年曾連續發表「論孫中山的民族主義與民權主義」、「論孫中山的民生主義思想」以及「論孫中山的哲學思想」，對孫中山先生持相當肯定態度（雖然未能避免的也有扭曲之處）。後來專研美學、康德、與思想史，除本書外，另外重要著作中有《中國近代思想史論》(一九七九年，人民出版社)，《批判哲學的批判——康德評述》(一九七九年，人民出版社)，《美學論文集》，(一九八一年，文化出版社》，《李澤厚哲學美學文集》)(一九八五年，湖南人民出版社)，《中國古代思想史論》(一九八五年，人民出版社)，以及《走我自己的路》文集(一九八六年)等。

根據李澤厚《走我自己的路》一文自述，他因受下放勞動和工作影響，「身體上、精神上所受的創傷折磨所在多有」，由此「學會了使思想不受外來影響，我堅守自己的信念，沉默頑固地走自己認爲自己應該走的路」。文中並坦率承認，在《批判哲學的批判》和《中國近代思想史論》，「好些思想還沒有充份展開，許多地方只是點到一下，暗示一下而已」。因爲那時（一九七九）四人幫剛垮臺，「凡是」氣氛仍濃，「不能多說，只好那樣」。事實上本書《中國美學史》基本上也仍然不少地方「不能多說，只好那樣」，只是程度不同而已。不過，綜觀李澤厚本人各主要著作，仍可看出他本身很想保持思想獨立，不受限制，只因形勢迫人，有時自有苦衷，所以我們在自由地區閱讀其著作時，一方面應留心注意其「只好那樣」的部份，不受影響，二方面則應寄以深厚的同情。本文基本上對本書立場卽爲如此。

❸ 葉朗所著的《中國美學史大綱》因屬「大綱」性質，所以雖然簡明扼要，但在規模上不及李澤厚等所著本書。葉著在臺灣亦有滄浪出版社一九八六年翻印本，另外也有分批出版之翻印本。

❹ 林同華爲宗白華學生，所著《中國美學史論集》多半以文藝（如繪畫、書法、詩歌、元曲、戲劇、小說等）爲主，並非以美學思想家爲主，內容亦爲選擇性，所以不及李澤厚等著之本書週全豐富。林著在臺灣亦曾由丹青圖書公司在一九八六年翻印。

❺ 本文所評論的版本，係由漢京出版社在一九八六年翻印，因其係在臺印行，有些人名明顯是指馬克思，經出版社改印成「西方人」或「前人」（如頁十二、二八一等），然所說內容本身仍可清楚判斷其爲歷史唯物論，從有關術語也明顯可以看出，因此基本上並不影響本文評論工作。又本文因爲篇幅關係，特選最具代表性的該書第一卷集中加以評論。本文並將由國史館選輯於民國七十九年印行之《中國現代史書評選輯》第六冊。

❻ 有關馬克思的歷史唯物論內容，最早可溯自一八四七年的《德意志意識型態》，到一八四八年的《共產黨宣言》更加清楚，尤以一八五九年的《政治經濟學批判序言》最爲明顯。馬克思將人類歷史根據經濟型態劃成五分法，後來史達林更據此說而大力論斷成「歷史五分法」，到中共尤其奉爲基本教條，歷經四十年而仍未解凍。

❼ 參見O.Spengler，“The Deciline of the West，” Tran.by C. F. A tkuison,N.Y.，一九二六，vol. 1.，Pt.1.

❽ 參見A.J.Toynbee “A S tudy of History”，London，一九五六．特別第二章。

❾ 柯林烏所強調的歷史觀，特別注重人文精神，也就是特別強調整全的人文現象，因而絕不會只限於經

濟現象，把人貶爲經濟動物而已。

⑩ 雅士培特別在《歷史的起源與目的》一文中，明白指出，唯有透過「意義與目標」，才能眞正看出歷史的整體性，因而明顯駁斥了馬克思單一路線的唯物史觀。

⑪ 引文請參見 Robert Tucker (ed.) "Marx Engels Reader" (Manifesto of the Communist Party, P. 486。方師所述，係筆者在臺大哲學研究受業時親自所聞。方師並曾指出，其英文著作《中國人的人生觀》，以及晚年矢志專門著述《中國哲學的精神與發展》，根本心志均爲了保存與弘揚中國哲學慧命，不能任由共產黨曲解與亂改。

⑫ 參閱李澤厚等著：《中國美學史》，頁十二。

⑬ 同上，頁十三。

⑭ 同上。

⑮ 同上。

⑯ 同上，頁十四。

⑰ 同上，頁十七——十八。

⑱ 同上，頁六十。

⑲ 同上，頁四五。另外頁六七——七二，「先秦社會與先秦美術」中更充斥此種強用歷史唯物論扭曲之辭，其他散見之處亦多，不另一一重複。

⑳ 本句同上，見頁五七，以及頁十九。上引三句則分見頁二三八與頁二七一。

㉑ 同上，頁廿。

㉒ 同上。

㉓ 同上，頁十。

㉔ 同上。

㉕同上，頁四。

㉖同上，頁五。

㉗Thomas Kuhn: “The Revolution of Scientific Structure”, N.Y., 1978, P.14.

㉘引自朱光潛編譯：《西方美學家論美與美感》，漢京出版社，台北一九八四年印行，頁一。

㉚同上，頁四。

㉛同上，頁十四。

㉜同上，頁十六。

㉝同上，頁四十。

㉞同上。頁七二。

㉟同上，頁七四。

㊱同上，頁九五。

㊲同上，頁一〇五。

㊳同上，頁一三五。

㊴同上，頁一八二。

㊵同上，頁一九九，二〇四。

㊶同上，頁二二八。

㊷同上，頁二七七。

㊸同上，頁二七四。

㊹同上，頁三〇九。

㊺同上，頁三七六。

㊻同上，頁三八一。

㊼ 同上，頁廿三。另外上述六項標題散見同書頁廿六、廿七、卅一、卅二、卅六、卅八。

㊽ 同上，頁廿四。

㊾ 同上，頁廿七。

㊿ 同上，頁卅一。

51 同上。

52 同上，頁卅二。

53 前引朱光潛編譯者，頁三八六。

54 同上，頁二二五。

55 同上，頁一九九。

56 前引李澤厚等著：《中國美學史》等一卷，頁卅三。

57 同上。

58 同上，頁卅六。

59 同上，頁卅七。

60 有關詳細論證，請參筆者馮滬祥著：《新馬克思主義批判》，黎明公司臺北一九八一年初版。

61 前引李澤厚等著：《中國美學史》第一卷，頁卅九。

62 方東美先生英文原著名爲"The Chinese View of Life"，最早在一九五六年由香港友聯公司出版，後由臺北聯經公司於一九八〇年三版。經筆者馮滬祥中譯爲《中國人的人生觀》，由幼獅公司於一九八〇年初版，一九八二年三版。下述各點內容均由筆者根據中譯文再予濃縮。詳見上書頁一三五——一三四。

63 詳細論述，請參閱筆者本書前六章內容。

(64) 李澤厚另外在《美的歷程》中曾論述先秦理性精神、楚漢浪漫主義、魏晉風度、佛陀世容、盛唐之音、中唐以至宋代文學的韵外之致、宋元山水意境、以及明清文藝思潮等，言簡意賅，輪廓頗見創意。雖然也有馬克思歷史唯物論扭曲的痕跡（如頁四、卅九、四一、四二、五五、一〇五……等），但比本書程序較輕。由此推論，本書因尚有其他合著者，可能受影響而降低了應有的學術性，殊爲可惜。

李澤厚《美的歷程》完成於一九八一年，先由大陸文物出版社出版，一九八四年再由大陸「中國社會科學院」出版（上述頁數根據此版本）。他在一九八〇年的序中明白提到：「老實說，眞正近代型態的美學輸進中國並沒多久，研究力量和經驗都單薄，對這門學科的掌握水平還不高，加上十年來的停頓和倒退，那有可能出一套論叢呢？」因而主張「千里之行，始于足下」，主張本此心志而逐漸一步步跳出，這種精神仍值得我們肯定。雖然他在寫序的一九八〇年，仍須挑些門面話自稱「爲馬克思主義的美學研究積甎累瓦」，但實質上，已爲中國美學的獨立研究在多重艱苦中邁出了第一步，這種苦心是不能抹煞的。所以本文認爲，我們在自由地區的學術界更應給予深厚的同情，進而心連心的一起努力，盡力去除中共教條的束縛，那才能共同爲中華民族開創鼎盛的學術生命！

本書作者著作目錄

1.《易經之生命哲學》，民國六十二年，台北天下圖書公司。
2.《青年與國難》，民國六十三年，台北先知出版社。
3.《哲學與現代世界》，民國六十四年，台北先知出版社。
4.《文化哲學面面觀》，民國六十五年，台北先知出版社。
5.《華夏集》，民國六十六年，台北先知出版社。
6.《孔子與馬克斯之比較研究》，民國六十七年，（英文本），美國波士頓大學博士論文，後由台中東海大學出版。
7.《哲學與國運》，民國六十八年，台北問學出版社。
8.《中國人的人生觀》，民國六十九年，中譯本，台北幼獅公司。
9.《新馬克斯主義批判》，民國七十年，台北黎明公司。
10.《三民主義研究》，民國七十一年，（合著本），台北政大公企中心印行，中央文物供應社出版。
11.《中國哲學與三民主義》，民國七十二年，台北時報文化出版公司。

12.《中國哲學的現代意義》，民國七十四年，（英文本），台中東海大學出版。
13.《民族精神論叢》，民國七十五年，台北黎明公司。
14.《超越新馬克斯主義》，民國七十六年，台北嵩山出版社。
15.《國父思想之理論與實踐》，民國七十七年，（合著本），台北大海文化公司。
16.《丹心集》，民國七十八年，台北黎明公司。
17.《蔣經國先生的思想與精神》，民國七十八年，台北黎明公司。
18.《中國古代美學》，民國七十九年，台北學生書局。
19.《環境倫理學》，民國七十九年，印行中。
20.《中西政治比較哲學》，民國八十年，印行中。

國家圖書館出版品預行編目資料

中國古代美學思想

馮滬祥著. – 初版. – 臺北市：臺灣學生，民 79
16,324 面；21 公分

ISBN 957-15-0068-2 (平裝)

1.美學 – 中國
2.哲學 – 中國

188

中國古代美學思想（全一冊）

著作者：馮滬祥
出版者：臺灣學生書局有限公司
發行人：盧保宏
發行所：臺灣學生書局有限公司
臺北市和平東路一段一九八號
郵政劃撥戶：〇〇〇二四六六八號
電話：（〇二）二三六三四一五六
傳真：（〇二）二三六三六三三四
E-mail: student.book@msa.hinet.net
http://studentbook.web66.com.tw
本書局登記證字號：行政院新聞局局版北市業字第玖捌壹號
印刷所：宏輝彩色印刷公司
中和市永和路三六三巷四二號
電話：二二二六八八五三

定價：平裝新臺幣三〇〇元

西元一九九〇年二月初版
西元二〇〇三年十一月初版二刷

12132

ISBN 957-15-0068-2 (平裝)